Patrice Franceschi, Kapitän der *La Boudeuse* und Abenteuer-Schriftsteller bereist seit seiner ersten Expedition zu den Pygmäen des Kongo im Alter von zwanzig Jahren die Welt. Von humanitären Aufträgen über Reportagen, von der ersten Weltumrundung im Ultraleichtflugzeug, von der Entdeckung eines papuanischen Stamms in Irian Jaya – immer hat er seine beiden Leidenschaften zu vereinen gewusst: das Abenteuer und das Schreiben. Der Autor von achtzehn Büchern, Essays und Berichten sowie Filmregisseur hat dieses Forschungsunternehmen ersonnen, geplant und seine Finanzierung gesichert. Patrice Franceschi ist Vizepräsident der Société des Explorateurs français und wurde für seine Forschungsreisen nach Irian Jaya von der Société de Géographie mit einer Goldmedaille ausgezeichnet.

Vladimir de Gmeline arbeitet als freiberuflicher Reporter und verfasste den Bericht über die beiden Expeditionen zu den Sakuddei und zum Sungai Bai als »Bordschreiber«.

Herausgegeben von
PATRICE FRANCESCHI
Aufgeschrieben von
Vladimir de Gmeline

DIE ODYSSEE DER
»LA BOUDEUSE«

*Abenteuerreisen
auf einer Hochseedschunke*

*Aus dem Französischen von
Eliane Hagedorn und Bettina Runge*

*Ein Buch der Partner
Goldmann und National Geographic Deutschland*

Die französische Originalausgabe erschien 2001 unter dem Titel
»L'Odyssée de La Boudeuse« Band 1: »Les 33 Sakuddeï«
Band 3: »Les Mystères de La Sungaï Baï«
bei Éditions JC Lattès, Paris.

Alle Fotos stammen vom Bordfotografen Arne Hodalic, Agentur SAOLA,
mit Ausnahmen von:
O. Archambeau (S. 23), J.-B. Callais (S. 206, S. 254),
A. de Wildenberg (S. 23), G. Maury (S. 24), V. Lassarre (S. 26),
D.R. (S. 84, S. 111, S. 123, S. 129, S. 147 oben), E. Tourneret (S. 276),
B. Wolfrom (S. 183, S. 248, S. 251)
Die Illustrationen wurden von Vincent Athias,
Mitglied des Jugendteams an Bord, erstellt.

SO SPANNEND WIE DIE WELT.

Dieses Werk erscheint in der Taschenbuchreihe
NATIONAL GEOGRAPHIC ADVENTURE PRESS
im Goldmann Verlag, München.

1. Auflage Februar 2003, deutsche Erstausgabe
Copyright © 2002 der deutschsprachigen Ausgabe
NATIONAL GEOGRAPHIC ADVENTURE PRESS
im Goldmann Verlag, München,
in der Verlagsgruppe Random House GmbH
Copyright © 2001 by Éditions JC Lattès
Alle Rechte vorbehalten
Lektorat: Gisela Fichtl, München
Umschlaggestaltung: Atelier Seidel, Neuötting
Herstellung: Sebastian Strohmaier, München
Satz: Uhl + Massopust, Aalen
Druck und Bindung: Clausen & Bosse, Leck
ISBN 3-442-71195-9
www.goldmann-verlag.de
Printed in Germany

Das Papier wurde aus chlorfrei gebleichtem Zellstoff hergestellt.

Für
Manuelle und Mathilde

Unser Dank gilt:
Conseil régional de Bourgogne
Collectivité territoriale de Corse
Fondation Parisbas

Inhalt

Vorwort von *Patrice Franceschi* 9

Louis-Antoine de Bougainville 14

Die *La Boudeuse* gestern und heute 16
Technische Daten · Längs- und Querschnitt der La Boudeuse

Die wichtigsten Crewmitglieder 21
Mitglieder beider Expeditionen · Mitglieder der Expedition zu den Mentawaiinseln · Mitglieder der Expedition nach Borneo

Erster Teil
Der Mentawai-Archipel

Die Sakuddei von *Patrice Franceschi* 31
Freitag, 1. Oktober – 21 Uhr, *Uma* der Sakuddei · Montag, 23. August 1999 – 11.30 Uhr, Flughafen von Singapur · Mittwoch, 25. August – 6.27 Uhr, Raffles Marina · Donnerstag, 26. August – Javasee · Sonntag, 5. September · Mittwoch, 8. September · Sonntag, 12. September · Freitag, 17. September – 19 Uhr · Samstag, 18. September · Dienstag, 21. September · Donnerstag, 23. September · Samstag, 25. September · Mittwoch, 29. September · Freitag, 1. Oktober · Sonntag, 3. Oktober · Montag, 4. Oktober

Nachwort 150

Ana leu ita siberut – Guten Tag, Siberut 154
von *Agni Klintuni Boedhihartono*

Ein geofotografisches Inventar 158
von *Olivier Archambeau*

Zweiter Teil
Das Geheimnis des Sungai Bai

Die Borneo-Expedition von *Patrice Franceschi* 169
Samstag, 12. Februar – Borneo · Samstag, 12. Februar – 17 Uhr · Sonntag, 13. Februar – Flussmündung des Menubur · Dienstag, 15. Februar – 7 Uhr, Wolo · Mittwoch, 16. Februar – 11 Uhr, Batuputi · Donnerstag, 17. Februar – 8 Uhr, Beginn des Forschungsunternehmens · Freitag, 18. Februar · Sonntag, 20. Februar – 17 Uhr, Unterwegs zum Sungai Bai · Donnerstag, 24. Februar – 9 Uhr, Pengadan · Freitag, 25. Februar · Sonntag, 27. Februar – Basislager · Dienstag, 29. Februar · Donnerstag, 2. März – Rückkehr zum Basislager · Sonntag, 5. März

Nachwort 279

Anhang 281
Einige speläologische Termini

Vorwort
von *Patrice Franceschi*

Bei allen Expeditionen der *La Boudeuse* habe ich Wert auf die alte Tradition des Historiographen gelegt, der die Aufgabe hatte, den Verlauf der großen Forschungsreisen, an denen sie teilnahmen, im Detail schriftlich festzuhalten. Vladimir de Gmeline ist einer unserer »Bordschreiber« gewesen. Der junge freiberufliche Reporter hatte sich mit mir einige Jahre zuvor in Verbindung gesetzt, da er durch das Schreiben »Zugang zur Welt der Abenteuer« zu finden hoffte. Und so vertraute ich ihm die Aufgabe an, über zwei unserer Expeditionen zu berichten: die der Erforschung des unterirdischen Flusses Sungai Bai auf Borneo und die der »letzten Sakuddei«, jener Menschen, »die ihrer Seele gefallen wollen«.

Sein Bericht ist jedoch nur vor dem Hintergrund des gesamten Forschungsprojekts und der Existenz der *La Boudeuse*, der Protagonistin all unserer Abenteuer, zu verstehen. Um die Entstehungsgeschichte dieser Forschungsreise und dieser Dschunke zu begreifen, und wie dies alles zustande kam, muss ich mit dem Anfang, das heißt mit meinen Träumen, beginnen.

Die echten Träume sind diejenigen, die man im Wachzustand hegt, und von allen Wachträumen haben nur die Wert, die wirklich einen Teil vom Leben des Träumers ausmachen. Aber erst an dem Tag, da sie Wirklichkeit werden wollen, sind sie tatsächlich wertvoll. Dem Träumer, der sein Leben träumt, bleibt keine andere Wahl, als seinen Traum zu verwirklichen oder sich selbst zu belügen. Und das sind die gefährlichsten Träume. Die *La Boudeuse* gehört zu diesen gefährlichen Träumen, die nicht bloß Traum bleiben wollten.

Wie alle Träume hat auch dieser eine lange Vorgeschichte. Anfang der achtziger Jahre reiste ich nach Eilat in den Golf von Akaba, um mit eigenen Augen die endlose Wüste zu sehen, über die Lawrence von Arabien, dieser unverbesserliche große Bruder aller Tagträumer, im Ersten Weltkrieg die türkische Zitadelle erobert hatte. Ich war fünfundzwanzig Jahre alt und kam aus Afghanistan, das sich im Krieg befand. In Eilat begab ich mich zum Hafen, vor dem mächtige Segelschiffe ankerten. Lange blieb ich am Kai sitzen, vertieft in den Anblick der Schoner und Schaluppen. Ich war schon zur See gefahren, hatte die Meere durchkreuzt, und nur auf dem Wasser empfand ich Einklang mit dem Ablauf der Zeit. An diesem Tag aber wusste ich plötzlich ohne jeden Zweifel, dass auch ich einmal ein großes Schiff besitzen würde; ganz aus Holz, versteht sich, nach traditioneller Bauart, genauer gesagt »romantisch«, denn das Abenteuer ist im Grunde nichts anderes als ein Werkzeug, um dem Alltag Romantik abzugewinnen. Mit diesem Schiff würde ich eine jener langen Reisen unternehmen, von denen man nie völlig unversehrt zurückkehrt.

Im Laufe der folgenden zwanzig Jahre habe ich diesen Traum von Asien nach Afrika mit mir herumgetragen. So manches Abenteuer lockte mich in ferne Länder, manchmal in Kriege. Überall aber verweilte ich in den Häfen, hielt Ausschau nach dem Schiff, das meinem Traum entsprechen würde. Ich wusste, er brauchte Zeit, um Wirklichkeit zu werden. Ich hatte keine Eile.

Im alten Hafen von Jakarta in Indonesien dachte ich lange an eine »Pinisi«. An der türkischen Küste an eine grazile »Kaike«. Auf dem Roten Meer oder in den Häfen von Pakistan an eine Dau. Und in China natürlich an eine Dschunke...

Eines Morgens im Jahr 1997, kurz bevor ich mich auf den Weg zu einer geheimen Expedition zu den Naga im Hochland von Birma machte, hat der Traum vom großen Schiff endgültig an meine Tür geklopft. Warum an diesem Tag und nicht an einem anderen? Wer kann das schon wissen? Doch wenn ein großer Traum ruft, muss man gehorchen. Und gehorchen heißt, ihn Wirklichkeit werden zu lassen.

Innerhalb von wenigen Monaten ersann ich, was ein Jahr später das Forschungsprojekt »im Geist von Bougainville« werden sollte, eine Reihe von Landerforschungen auf abgelegenen Inseln des Malaiischen Archipels, ausgehend von einem für ein solches Unternehmen angemessenen Schiff.

Als ich Ende 1997 die nötigen Gelder beisammen hatte, schickte ich meinen damaligen Ersten Offizier Philippe Hurlin auf die Suche nach dem Schiff, das ich brauchte. Wir hatten schon eine heiße Spur. Man hatte uns von einer Dschunke erzählt, die von Franzosen gebaut worden war und in Kambodscha zum Verkauf stand.

Als ich 1998 aus Nagaland zurückkam, brachte mich Hurlin in den kleinen Hafen Kompong Som. Er hatte die verschiedensten Schiffe in den verschiedensten Ländern gesehen, aber er war sicher, dass mir diese Dschunke zusagen würde. Und ich war nicht enttäuscht. Sie entsprach genau dem, was ich mir vorgestellt hatte, allerdings nur, wenn das Schiff, das jetzt noch *Song Saigon* (Fluss von Saigon) hieß, vollständig überholt würde.

Eineinhalb Jahre später, im Juni 1999, war aus der *Song Saigon* die *La Boudeuse* geworden. Indem ich ihr den Namen der

Fregatte von Bougainville gab, wollte ich dem großen Seefahrer und seiner Mannschaft, die im 18. Jahrhundert als erste Franzosen die Welt umsegelt hatten, Anerkennung zollen.

Inzwischen standen auch die verschiedenen Expeditionen des Projekts fest. Sie verbanden Wissenschaft und Abenteuer wie zur Zeit von Bougainville. Sie sollten uns zwei Jahre intensiven und freien Lebens bescheren.

Aus denselben Gründen, die mich bewogen, unser Schiff *La Boudeuse* zu taufen, beschloss ich, unser Unternehmen »im Geist von Bougainville« durchzuführen. Man könnte diesen Grund als Intuition der Analogie bezeichnen. Man mag davon halten, was man will, aber die Intuition, also eine direkte Sicht der Dinge, der nicht notwendigerweise eine Kette von Gedankengängen zugrunde liegt, ist für das Abenteuer unerlässlich, und ich verlasse mich darauf wie auf den sechsten Sinn. Bougainville besaß nicht die Kraft und das Organisationstalent eines Cook, dafür aber einen perfekt ausgeprägten Sinn für Abenteuer und Literatur. Das ist das Erkennungszeichen einer anderen Art von Abenteurern. Es gefiel mir, und das genügte.

Ich muss noch ein paar persönliche Worte zur *La Boudeuse* hinzufügen.

Nachdem wir unsere Forschungsreise im August 2000 erfolgreich abgeschlossen hatten und uns mit einer sechsköpfigen Besatzung auf dem Heimweg nach Frankreich befanden, ging sie in der Nacht vom 14. auf den 15. März 2001 hundertfünfunddreißig Seemeilen vor Malta unter. Trotzdem werde ich im Präsens von meinem Schiff sprechen. Denn die *La Boudeuse* hat ihr Leben beendet, wie sie gelebt hat: mit Größe angesichts des Unglücks.

Die *La Boudeuse* ist eine chinesische Hochseeschunke. In

Anlehnung an die traditionellen Kriegsdschunken wirkt ihr Äußeres wie ein Relikt aus alten Zeiten, das sich ins 21. Jahrhundert verirrt hat. Ein Anachronismus, dessen »Romantik« sich niemand entziehen kann. In einer profitgierigen Zeit wie der unseren hätte sie eigentlich niemals existieren dürfen und vor allem nicht tun dürfen, was sie getan hat. Aber es gab einen Traum.

Für uns, die wir die *La Boudeuse* im Laufe dieser zwei Jahre über die Meere Asiens und des Pazifiks gesteuert haben, ist sie mehr als ein Objekt oder ein Arbeitswerkzeug. Sie ist der Leitfaden unserer Geschichte und der Abenteuer, die wir durchlebt haben. Durch alles, was wir ihr gegeben haben und was sie uns zurückgegeben hat, ist sie ein Teil von uns selbst.

So ergeht es Männern mit wirklichen Schiffen.

Louis-Antoine de Bougainville

(Paris, 1729–1811)

Seine Berufung zum Seemann kam erst spät. Zunächst war er Infanterie-Offizier, später stieg er zum Oberst auf. Seine erste Bekanntschaft mit dem Meer machte er im Jahr 1756, als er sich als Adjutant von Montcalm nach Kanada einschiffte. Der Kapitän des Schiffs, *La Licorne*, unterwies ihn auf seinen Wunsch hin in den Grundlagen der Nautik, die er dank seiner Ausbildung als Mathematiker ohne Schwierigkeiten erlernte.

1756–1759 diente er in Kanada, wo er am 6. Juli 1758 bei der Schlacht von Fort-Carillon verletzt wurde. Beim Kampf von Champ d'Abraham vor Quebec, der seinen spirituellen Vater Montcalm das Leben kostete, geriet er in Gefangenschaft. Seine Erlebnisse in Kanada waren sicherlich der Auslöser für Bougainvilles Berufung zum Seemann.

Betroffen durch den Verlust Neu-Frankreichs, beschloss er, neue Kolonien für Frankreich zu finden. 1763 zum Kapitän zur See ernannt, hatte er seinen ersten Erfolg mit der Entdeckung der Falkland-Inseln. Doch 1766 machten die Spanier ihr Recht geltend, und die Franzosen erklärten sich zum Abzug bereit.

Zu diesem Zeitpunkt entschloss sich Bougainville, sein zweites großes Projekt, eine Weltumsegelung, zu realisieren. Am

5. Dezember 1766 lief seine Fregatte, die *La Boudeuse*, begleitet von der Flüte *Etoile*, die unter dem Kommando von La Giraudais stand, aus. Nach Zwischenstopps in Buenos Aires, Montevideo und Rio de Janeiro machten sich die beiden Schiffe an die Pazifiküberquerung. Am 2. April 1768 wurde Tahiti entdeckt, das Bougainville wegen der Schönheit der Frauen »Neu-Cythera« taufte. Er hielt sich nur vierzehn Tage dort auf, nahm aber als lebenden Beweis seiner Entdeckung einen Eingeborenen namens *Aotourou* mit.

Der Rückweg führte über die Molukken, Batavia (heute Jakarta) und um das Kap der Guten Hoffnung. Nach zwei Jahren und vier Monaten liefen die beiden Schiffe am 16. März 1769 im Hafen von Saint-Malo ein.

Die Abenteuer der *La Boudeuse* und der *Etoile*, die Bougainville 1771 unter dem Titel »Reise um die Welt« veröffentlichte, hatten beachtlichen Erfolg. Durch seine Beschreibung der Insel Tahiti begründete Bougainville den Mythos Südsee. Doch war er auch hellsichtig genug, hinter der augenscheinlichen Sanftheit die Grausamkeit mancher tahitianischer Bräuche zu erkennen.

Diese Reise ist auch Grundlage einer philosophischen Erzählung von Diderot, »Nachtrag zu Bougainvilles Reise oder Gespräch zwischen A. und B. über die Unsitte, moralische Ideen an gewisse physische Handlungen zu knüpfen, zu denen sie nicht passen«.

Doch das war nicht das Ende von Bougainvilles Laufbahn. Er nahm am amerikanischen Unabhängigkeitskrieg teil, wurde zum Geschwaderkommandanten und 1779 zum Brigadegeneral ernannt. Nach 1790 widmete er sich ganz der wissenschaftlichen Arbeit.

Die *La Boudeuse* Gestern und Heute

Bougainvilles *La Boudeuse* war eine Fregatte, die in der Werft von Nantes vom Stapel gelaufen war. Sie war 40,6 Meter lang, hatte 960 Tonnen Raumgehalt, 26 Kanonen und eine Besatzung von 210 Mann! Hinzu kam eine eindrucksvolle Ladung an Rindern, Schafen, Schweinen und Hühnern, die als Frischfleisch gedacht waren, sowie Tonnen mit Pökelfleisch, Kisten mit Schiffszwieback und Wasservorräte.

Der Platzmangel an Bord war also extrem und das Leben ausgesprochen hart. Es herrschte eine strenge Disziplin, um Ausschreitungen zu verhindern, die aus dem geringsten Handgemenge oder sonstigem Ungehorsam entstehen konnten.

Die heutige *La Boudeuse* blickt auf eine bewegte Geschichte zurück.

1988 beschließen der Franzose Max Rinaldo und drei seiner Freunde eine hochseetaugliche Dschunke nach einem Modell aus dem 18. Jahrhundert zu bauen und damit die Welt zu umsegeln. Nach dreijähriger Arbeit geht ihnen das Geld aus, sie sind hoch verschuldet. Also entscheiden sie sich, Luxus-Charterreisen zwischen Vietnam und Kambodscha anzubieten, um ihre finanzielle Lage zu sanieren. Doch diese unsichere Gegend, zu jener Zeit noch Kriegsgebiet, ist wenig für den Tourismus geeignet. Trotz des Besuchs einiger Berühmtheiten wie George Bush und Robert de Niro, die eine Kreuzfahrt auf dem Mekong unternehmen, laufen die Geschäfte nicht gut. Also bleibt nur die Lösung, die *Song Saigon* an eine Firma zu vermieten, die Pipelines vor Kambodscha installiert.

Als eines Tages der Fockmast bricht, beschließen die Besitzer, der Probleme überdrüssig, die Dschunke in Kambodscha zum Verkauf anzubieten. Die *Song Saigon* verfällt mehr und mehr. Im Dezember 1997 entdeckt Philippe Hurlin, der von Patrice Franceschi beauftragt ist, ein geeignetes Schiff für das Projekt »Im Geist von Bougainville« zu finden, die verlassene Dschunke am Kai. Als Franceschi sie im Februar 1998 besichtigt, ist es Liebe auf den ersten Blick. Kurz darauf kauft er das verschuldete Schiff und lässt Daniel Éliard, einen Bootsbauer aus La Ciotat, kommen. Alles wird in Frankreich restauriert, Masten, Segel, Bäume, nur die »Holzarbeiten« werden in Kambodscha vorgenommen.

Im März 1999 reist die erste Mannschaft an und arbeitet bis zum 27. Juni ununterbrochen an der Instandsetzung.

Technische Daten

Länge: 30 m	Dieseltanks: 4 (10 t)
Breite: 7 m	Wassertanks: 2 (2 t)
Tiefgang: 3 m	Kompressoren: 1
Anzahl der Masten: 3	Beiboote:
Segelfläche: 250 m2	2 Schlauchboote mit Motor
(Hilfs)Motor: 220 CV (Steuer-PS)	Taucherausrüstungen: 10
Besatzung: 17 Personen	Radar: 1
Höchstzahl der Plätze: 25	Tiefenmesser: 1
Autonomie: 90 Tage	GPS-Schreiber: 1
Hauptgeneratoren: 2x14 kVA	GPS: 4
Entsalzungsanlage: 1 (250 l/h)	Rettungsausrüstung: 30 Personen

Längs- und Querschnitt der *La Boudeuse*

1. Große Messe
2. Kleine Messe
3. Bar
4. Küche
5. Informatikraum
6. Kabinen
7. Waschräume
8. Werkstatt
9. Kombüse
10. Ankerkasten
11. Navigationsraum
12. Maschinenraum
13. Laderaum
14. Ruderkiste

A (Hilfs)Motor
B Generator
C Entsalzungsanlage
D Wassertank
E Dieseltank
F Gefriertruhen
G Ankerwinde
H Fockmast
I Großmast
J Besanmast
K Beiboote
L Rettungsinseln
M Radarantenne

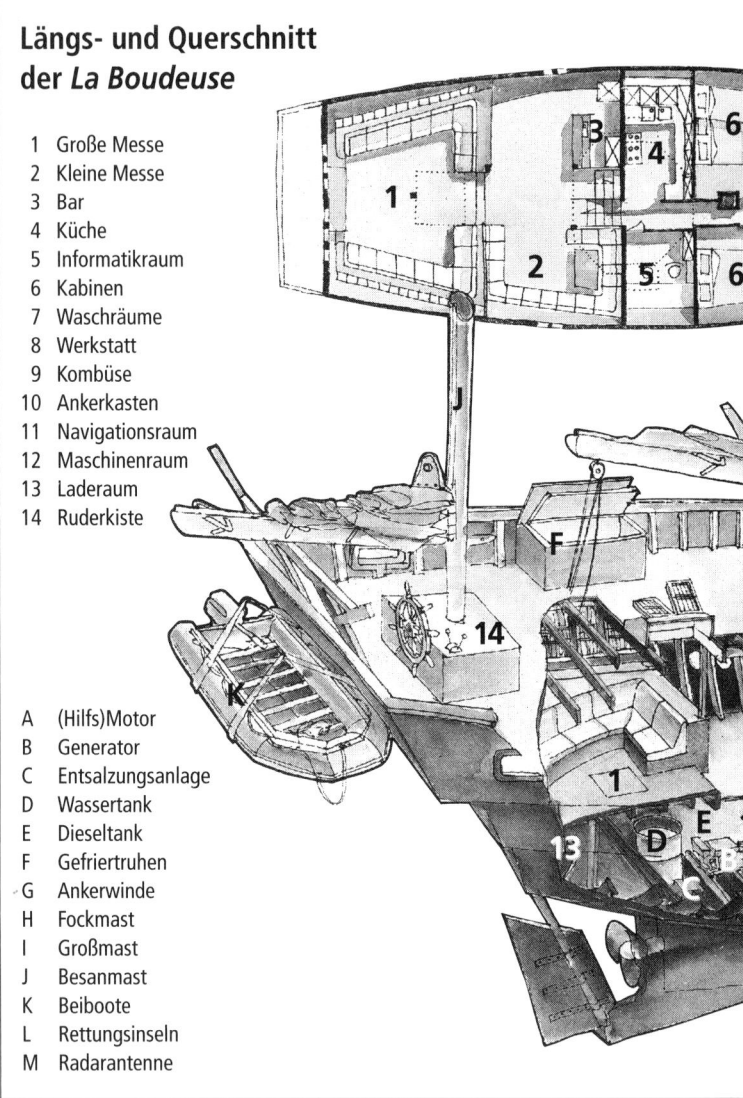

Die wichtigsten Crewmitglieder der *La Boudeuse*

Mitglieder beider Expeditionen

Patrice Franceschi
45 Jahre, Kapitän der La Boudeuse, *Abenteuer-Schriftsteller*
Seit einer ersten Expedition zu den Pygmäen des Kongo im Alter von zwanzig Jahren wurde er nicht müde, die Welt zu durchreisen. Von humanitären Aufträgen über Reportagen, von der ersten Weltumrundung im Ultraleichtflugzeug, von der Entdeckung eines papuanischen Stamms in Irian Jaya – immer hat er seine beiden Leidenschaften zu vereinen gewusst: das Abenteuer und das Schreiben. Der Autor von achtzehn Büchern, Essays und Berichten sowie Filmregisseur hat dieses Forschungsunternehmen ersonnen, geplant und seine Finanzierung gesichert. Patrice Franceschi ist Vizepräsident der Société des Explorateurs français und wurde für seine Forschungsreisen nach Irian Jaya von der Société de Géographie mit einer Goldmedaille ausgezeichnet.

Christophe Kerneau
38 Jahre, Erster Offizier bei der Expedition in Borneo; Erster Leutnant und Bootsmann bei der Expedition zu den Mentawaiinseln
»Schiffe sind in erster Linie Arbeitsinstrumente...«, sagt er. Der seit Beginn an der Expedition beteiligte Seemann, der durch die raue Schule der Fischerei geprägt wurde, ist ein typischer Bretone... Mit seiner rustikalen, schweigsamen, arbeitsbessesenen Art hat er sich auf die traditionelle Seefahrt und Holzschiffe spezialisiert. Wegen dieser Eigenschaften hat ihm Patrice Franceschi bei der Expedition zu den Mentawaiinseln die Verantwortung für die Navigation übertragen. Obwohl er im Hafen nur selten von Bord geht, ist er immer mit von der Partie, wenn es um Abenteuer im Dschungel geht. Ausdauernd, willensstark und kühn, zählt er zu denen, die nie aufgeben.

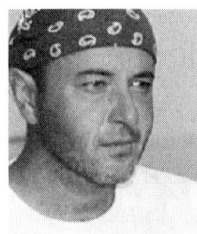

Marc Bonguardo

33 Jahre, Zweiter Leutnant bei der Expedition zu den Mentawaiinseln, Erster Leutnant bei der Expedition nach Borneo

Ruhig, besonnen und mit bissigem Humor ausgestattet, fühlt sich Bonguardo auf dem Wasser genauso wohl wie unter Wasser und vermag ebenso gut ein Schiff zu steuern wie schwierige Situationen mit korrupten Hafenbeamten zu meistern. Er ist Biologe von Beruf und war für Fischerei-Projekte in Afrika verantwortlich, bevor er Profi-Skipper wurde – eine Vielseitigkeit, wie geschaffen für Abenteuerreisen. Bonguardo ist auch für Meteorologie und Informatik an Bord zuständig. Franceschi weiß, dass er sich in jeder Situation auf ihn verlassen kann.

Arne Hodalic

45 Jahre, Bordfotograf

Der gebürtige Slowene ist der Abenteuerfotograf schlechthin. Nach einem abgeschlossenen Biologiestudium arbeitete er als Profi-Skipper, ehe er Fotograf wurde. Der Taucher, Höhlenforscher, Skipper und Doktor der Biologie hat eine Bärennatur und ist zugleich ein wirklicher Künstler. Er ist einer der Vertreter der »slawischen Seele« auf der *La Boudeuse*, auf der sich Männer und Frauen aus allen Teilen der Welt begegnen. In seiner slowenischen Geburtsstadt Ljubljana und den Ufern des Ganges, in den tiefen Wäldern Neuguineas und bei der Belagerung Sarajewos, hat er als Zeuge oder engagierter Akteur zahlreiche Abenteuer bestanden.

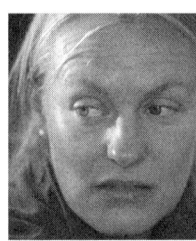

Ségolène Chateau

29 Jahre, Bordärztin

Ohne sie hätte diese Expedition in Borneo bisweilen tragisch enden können. Das Team blieb von Stürzen in den Höhlen oder Krankheiten nicht verschont, doch Ségolène, gelassen und mutig, war stets zur Stelle, um zu beraten und zu heilen. Sie ist Taucherin, Spezialistin für Tropenmedizin und hat für Médecins du Monde in Kolumbien gearbeitet. Sie promovierte über das Denguefieber, das durch Moskitos übertragen wird und in Süd-Ostasien häufig vorkommt. Begierig nach neuen Reisen und neuen Herausforderungen, zögert sie niemals, sich Gefahren zu stellen, wenn ihr Beruf es erfordert.

Mitglieder der Expedition zu den Mentawaiinseln

Philippe Hurlin
45 Jahre, Erster Offizier
Ehemals französischer Vize-Champion bei den universitären Judoausscheidungen, ist er bei der Expedition zum Mentawai-Archipel Erster Offizier. Nach einem Architekturstudium an der Kunsthochschule wurde er Fotograf. Er war auch an Patrice Franceschis erster Expedition auf der *La Boudeuse* nach Irian Jaya beteiligt.

Dominique Martial
47 Jahre, Chefkameramann
Der Spezialist für Abenteuerfilme hat auch bei den ersten drei Filmen von Patrice Franceschi (Irian Jaya, Amazonien, Birma) Kamera geführt. Der leidenschaftliche Bergsteiger hat an den großen internationalen Himalaja-Expeditionen, vor allem an der Besteigung des K2, teilgenommen.

Olivier Archambeau
35 Jahre, Geograph
Er ist der Urheber eines umfangreichen geofotografischen Programms, das – wie zu seiner Zeit von dem Mäzen Albert Khan festgelegt – die fotografische Erfassung und Archivierung des Planeten zum Ziel hat. Der Dozent an der Universität Paris VIII hat 1990–91 in zwanzig Monaten die Welt umreist.

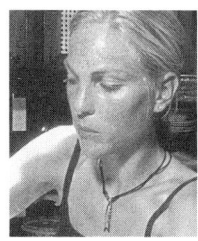

Ute-Charlotte Hettler
29 Jahre, verantwortlich für die Versorgung
Die diplomierte Kauffrau und Absolventin der Kunsthochschule der Colorado University musste eine gewisse Strenge und großen Erfindungsreichtum an den Tag legen, um eine der wichtigsten Missionen auf einem Schiff zu erfüllen, von der zum großen Teil die moralische Verfassung der Mannschaft abhängt: das Kochen.

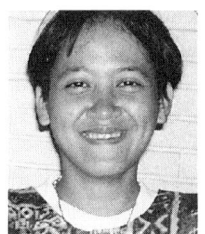

Intu Boedhihartono

30 Jahre, Ethnologin
Die Indonesierin wurde vom Musée de l'Homme abgestellt, um an der Erkundung der Insel Siberut teilzunehmen. Das Museum hatte sie mit der Aufgabe betraut, traditionelle Alltagsgegenstände mitzubringen und eine Studie über die Sitten und Gebräuche der Mentawaier durchzuführen.

June

23 Jahre, Dolmetscher
Er wurde vor Ort angeheuert. Der Ethnologiestudent in Padang, der selbst Mentawaier ist, erwies sich schnell als unentbehrlich. Seine Orts- und Sprachkenntnisse, sein Geschick in allen Bereichen, waren eine wertvolle Hilfe für das Team.

Loic Hilaire

53 Jahre, Bordmechaniker
Er ist bärbeißig und dickköpfig, und seine Kompetenzen sind ebenso einmalig wie seine schlechte Laune. Der Maschinenraum ist seine Domäne. Mit der Handelsmarine hat er alle Meere durchkreuzt, doch seine Vorliebe gilt Afrika.

Mitglieder der Expedition nach Borneo

Gérard Maury

57 Jahre, Zweiter Leutnant
Von Beruf Taucher, Seemann und Haudegen, hat er sich der Mannschaft in Borneo angeschlossen. Diesen Posten besetzte er auch zwischen Celebes und Frankreich. Jahrzehnte der Abenteuer, der Blessuren und Narben, haben seiner Begeisterung und seinem guten Willen keinen Abbruch getan.

Gérard Bordeleau
40 Jahre, Bordmechaniker
Er wird »Gégé« genannt und ist mit seinem Akzent und seinen Streichen in allen Häfen bekannt, in denen die *La Boudeuse* vor Anker geht. Er war Kfz-Mechaniker am Fuße der kanadischen Berge bis zu dem Tag, an dem ihn die Lust packte, das Meer zu sehen und ein neues Leben zu beginnen… Er singt ebenso gut Blues wie er seinen Motor hegt und pflegt…

Guy Meauxonne
53 Jahre, Kameramann
Eine »Persönlichkeit« in der Domäne der Höhlenforscher-Filme… Er kann sie schon nicht mehr zählen, all die Höhlen, in die er überall auf der Welt mit seiner Kamera abgestiegen ist. Als starker Charakter, der stets bereit ist, die anderen von seiner reichen Erfahrung profitieren zu lassen, hat er an der Erkundung des Sungai Bai flussaufwärts teilgenommen.

Philippe Pothon
34 Jahre, Kameramann
Seine Vielseitigkeit und Sportlichkeit machen ihn zum idealen Abenteuer-Kameramann. Er ist in den Bergen aufgewachsen, wo ihm seine Eltern die Vorliebe für Bewegung und große Weiten vermittelt haben. Als Spezialist für Unterwasserkameras, kam er im Dezember 1999 an Bord der *La Boudeuse*, die er bis zum Ende der Forschungsreise nicht mehr verließ.

Bernard Wolfrom
40 Jahre, verantwortlich für die Logistik
Der Gefährte Franceschis in Afghanistan und Neuguinea leitet von Beginn der Expedition an die Logistik des Unternehmens von Paris aus. Seine große Erfahrung in Sachen Abenteuerreisen macht ihn zu einem wichtigen Faktor bei der Bewältigung der Probleme, die mit solchen Unternehmungen einhergehen.

Sylvain Gianini

35 Jahre, Sicherheitsexperte

Der Reporter und Abenteurer ist Experte für Südostasien, vor allem für die Minoritäten in Birma. Er war aktiv an Planung und Gestaltung der Expedition von Franceschi im birmanischen Nagaland, 1997–98, beteiligt.

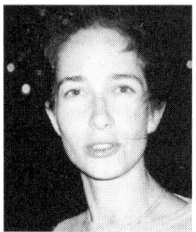

Virginie Lasserre

30 Jahre, Koordinatorin des Stützpunkts, Anthropologin

Nachdem sie über ein Jahr lang die Logistik von Paris aus geleitet hatte, kam die Generalsekretärin der Société des Explorateurs français auf die *La Boudeuse*, um sich am ethnologischen Programm zu beteiligen. Sie hatte bereits an einer der Expeditionen von Patrice Franceschi nach Irian Jaya teilgenommen und bei seiner humanitären Aktion während der großen Hungersnot in Somalia (1992–93) mitgewirkt.

Romy Whitbrood

31 Jahre, Verwalterin

Die für Buchhaltung und Verwaltung zuständige Romy Whitbrood verbirgt hinter ihrer eher zierlichen Erscheinung eine erstaunliche Willenskraft. Sie trägt mit ihrem Geschick und Takt maßgeblich zum geregelten Ablauf des Alltags auf dem Schiff bei.

Franck Tessier

38 Jahre, Speläologe

Der außerordentliche Professor für Biologie und Sport an der Universität von Nizza, Taucher und Vulkanexperte hat schon überall auf der Welt wissenschaftliche Expeditionen geleitet – von Neuguinea über Pakistan bis Brasilien. Ein echter Profi.

Georges Robert

43 Jahre, Speläologe
Der selbstständige Fotograf und bekannte Indonesien-Experte hat die Karstquelle des Sungai Bai 1982 entdeckt. Er ist seither mehrfach dorthin zurückgekehrt. Neben anderen Abenteuerreisen hat er an der ersten Durchquerung Borneos von Ost nach West teilgenommen.

Niels Dessenante

21 Jahre, Speläologe
Der Sportstudent ist ein friedlicher und naturbegeisterter Bergsteiger. Er sucht unermüdlich sein trotz seines jungen Alters schon umfassendes Wissen anzuwenden.

Jean-Baptiste Callais

23 Jahre, Speläologe
Im Gegensatz zu seinem Freund Niels ist er ein richtiges Energiebündel und Anhänger aller Ausdauer-Sportarten. Als französischer Meister von Mountainbike-Abfahrten hat er 1999 am »Raid Gauloises« teilgenommen und Frankreich bei der »Camel Trophy 2000« vertreten.

Antonio Guerreiro

46 Jahre, Ethnologe am Pariser Musée de l'Homme
Der polyglotte Forscher, der mindestens acht Sprachen spricht, hatte die Aufgabe, Gebrauchsgegenstände bei den traditionellen Volksgruppen von Borneo zu sammeln. Bei einer dieser Sammelaktionen auf dem Weg zu einer Insel wurde die Dschunke von Piraten angegriffen.

ERSTER TEIL

Der Mentawai-Archipel: Die 33 Sakuddei

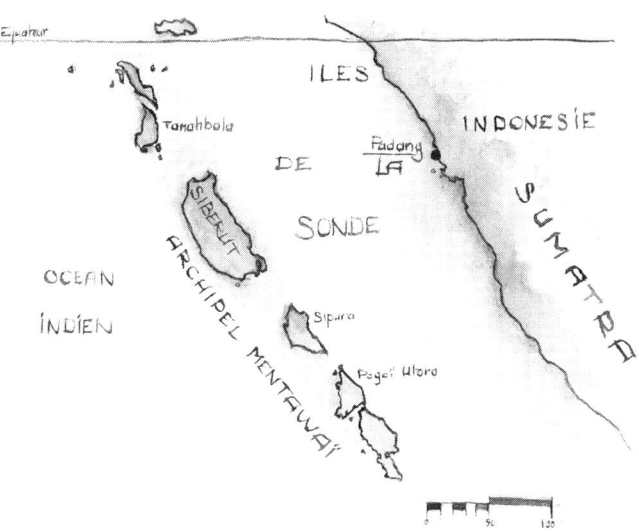

Die Sakuddei

von *Patrice Franceschi*

Die erste Expedition der *La Boudeuse* führte uns in ein Abenteuer, das nach meiner Auffassung das wichtigste unseres gesamten Forschungsprojekts war. Wir verdanken es den wenigen Menschen, deren Geschichte wir in diesem Buch erzählen. Menschen, die so außergewöhnlich sind, wie ihr beispielhaftes und ergreifendes Schicksal.

Die Sakuddei sind eine kleine Gruppe von Jägern und Sammlern, die zur Ethnie der Mentawaier gehören. Letztere bewohnen den gleichnamigen Archipel, südwestlich von Sumatra am Ostrand des Indischen Ozeans gelegen. Lange Zeit hat man sie als den »Stamm der Blumen-Menschen« bezeichnet.

Vor etwa fünfzig Jahren sind die Sakuddei in den unzugänglichsten Teil des Dschungels der Insel Siberut, der größten der Mentawaiinseln, geflohen. Christliche Missionare und indonesische Polizisten hatten es sich zum Ziel gesetzt, alle Spuren der urtümlichen Kulturen auszulöschen. Doch die Sakuddei weigerten sich, etwas anderes zu werden als das, was sie waren: Ein Volk, das an die Geister des Waldes glaubt und von großen Schamanen geführt wird, die über das Geheimnis verfügen, Verbindung zu ihnen aufzunehmen.

Nach vielen Missgeschicken fanden die Sakuddei in einer unbewohnten Region an den Ufern eines Flusses Zuflucht. Dort bauten sie eine neue *uma*, eine Gemeinschaftshütte, in der alle Mitglieder des Clans wohnen, und nahmen ihr altes Leben wieder auf. Über Jahre hinweg kümmerten sie sich wieder um das Wesentliche: um ihre Seele. Die Sakuddei glauben, dass sie außerhalb ihres Körpers umherstreifen und dabei unheilvolle Begegnungen machen kann. Um die Reinheit der Seele zu wahren, muss man also alles tun, damit sie nicht in Versuchung gerät, den Körper zu verlassen. Deshalb tätowieren die Sakuddei ihren ganzen Körper, um ihn so schön wie möglich zu machen, und sie tun alles, um die Harmonie ihrer Umgebung zu erhalten.

So war das Leben der Sakuddei, als etwa zwanzig Jahre später ein junger Schweizer Ethnologe den ersten Kontakt zu ihnen aufnahm. Er hieß Reimar Schefold und sollte später ein berühmter Wissenschaftler werden, Lehrstuhlinhaber für Anthropologie an der Universität Leiden (Niederlande).

Reimar Schefold verbrachte viele Jahre bei den Sakuddei. Er wurde ihr »Vater«, und sie verbargen ihm nichts von ihrer Kultur. Im Gegenzug lehrte er sie, was die »Welt draußen« bedeutet, welche Gefahren und Vorteile sie birgt. Vor allem aber gab er ihnen den Stolz auf ihren Glauben zurück, angesichts der Glaubensrichtungen dieser »Welt draußen«, die bedrohlich näher rückte. Es ist sicherlich sein Verdienst, dass die Sakuddei – heute eine Ausnahme unter den eingeborenen Stämmen – der modernen Welt einen friedlichen und kollektiven Widerstand entgegensetzen.

Aber es gibt nur noch dreiunddreißig Sakuddei.

Sie wissen, dass ihre Kultur mit ihnen ausgelöscht sein wird und halten sie unerschütterlich in Ehren. Was auch immer geschehen mag, sie verteidigen ihre Identität um jeden Preis. Sie haben uns eine eindrucksvolle Lektion in Willenskraft und innerer Heiterkeit erteilt.

Freitag 1. Oktober 21 Uhr – *Uma* **der Sakuddei**

Ich stehe auf dem Steg, der zu dem großen Haus des Sakuddei-Clans führt. Einige Meter unter mir der Fluss. Der Wasserstand ist heute gefallen, so dass die durch Erdrutsche beschädigten Ufer zu sehen sind. Große Schlammblöcke sind ins Wasser gerutscht, und ein Flussarm hat seinen Lauf vollständig verändert; er führt jetzt quer durch eine Erdaufschüttung, die er gestern noch umflossen hat.

Gegenüber, in einer Lücke zwischen den Baumkronen, das Sternbild des Skorpions. Das dreieckige Dach der *uma*, der Gemeinschaftshütte, zeichnet sich dunkel gegen den Sternenhimmel ab. Von der Veranda hallen Stimmen herüber. Die Sakuddei ahmen unser Lachen nach … Bali Kerei, »die alte Tante«, hat uns flambierte Bananen und Sago mit karamellisiertem Schweinefleisch gebracht. Ein eigenartiges Gefühl, diesen Clan zu verlassen, jetzt da alles so harmonisch ist.

Morgen reisen wir ab. Wenn alles nach Plan läuft.

Die Verhandlungen, um Träger zu finden, ziehen sich endlos hin. Die Sakuddei sind nicht zahlreich genug, um unsere Begleitung allein zu übernehmen, also müssen wir mit Männern aus dem Regierungsdorf verhandeln, das einige Kilometer flussabwärts liegt. Immer wieder stellen sie bereits getroffene Abmachungen und übernommene Verpflichtungen in Frage, treiben uns in die Enge und versuchen herauszubekommen, wie weit sie mit ihren finanziellen Forderungen gehen können. Raiba, dem Chef der Sakuddei, ist das Verhalten seiner Landsleute offenbar peinlich. Er ist geradlinig und duldet keine faulen Kompromisse. Die Sakuddei sind ein besonderer Clan. Sie sind die Einzigen, die sich allem widersetzt haben: der indonesischen Regierung, den Missionaren, der Modernität mit all ihren Veränderungen, den Versuchen der Neugliederung. Sie haben sich hierher geflüchtet, in den tiefsten Urwald, den unzugänglichsten Teil der Insel Siberut, die größte des Mentawai-Archipels. Wie viele sind es heute noch? Buhat, ihr Ältester, der auch im Regierungsdorf lebt, meint nicht mehr als dreiunddreißig, zählt man die letzten Geburten mit. Der Dschungel ist ihre Heimat, hier können sie überleben, hier können sie ihrer Seele gefallen und mit dem Geist der Wesen und Dinge reden. Denn hier spricht man mit den Tieren, bevor man sie tötet, mit den Bäumen, bevor man sie fällt, mit den Pfeilen, bevor man sie abschießt. Der Körper wird vollständig tätowiert, um die Seele zurückzuhalten, damit sie sich wohl fühlt und nicht in Versuchung kommt, dort herumzustreifen, wo sich die bösen Mächte herumtreiben. Hier hat man nicht aufgegeben. »Die Sakuddei sind stark, stolz und reich«, sagen sie. »Sie haben viele Hühner und Schweine. Sie haben viel Sago, Kakao und *durian*. Diejenigen, die im Regierungsdorf leben, sind arm und unglücklich, sie haben nicht genug zu essen, sind misstrauisch und geizig. Die Sakuddei haben sich nicht vor den Gewehren der Polizei gefürchtet, sie haben sich nicht gefügt, als man ihnen sagte, ihre Religion sei schlecht. Sie sind großzügig, und sie nehmen Fremde auf, wenn diese sich ebenfalls großzügig zeigen, das heißt ihnen Zucker, viel Zucker, Salz, Kaffee, Reis und Tabak mitbringen.«

Und da sich die Sakuddei immer treu geblieben sind, stehen sie zu ihrem Wort.

Dieser Clan ist einzigartig im Mentawai-Archipel. In den folgenden Wochen sollten wir vielen Menschen begegnen, die uns alle bestätigten, dass die Sakuddei Traditionen und Lebensart ihrer Vorfahren bewahrt haben, nicht etwa weil sie von der Welt abgeschnitten wären, sondern einem heftigen Unabhängigkeitsdrang folgend, einem Willen zur Freiheit, die als höchstes Gut gilt. Inzwischen aber haben indonesische Reiseveranstalter entdeckt, wie einträglich Exkursionen zu leicht zugänglichen Stämmen sein können: Rituale nach Wunsch, Schamanismus zu festen Tarifen – viele Mentawaier haben sich auf dieses Spiel eingelassen, die wirtschaftlichen Vorteile erkannt und sich dabei in Zirkusaffen verwandelt. Ein paar Geschenke, ein gezwungenes Lächeln, und kaum ist die Gruppe weg, schlüpft jeder wieder in Jeans und T-Shirt.

Bei unserer Ankunft in Padang, dem größten Hafen von Westsumatra, hörten wir zum ersten Mal von den Sakuddei, das bedeutet wörtlich »die, die geflohen sind«. Der Weg zu diesem Stamm wurde uns als äußerst schwierig beschrieben. Die meisten Bewohner von Siberut leben im Osten und Südosten der Insel. Um in die anderen Gebiete vorzudringen, müsse man eine Bergkette überwinden, die sich quer über die Insel zieht. Dahinter aber sei sicher nichts Interessantes mehr zu sehen. Übrigens dringe auch niemand bis dorthin vor. Ein Grund mehr, uns hinzubegeben. Denn wir hatten unser Schiff, die *La Boudeuse*, und wollten versuchen, die Insel zu umfahren, einerseits, um uns die Durchquerung des Dschungels zu ersparen, vor allem aber um die Möglichkeiten des Anlandens an dieser als gefährlich geltenden und praktisch unzugänglichen Küste zu testen. Auch das tat sonst niemand.

In meiner Hängematte lausche ich den Geräuschen des Waldes. Das Rauschen des Windes in den Palmwedeln, flüchtiges Rascheln, Schreie von Nachtvögeln, durchdringendes Krächzen, unterdrücktes Grunzen wild lebender Schweine. Diese erste Expedition hat uns mehr gebracht, als ich erhofft hatte. Oder, besser gesagt, als ich erwartet hatte, denn man erhofft sich immer vieles. Dessen sollte ich mir erst später bewusst werden. Bei meiner Rückkehr nach Paris, als mir die Sakuddei anfingen zu fehlen.

Montag, 23. August 1999 – 11.30 Uhr, Flughafen von Singapur

Kaum haben wir das klimatisierte Flughafengebäude verlassen, schlägt uns die drückende, feuchte Hitze Asiens entgegen. Wir haben die Reise zu neunt unternommen: Ségolène Chateau, die Bordärztin, Arne Hodalic, ein slowenischer Fotograf, der mich mit Bob Morane bekannt gemacht hat, und der im Flugzeug mehrere Sitze einnimmt, um seinen eindrucksvollen Körper unterzubringen, Anthony, Vincent und Anne-Élise, Studenten, die einen Wettbewerb gewonnen haben und einen Monat an Bord der *La Boudeuse* verbringen dürfen, Patrick Bailly, ein Freund von Patrice Franceschi, begleitet von seiner Tochter Marion, und Oliver Archambeau, der Leiter des geofotografischen Programms.

Marco Bonguardo, der Erste Leutnant, erwartete uns am Flughafen. Ich hatte ihn in diesem Winter zwei- oder dreimal bei Vorbereitungstreffen der *Société des explorateurs français*, der französischen Forschungsgesellschaft, in Paris gesehen. Er schien mir sehr ernst und etwas streng mit seinem kurz geschorenen Haar und seinem Gebaren, das an das eines Mönches erinnerte. Kurz, kein Spaßvogel. Er war bereits Ende

März mit der ersten Mannschaft nach Kambodscha aufgebrochen, zu der unter anderem auch der Zweite Leutnant Christophe Kerneau gehörte. Sie sind Teil der festen Besatzung, die im folgenden Jahr an allen Forschungsreisen teilnehmen sollte.

Wir nehmen zwei *cabs*, perfekte Kopien der Londoner Taxis. Der Hafen *Raffles Marina*, wo die *La Boudeuse* vor Anker liegt, ist am anderen Ende der Stadt.

»Na, wie weit seid ihr? Laufen wir aus oder nicht?«

»Normalerweise morgen, aber man muss auf alles gefasst sein«, antwortet mir Bonguardo. »Mit der Zeit haben wir uns daran gewöhnt… Das Schiff ist fast fertig, aber wir haben die indonesische Navigationserlaubnis noch nicht. Hurlin ist seit zwei Wochen in Jakarta, er steht sich bei den Behörden die Beine in den Bauch, um die nötigen Papiere und Stempel zu bekommen. Eigentlich soll er heute Abend wiederkommen, wir werden ja sehen, was er mitbringt.«

Seit fünfzig Tagen liegt die Dschunke in Singapur fest. Virginie Lasserre, die für die Logistik verantwortlich ist, informierte uns regelmäßig, und so kennen wir die enervierenden Probleme, die es seither gegeben hat: der Monsun, der zwei Monate zu früh einsetzte, technische Probleme, Ärger mit den Behörden, nichts fehlte.

»Und wie weit ist das Boot, seit ihr Kompong Som verlassen habt?«, erkundigt sich Arne Hodalic.

»Wir hatten Zeit genug, daran zu arbeiten, aber wir haben es noch nicht auf dem Wasser testen können. Gut, dass ihr jetzt kommt, heute Nachmittag wollen wir eine Probefahrt auf dem Meer machen.«

Arne hat schon in Kambodscha Fotos von der *La Boudeuse* gemacht. Er hat bei der Instandsetzung des Schiffs geholfen, das der frühere, hoch verschuldete Eigner nicht mehr unterhalten konnte und der Verwahrlosung überlassen hatte.

In Kambodscha angekommen, hatten die Seeleute nicht damit gerechnet, das Schiff in einem derart schlechten Zustand anzutreffen. Es musste aus dem Wasser gehoben und neu kalfatert werden. Motor, Pumpen, Elektrizität und Navigationszubehör, alles musste eingebaut werden, kurz, die *La Boudeuse* wurde vollständig überholt. Hitze, Regen und die Schwierigkeiten, geeignetes Material und qualifizierte Arbeitskräfte zu finden, taten ein Übriges. Verhalten und Motivation der Besatzung wurden auf eine harte Probe gestellt, und einige Mitglieder wurden ausgewechselt.

Am Ende der Instandsetzung, ehe sie ihre erste Reise von Kompong Som nach Singapur antrat, wurde die *La Boudeuse*

In Kompong Som, wo das Schiff im Frühjahr 1999 aufgerüstet wurde, segnen kambodschanische Mönche die *La Boudeuse*, hier mit Patrice Franceschi in der Messe.

von buddhistischen Mönchen und einem katholischen Priester geweiht.

Singapur: die Stadt mit den riesigen Wolkenkratzern, die wie Pilze aus dem Boden schießen, mit Randgebieten, die sich unaufhaltsam ausweiten. Auf den Straßen übertragen riesige Bildschirme Videoclips, und die Fußgänger warten artig, bis sie die Straße überqueren dürfen. Das erinnert mich an den Film *Fahrenheit 451*, der eine Zivilisation voraussagt, in der Bücher verboten sind und es Aufgabe der Feuerwehr ist, sie zu verbrennen. Diese Großstadt hat etwas Abstoßendes und Verspieltes zugleich. An dem einzigen Nachmittag, an dem wir sie besichtigt haben, hat mir Archambeau die alten Viertel gezeigt. Sie wurden zerstört und schließlich von einer Regierung wieder aufgebaut, die sich bewusst zu werden begann, dass sie in dem Bestreben nach Funktionalität fast alle Spuren der eigenen Vergangenheit ausgelöscht hatte. Doch es ist nun einmal geschehen. Die kleinen, traditionellen, heute frisch gestrichenen Häuser wirken wie Kulissen aus Pappmaschee. Daneben erheben sich große Röhren aus Glas und Stahl, von denen aus man den Dschungel – die grüne Lunge und das Wasserreservoir des Landes, ein grüner Schwamm unter dem grauen Himmel – sehen kann.

Hinter den Bäumen, die den Blick auf den Hafen verdecken, tauchen die drei Masten der *La Boudeuse* auf. Am Kai liegen Luxusyachten, die eine weißer als die andere, die allerdings nicht den Anschein erwecken, als wollten sie je auslaufen. Die schwarz-rote chinesische Dschunke fällt auf in dieser Umgebung, die sie stolz beherrscht. Franceschi erwartet uns an Deck und präsentiert uns seine neue Tätowierung: ein Anker und der Name seines Schiffs auf der linken Schulter.

Marc Bonguardo, Erster Leutnant, ist auch für die Informatik zuständig. An der Wand das Satellitentelefon.

»Willkommen an Bord, stellt euer Gepäck in der Messe ab, wir zeigen euch die Kabinen später. Wir fangen mit einer Besichtigung des Schiffs an, und Marc Bonguardo wird euch die Regeln erklären, die hier einzuhalten sind!«

In Wirklichkeit ist die Dschunke natürlich viel eindrucksvoller und schöner als auf den Fotos. Nachdem wir uns das Vorderdeck und das große Achterschiff angesehen haben, steigen wir ins Innere hinab. Zunächst betreten wir die typische Pagode, in der der Navigationsraum untergebracht ist. Einige blau-weiße Karten liegen auf dem Tisch ausgebreitet.

»Das ist mein Reich«, erklärt uns Bonguardo. »Ohne Erlaubnis darf niemand den Raum betreten. Nur Franceschi, Kerneau, Hurlin und ich haben Zutritt. Hier seht ihr alle Navigationsinstrumente: Radar, GPS, Tiefenmesser, VHF-Funkgeräte,

Bordjournal, Handbücher der Wetter- und Navigationskunde, Steuerung für Elektrizität und Pumpen.«

Als Kind träumte ich von einem lackierten Holzschiff, das in einem Hafen aus einem anderen Jahrhundert schaukelt und in dessen Kabinen sich das Spiel von Licht und Wasser spiegelt. Die *La Boudeuse* ist diesem Traumschiff sehr ähnlich. Die Messe ist wundervoll und hat die ideale Größe für ein längeres Abenteuer. Auf der rechten Seite befindet sich eine Bar, auf der linken ein Essraum, in dem man auch Hängematten anbringen kann, wenn die Kabinen belegt sind. Über die gesamte Rumpfbeplankung ziehen sich Bücherregale mit klassischer Literatur, philosophischen Werken, Abenteuerberichten, Ratgebern zum Tauchen und Überlebenshilfen. Die weißen Sofas vermitteln den Eindruck, man befinde sich auf einer Luxusyacht. Doch Franceschi lässt uns nicht in der Illusion, dass wir zu einer erholsamen Kreuzfahrt angetreten sind, der Kontrast mit dem harten Dschungelleben, das uns in einigen Wochen erwartet, wäre zu groß…

Ein paar Stufen weiter unten befindet sich die Küche – Utes Reich -, der Maschinenraum, der Informatikraum, der Gang, von dem die Kabinen abgehen, zwei Badezimmer, die Werkstatt und die Kombüse.

Das Reglement ist streng. Franceschi hat es drucken lassen und händigt jedem von uns ein rot gebundenes Büchlein aus. Auf der letzten Seite sind die Strafen abgebildet, die den Matrosen früher bei Ungehorsam drohten. Wer an einer Schlägerei beteiligt war, wurde im Laderaum in Ketten gelegt, Ungehorsame wurden – je nach Schwere des Vergehens – quer oder längs unter dem Schiff durchgezogen. Bei letzterer Form hatten die Unglücklichen kaum eine Chance zu überleben; sie wurden vom Großmast ins Wasser geworfen und dann auf einer Länge von dreißig Metern am muschelbesetzten Rumpf entlanggezogen. Das war die einzige Möglichkeit, auf einem dicht besetzten Schiff Ordnung zu halten. In dieser Hinsicht wird hier der »Geist von Bougainville« nicht ganz respektiert, die angewandten Methoden sind zum Glück weniger drastisch.

Bei einem kleinen abendlichen Briefing werden die Dinge geregelt: Wechselnde Teams zum Geschirrspülen und Putzen werden ebenso eingeteilt wie die Ruder- und Ausguckwache. Der Zugang zu bestimmten Räumen, die Benutzung gewisser Materialien, Schlafen in der Messe und Rauchen im Inneren des Schiffs sind verboten.

»Ein wichtiger Punkt, der beachtet werden muss«, erklärt Kerneau. »Auf einem Schiff wie diesem, ist alles anders und gefährlich. Die Ausmaße der Takelung, das Gewicht der Beschläge, die Länge des Tauwerks, alles macht die Manöver schwierig und riskant. Es klingt zwar paradox, doch oft entstehen die Probleme durch diejenigen, die schon Segelerfahrung haben. Man glaubt sich auszukennen und genau dann geschieht ein Unfall. Ihr dürft niemals versuchen, beim Halsen einen Baum oder einen Tampen festzuhalten, das ist der beste Weg, sich die Hände aufzureißen, sich ein Körperteil zu zerquetschen oder ins Meer geschleudert zu werden.«

Unser Ziel: die Insel Siberut, die größte des Mentawai-Archipels, südlich von Sumatra. Unsere erste Etappe, die wir in etwa drei Tagen erreichen werden, ist Jakarta. Nach einem technischen Zwischenstopp fahren wir durch die Sundastraße und weiter nach Padang. Das bedeutet etwa zehn bis zwölf Tage Schiffsreise.

Am Abend treffen wir in der Bar der *Marina* Kaufleute aus Singapur, bei denen Patrice Ersatzteile für den Motor besorgt hat. Sie sitzen in feuchtfröhlicher Runde in den Korbsesseln auf der Terrasse und kippen, den Blick schon leicht benebelt, literweise *Tiger*, das einheimische Bier, in sich hinein. Unsere Unterhaltung ist zwar sehr herzlich, aber doch sehr begrenzt. »*O.k., my friend! O.k., my friend*!«, das ist in etwa alles, was wir uns sagen. Ich nutze die Gelegenheit, um mit Franceschi das Programm der nächsten Tage durchzusprechen.

»Glaubst du, dass Philippe alle Genehmigungen bekommen hat?«

»Keine Ahnung«, gibt er zurück. »Es ist immer dasselbe Theater. Wenn man glaubt, alles sei geregelt, fehlt letztlich jedes Mal ein Stempel, den ein Beamter unter irgendeinem Vorwand verweigert … Aber Genehmigung hin oder her, morgen stechen wir in See.«

Ein Abenteurer bleibt eben ein Abenteurer, genau das war auch die Befürchtung der Leiter der Produktionsgesellschaft, die diese Expedition finanziert. Die Vorstellung, dass die *La Boudeuse* die Anker lichten könnte, ohne die vorgeschriebenen Papiere zu haben, war eine Horrorvision für sie. Nach ihrer Auffassung muss man Patrice zurückhalten, ihn daran hindern, »Dummheiten zu machen«. Er ist äußerst nervös und für alle Probleme zuständig. Nach ihrer Meinung könnte er also leicht Unsinn machen. Wenn das Schiff auf offenem Meer kontrolliert wird und nicht die nötigen Papiere hat, ist das gesamte Projekt gefährdet.

»Und wann bekommen wir die Papiere?«

»Normalerweise in Jakarta. Philippe kommt heute Abend zurück, aber so weit ich weiß, mit leeren Händen. Er hat die nötigen Genehmigungen und Stempel, doch die Behörden haben alles einbehalten. Wir holen sie, sobald wir da sind … Wir haben lange genug gewartet.«

Mittwoch, 25. August – Raffles Marina, 6.27 Uhr

Es ist noch nicht richtig hell. Um fünf Uhr wurden wir geweckt. Gedämpfte Aufbruchgeräusche im Morgengrauen, der scharfe Geruch von schwarzem Kaffee, die noch leicht verschlafenen Bewegungen, die plötzlich erregten Stimmen. Aber vor allem Euphorie, weil das Abenteuer endlich beginnen kann.

Heute ist der Tag von Ludwig dem Heiligen. Also hat Louis de Broissia, der Senator von Burgund, heute Namenstag. Franceschi hat ihn, ebenso wie den Präfekten François Lépine zu dieser Reise eingeladen. Er ist Wahl-Burgunder und die Region hat, wie auch seine Heimat Korsika, die Finanzierung dieser Expedition unterstützt. Jetzt zeigen diese reifen, gesetzten Herren allerdings jugendlichen Enthusiasmus. Nach drei Tagen im Hafen sind sie froh, die beiden Wochen, die ihnen noch bleiben, auf dem Meer verbringen zu dürfen.

Auch Loic (Louis) Hilaire hat Namenstag. Er ist der Maschinist, ein erfahrener Seemann mit weißem Bart, gezeichnet von den langen Dienstjahren auf den Überseedampfern nach Afrika. Hinter der Brille erkennt man kaum seine müden, von Falten umgebenen Augen. Von ihm hängt zu einem guten Teil der reibungslose Ablauf der Navigation ab.

Dominique Martial, der Chefkameramann, hält den Aufbruch fest. Er hat schon mehrere Filme mit Patrice gemacht, unter anderem den in Irian Jaya, wo die Bedingungen besonders schwierig waren. Mit seiner Kamera ist er überall, wo sich etwas tut. Er filmt Marc, wie er am Kartentisch die Route vorbereitet, Christophe und Patrice, die einen letzten Kontrollgang machen, und alle anderen, die geschäftig an Bord hin und her eilen.

Kerneau steht bei dem heiklen Ablegemanöver selbst am Ruder. Seine Bewegungen sind präzise, der Blick nimmt aufmerksam jede Kleinigkeit wahr, die Befehle sind knapp … Das Können der Seeleute ist beeindruckend. Man merkt, dass sie etwas Besonderes sind, nicht weil sie selbst den Unterschied hervorkehren, er ist einfach augenfällig, alle beobachten sie bei der Arbeit. Erst wenn der schwierige Punkt überwunden ist, kann der Bootsmann dem wachhabenden Matrosen das Ruder überlassen.

Zu unserer Linken erstreckt sich kilometerweit der Hafen von Singapur mit seinen riesigen Lagerhallen und den aufgestapelten Containern. Auf der anderen Seite erkennt man im Nebel die malaiische Küste mit ihren bewaldeten Hügeln, die sanft zum Meer abfallen.

Es beginnt zu regnen. Zunächst ist es ein gedämpftes Geräusch, wie von Wasser, das in einem Topf kocht. Man spürt die vereinzelt fallenden Tropfen kaum. Wir haben das Gefühl, als würde man von diesem Regen, der schwer und warm fällt, nicht nass.

»Nichts Außergewöhnliches, so ein Ablegemanöver«, sagt Loic in die Stille hinein.

Er hat gut reden. Der alte Seebär versucht, die Begeisterung der Jüngeren – auch wenn sie nicht zwangsläufig eine Frage des Alters, sondern der Einstellung ist – zu dämpfen.

Wir befinden uns auf dem Hafenkanal, wo Werft-Schiffe oder solche, die auf einen Ankerplatz oder eine Löschmöglichkeit warten, zu ständigen Manövern gezwungen sind. Es ist eine der wichtigsten Handelsstraßen Südostasiens – dafür sind die Abfälle, die im Wasser schwimmen, ein trauriger Beweis.

In technischer Hinsicht verläuft alles einwandfrei. Der Motor ist sogar sieben Knoten schneller als während der Tests. Loic läuft unablässig zwischen der Brücke und dem Maschinenraum hin und her. Das Verbot, sich ohne seine Erlaubnis dorthin zu begeben, ist leicht einzuhalten. Es ist ein winziger, überhitzter Raum, in dem es nach Diesel und Öl stinkt und wo man kaum aufrecht stehen kann. Und jedes Mal, wenn Loic herauskommt, zündet er sich eine Gauloise ohne Filter an! Es gab noch keine nennenswerten Schwierigkeiten mit dem Motor, außer gestern bei der Probefahrt, als Luft in den Einlaufkanal kam und ein überhitzter Keilriemen Franceschi ins Gesicht flog.

Der Regen wird immer stärker. Ute bereitet in der kleinen Küche zwischen Informatik- und Maschinenraum das Essen zu. Jedes Ding hat seinen festen Platz, alles ist beschriftet, aufgeräumt und genau eingeteilt, die Menüfolge wurde im Voraus festgelegt.

Am frühen Nachmittag beschließt Franceschi, die Segel zu setzen. Anlass für die Mannschaft zu einigen Manöverübungen. Zuerst wird die Fock, dann die Besan gehisst und schließlich das Großsegel. Die Arbeit hat in der Tat nichts mit der auf einem Segelboot von klassischen Ausmaßen zu tun. Mit ihren geschnitzten Drachen und den braunen Segeln ist die Dschunke ein stolzes Gefährt. Der Motor wird abgestellt und die Geschwindigkeit fällt auf knapp zwei Knoten.

Kein Lärm mehr, die *La Boudeuse* gleitet ruhig dahin. Jetzt hat die Expedition wirklich begonnen …

Donnerstag, 26. August – Javasee

Nach dem Regen und Wind von gestern, strahlt heute die Sonne, und das Meer ist spiegelglatt. Da die Javasee im Schutz von Sumatra liegt, gibt es nur wenig Wind, und wir müssen ständig den Motor einschalten, um die festgelegten Etappen einzuhalten. Normalerweise werden wir, sobald die Sundastraße passiert ist, und wir Kurs auf Padang, die Mentawaiinseln und die Andamanen nehmen, fast ausschließlich unter Segeln fahren können.

Ich hatte mir vorgestellt, unsere Route würde an vielen kleinen Inseln vorbeiführen, doch rund um uns ist nichts als Wasser. Die Luft vibriert nur vom Brummen der Motoren. Riesige, völlig verrostete Frachtschiffe, die ohne Mannschaft zu fahren scheinen, schieben sich langsam an uns vorüber.

Heute Nacht hatte ich meinen ersten Wachdienst, von vier bis acht Uhr. Ideal… Zuerst die Ruhe der nächtlichen Navigation, die Freude, am Ruder zu stehen, während die anderen schlafen, dann das Morgengrauen, das langsam am Horizont aufsteigt und den Himmel mit seinen langen rosafarbenen und blauen Bändern durchsetzt. Dominique Martial hat mir Gesellschaft geleistet, während ich unter dem Kommando des Ersten Offiziers Kerneau das Meer und die Sterne beobachtete.

Christophe Kerneau ist ein waschechter Bretone, der mehr schlingert und sich wiegt, als dass er geht. Er setzt nie den Fuß an Land, auch nicht in den Häfen, jenen Orten des Lasters, wo dieser Einsiedler-Seemann seine Zeit und Energie nicht verschwenden will. Er ist in der Gegend von Paimpol geboren und wurde mit neunzehn Jahren Berufsseemann, zunächst auf Fischerschaluppen. Das ist sicherlich die gnadenloseste Schule, die Männer hart und schweigsam macht. Gleichzeitig hat ihn seine Leidenschaft für Holz dazu bewogen, alte Takelungen zu renovieren – »denn bei diesen Booten darf man keine Fehler machen« – sowie in Werften zu arbeiten, die alte Schiffe nachbauen. Er hat nie auf einem Frachter angeheuert. Immer hatte er das Glück, eine Anstellung zu finden, die mit seiner Leidenschaft für das Segeln und für traditionelle Materialien vereinbar war.

»Schiffe sind in erster Linie Arbeitsinstrumente«, wiederholt er gern.

Nie ruht er sich aus, stets ist er dabei, irgendeine Reparatur vorzunehmen, eine Anpassung oder eine Verbesserung.

Am frühen Morgen hat ein Fisch an der Leine angebissen, die wir im Kielwasser nachziehen. Ich stand gerade am Ruder, als ich das Zucken an der Leine bemerkte. Arne hat ihn, vorsorglich mit Handschuhen versehen, eingeholt. Sobald es um Fische, Angeln oder Tauchen geht, ist er ganz aus dem Häuschen. Auch wenn er Vegetarier ist – mehr aus ethischen, denn aus diätetischen Gründen –, das Mitleid, das er für Kühe empfindet, macht vor Langusten und Meerbarben halt!

Die Hitze wird immer unerbittlicher. Wir bekommen unsere ersten Lektionen: Seemannschaft, Navigation, Manöver »Mann über Bord«. Hurlin und Louis de Broissia nehmen einige Reparaturen vor. Das Leben an Bord organisiert sich langsam, findet seinen Rhythmus, jeder übernimmt seine Aufgaben.

Gegen elf Uhr abends ertönt im Gang ein höllischer Lärm, Philippe und Loic rennen zwischen Brücke und Maschinenraum hin und her. Die Abwasserpumpe ist ausgefallen, eine der Membranen ist gerissen. Sie tun, was sie können, um sie zu flicken, doch die Reparatur hält nicht lange. Bis Jakarta werden wir die Sammelpumpe benützen müssen. Loic hat festgestellt, dass bei der Herstellung ein Teil falschherum montiert wurde.

Als ich um vier Uhr meinen Wachdienst antrete, ist Franceschi noch auf. Er ist für alle Schwierigkeiten zuständig, die während dieser Expedition auftreten, und eine kaputte Pumpe bringt zusätzliche Probleme, sowohl in logistischer als auch in finanzieller Hinsicht. So kommt alles zusammen, und es ist verständlich, dass er keinen Schlaf findet.

Es ist eine wundervolle, sternenklare Nacht. Nur wenige Wolken verdecken hin und wieder die Sicht auf die Orientierungspunkte, die mir helfen, meinen Kurs zu halten. Ich muss ihn übrigens stetig ändern, da wir durch eine Gegend mit Untiefen, kleinen Inseln und unterirdischen Felsen fahren. Wir befinden uns in der Sundastraße, jener mythischen Meerenge zwischen Java und Sumatra, ein gefährlicher Ort, wo es immer wieder zu Piraterien kommt. Über die französische Botschaft haben wir erfahren, dass es in der letzten Woche drei Überfälle gab. Das verlangt erhöhte Wachsamkeit, auch bei verdächtigen Manövern kreuzender Schiffe. Die Nachtfahrten erfordern ohnehin größte Aufmerksamkeit. Viele Schiffe fahren ohne Positionslichter oder haben sie falsch angebracht, so dass man ihren Kurs nicht ermitteln kann.

Die *La Boudeuse* ist nicht leicht zu steuern, sie ist ungemein schwerfällig, und die Ruderbewegungen können bei mangelnder Vorausberechnung zu schwerwiegenden Verzögerungen führen. Das gilt umso mehr, wenn mit Motorkraft gefahren wird. Ich stehe über VHF mit Kerneau in Verbindung, der im Kartenraum die Route festlegt. Er gibt mir regelmäßig Anweisungen und stellt fest, wenn ich zu weit nach rechts oder nach links abweiche. Ich gebe mein Bestes, um den Kurs zu halten, aber die Sache ist kein voller Erfolg.

»Seit einer halben Stunde hast du Schwierigkeiten, nicht wahr?«, sagt er, als er, die alte, verwaschene Schirmmütze auf dem Kopf, aufs Achterdeck kommt.

Was mich bei Marc und Christophe verwundert, ist die Tatsache, dass sie nie laut werden. Unter Seeleuten herrscht gewöhnlich eher ein rauer Ton. Man muss seine Sache gut und im Gefahrenfall vor allem schnell machen. Da bleibt keine Zeit für Diskussionen. Dennoch waren sie von Anfang an geduldig mit uns. Sie wissen, dass die meisten von uns ihre eigentliche Aufgabe während der Landexpedition zu erfüllen haben, und keine perfekten Seeleute werden wollen. Das schließt eine gewisse Vielseitigkeit und das Bemühen, sich als einfacher Matrose effizient zu erweisen, nicht aus. Manche von uns sind geeigneter als andere, so zum Beispiel Arne, der, ehe er Fotograf wurde, Berufsskipper war. Doch es gibt bestimmte Bereiche, die gefährlich sind. So erträgt Loic es zum Beispiel nicht, wenn sich jemand um die Mechanik kümmern will. Das ist seine Arbeit und wer sich daran vergreift, zieht sich seinen Unmut zu, und zwar im Allgemeinen auf Lebenszeit! Meine mangelnde Vorliebe für Kolben und Motoren bewahrt mich vor diesem Schicksal. Doch mir ist schon aus strategischem Interesse daran gelegen, mich gut mit Loic zu verstehen, dessen Wutausbrüche mich amüsieren, da wir eine Kabine teilen.

Am Vormittag schlafe ich lange, wie meist, wenn mein Wachdienst um acht Uhr zu Ende geht. Während dieser wenigen Stunden des Halbschlafs schwebe ich zwischen Tag und Traum, gewiegt von den inzwischen vertrauten Geräuschen an Deck und in der Küche, von den gedämpften Stimmen, dem Schaukeln des Schiffes.

Gegen Mittag kommt starker Wind auf. Wir nutzen die Gelegenheit, um die Segel zu setzen, lassen aber den Motor an, damit wir unseren Zeitplan einhalten. Außerdem hat das Schiff so eine stabilere Lage, und wenn wir krängen, dann immer zur selben Seite. Eine gute Gelegenheit für Arne, in die

Fock zu klettern und Fotos zu machen. Er braucht ständig Bewegung, sonst verkümmert er. Oder er wird ganz einfach verrückt. Kerneau zieht ihn am Mast hoch und sichert ihn zugleich. Schließlich hängt Arne dreißig Meter über dem Deck.

Vincent Athias zeichnet. Er studiert Schiffbau und verbringt einen guten Teil seiner Zeit damit, das Leben an Bord, sowie die Schiffe und Landschaften, denen wir begegnen, mit erstaunlichem Geschick zu skizzieren.

In der Messe behandelt Ségolène unseren Maschinisten, er ist ihr häufigster Patient, da er sich dauernd die Hände verbrennt oder aufreißt.

Wir steuern auf den Vulkan *Anak Krakatau* zu. Wir werden einen halben Tag mit seiner Erkundung verbringen und dann zurück durch die Sundastraße zu unserem technischen und administrativen Zwischenstopp in Jakarta fahren. Es ist einer der außergewöhnlichsten Schauplätze Indonesiens, sowohl wegen seiner Schönheit als auch wegen der dramatischen Ereignisse, die sich dort abgespielt haben.

Wir müssen den Vulkan am Sonntag, den 29. August noch bei Helligkeit erreichen, weil das schwierige Ankermanöver im Dunkeln zu gefährlich wäre.

Seit unserer Einfahrt in die Sundastraße begegnen uns viele kleine Fischerboote. Ihre Besatzung winkt uns zwar zu, scheint aber von der »kriegerischen« Erscheinung der Dschunke eher eingeschüchtert. Vielleicht halten sie uns ja für Piraten!

Und heute tritt unser erster Alarmfall ein. Es ist kurz vor Mittag, das Meer ist ruhig. Ein eigenartig rosafarben gestrichener Kreuzer, der scheinbar aus dem Nichts aufgetaucht ist, hält direkt auf uns zu. Der Ausguck hat ihn mit seinem Fernglas schon von weitem ausgemacht. Franceschi versucht, Funkkontakt mit ihm aufzunehmen, bekommt aber keine

Antwort. Er versucht es weiter. Erfolglos. Er übernimmt das Ruder und wechselt einige Male die Richtung, aber auch der Kreuzer ändert seinen Kurs und hält hartnäckig seitlich auf uns zu. Die Anspannung wächst. Er kreuzt unseren Kurs backbord, überholt uns von hinten und wechselt in etwa hundert Meter Entfernung von einer Seite der *La Boudeuse* auf die andere. Wir fragen uns, ob er ein Netz hinter sich her schleppt, das sich in unserer Schraube verfangen soll. Das ist eine klassische Methode, ein Schiff zum Stehen zu bringen. Das Theater dauert etwa fünf Minuten, dann entfernt sich der Kreuzer. Wir wissen nicht, was die Besatzung vorhatte, aber dieser Zwischenfall beweist, dass wir wachsam sein und unter solchen Umständen Entschlossenheit zeigen müssen. Nicht grundlos steht dieses Meer in dem Ruf, das gefährlichste der Welt zu sein, das sollten wir in der Folge noch zu spüren bekommen.

Am späten Nachmittag zeichnen sich im Hitzedunst die Inseln rund um den Vulkan ab. Fliegende Fische tauchen auf und halten sich einige Sekunden über den Wellen, die sich am Eingang zu dem Engpass bilden. Zum ersten Mal kommen Delphine, um mit dem Schiff zu spielen. In Vierer- oder Fünfergruppen ziehen sie immer wieder an uns vorbei. Der Peilstock zeigt eine Verringerung der Tiefe an. Statt 218 Meter beträgt sie plötzlich nur noch 80 Meter: Der Krater bildet hier einen gewaltigen Auswuchs unter dem Wasser.

Wir müssen einen Ankerplatz finden – kein Kinderspiel, denn es gilt, beim »Nachschleppen« des Ankers nicht an einem der spitzen Felsen hängen zu bleiben. Wir umfahren eine Sandbank am Fuße des Vulkans und steuern auf die gegenüberliegende kleine Insel zu. Vögel zwitschern hinter dem grünen Wall aus hohen Bäumen, die sich an einem felsigen

Hang festkrallen und sich hier und da zu kleinen Lichtungen öffnen.

Mit olympischer Ruhe leitet Bonguardo das Manöver und gibt zugleich eine umwerfende Imitation des Reisejournalisten Nicolas Hulot zum Besten. Seit wir unsere Fahrt angetreten haben, verblasst der strenge Eindruck, den er in Paris auf mich gemacht hatte, mit jedem Tag…

Die Wassertiefe wird immer geringer: sechzehn Meter, fünfzehn, dreizehn, zwölf… An der Stelle, die wir als Ankerplatz gewählt haben, beträgt sie dreizehn Meter. Dominique hält alles mit seiner Kamera fest, läuft von der Pagode zum Achterschiff. Er fängt die wichtigsten Momente ein, die Stimmung, wenn die gesamte Mannschaft ihre Energie auf ein Ziel konzentriert. Es herrscht Ruhe, der Motor ist abgestellt, die Sonne geht unter.

»Klar zum Fallen des Ankers?«

»Klar zum Ankern!«

»Ankern!«

Bonguardo lässt die Ankerkette hinab. Arne will unbedingt tauchen und nachsehen, ob der Anker richtig festsitzt. Das ist natürlich nicht nötig, aber man braucht ja einen Vorwand, um ins Wasser zu springen.

»Glaubst du nicht, dass es hier Haie gibt?«

»Doch, wahrscheinlich, aber ich muss trotzdem nachsehen.«

Welch unwiderlegbare Logik! Arne ist manchmal fast leichtsinnig, und ich ahne, dass dieser gutmütige Riese extreme Situationen durchlebt hat, die dazu geführt haben, dass Gefahr für ihn etwas Relatives ist: die Schrecken des Bosnienkrieges, über die er nicht sprechen will, der Angriff eines weißen Hais in der Adria, das gefährliche Höhlentauchen, Reportagen in Kolumbien mit aufwändigen Schutzmaßnahmen, um nicht in die Fänge mafioser Banden zu geraten. Trotzdem ist er stets freundlich und hilfsbereit, besitzt eine seltene künstlerische Sensibilität und ist doch frei von jedem Dünkel, jedem Gehabe.

Archambeau ist von der Einzigartigkeit und wissenschaftlichen Bedeutung des Krakatau fasziniert, und doch muss er mit der Erkundung bis morgen warten. Wir wissen nicht, wie hoch wir hinaufsteigen können, ob der Boden nicht zu heiß ist, ob der Rauch zu stark ist, vor allem aber sind wir nicht ausgerüstet, um ernsthaft einen Vulkan zu erforschen.

Nach dem großen Ausbruch im Jahr 1883, bei dem die Insel vollständig zerstört wurde, gewann die Natur mit überraschendem Tempo wieder die Oberhand. Ein Jahrhundert nach der Katastrophe versuchen Wissenschaftler herauszufinden, wie die Vegetation die Explosion überleben konnte.

Nachdem wir an Deck gesungen und uns mit einigen Flaschen Bourgueuil gestärkt haben, die Franceschi zur Feier des Tages spendiert hat, teilen wir den Wachdienst ein. In der Nähe der Dschunke ankern etliche Fischerboote, und wir wollen uns nicht im Schlaf von unliebsamen Gästen überraschen lassen. Ich bin um Mitternacht an der Reihe, zusammen mit Archambeau und Anthony behalten wir die Umgebung im Auge.

Gegen ein Uhr morgens machen wir ein Boot aus, das ohne Positionslichter auf die Einfahrt zum Engpass zusteuert. Ich verfolge es lange mit dem Fernglas und sehe, wie es an der Insel entlangfährt, bevor es im Dunst verschwindet. Trotzdem bleiben wir misstrauisch, denn das kann auch eine Strategie sein, um sich bei gestopptem Motor von der Strömung wieder in unsere Richtung treiben zu lassen.

Die *La Boudeuse* vor einem der geheimnisvollsten Vulkane Indonesiens, dem Anak Krakatau, Enkel des berühmten und gefürchteten Krakatau.

Kurz darauf unternimmt eine zweite Barke ein ähnliches Manöver. Sie nähert sich der *La Boudeuse* mit gedrosseltem Tempo und umrundet sie in kaum zehn Meter Abstand in einem Halbkreis. Dann entfernt sie sich wieder und geht fünfzig Meter vom Ufer entfernt vor Anker. All diese kleinen Boote sind aus pastellfarben gestrichenem Holz gefertigt, besitzen ein Vordach am Bug, unter dem die Netze und das Fischereizubehör aufbewahrt werden, und ein zweites im Heckteil, wo der Wohnbereich und die Küche untergebracht sind.

Am folgenden Tag machen wir uns an die Erkundung des Vulkans. Es ist schwierig, höher als bis zum ersten Absatz zu gelangen, da Asche und Steine immer heißer werden. Wir werden später zum Filmen zurückkommen. Wichtig sind uns vor allem Aufnahmen der Unterwasserumgebung des Vulkans, für die wir die nötige Ausrüstung haben.

Nur die Matrosen bleiben an Bord, ihnen reicht es, den Vulkan aus der Ferne zu sehen, außerdem gibt es auf dem Schiff immer etwas zu tun. Loic schimpft vor sich hin, er hat es eilig, nach Jakarta zu kommen, um Ersatzteile für seine Reparaturen zu finden.

Kerneau bastelt eine Schutzhülle für die Seile, mit denen man das Beiboot am Bug heraufziehen und hinunterlassen kann. Mit Hilfe eines Lineals schneidet er zwei große Lederstücke aus, die er um die Seile rollt und sie so befestigt, dass sie eine Röhre von zwanzig Zentimeter Durchmesser bilden. Derart können sie sich nicht durch Reibung am Schandeck abnützen.

Am frühen Nachmittag machen wir uns auf den Weg nach Jakarta. Die Ankunft ist im Morgengrauen vorgesehen.

In dieser Nacht scheint uns das Schiff aufs Wort zu gehorchen. Dominique Martial kocht Kaffee. Arne schläft an Deck. Wir haben den Eindruck, uns auf einer breiten Avenue zu befinden. Woher stammen die Lichter, die sie säumen? Von Leuchttürmen, Bojen, Öltankern? Die unvorhersehbaren Manöver einiger Schiffe zwingen uns bisweilen, das Tempo zu drosseln. Es ist nebelig, und wir kommen nur langsam voran. Kerneau ist verwundert, noch nicht den Lichtkreis von Jakarta zu sehen. Gegen sechs Uhr ist es soweit. Um sieben Uhr ankern wir vor der Marina, da wir zu viel Tiefgang haben, um am Kai anlegen zu können. Also müssen wir einen Pendelverkehr zwischen Schiff und Hafen einrichten, der von zwei Personen bedient wird. Das ist lästig, aber nachdem ich all die Ratten gesehen habe, die abends auf der Mole herumhuschen, finde ich diese Lösung gar nicht so schlecht…

Sonntag, 5. September

Wir sollten drei Tage in Jakarta bleiben, natürlich hat unser Aufenthalt schließlich doppelt so lang gedauert. Die Reparaturen zogen sich in die Länge, und es war nicht leicht, die fehlenden Ersatzteile zu finden. Franceschi spielt seit einer Woche Katz und Maus mit dem »Harbour Master«, den wir treffender »Kapitän Schlitzohr« getauft haben. Wie in allen Häfen Asiens und Indochinas hat auch hier Bestechung Tradition …

Jeder versucht abzusahnen: der große Boss, der die Gebühren erhöht, die Visabehörde, die es nicht anders macht, die untergeordneten Posten, die Wegegeld verlangen, und das Fußvolk, das sich den Rest teilt, man kommt wichtigtuerisch zum Schiff, gibt vor, gegen eine Kiste oder ein paar Flaschen Whisky vor hypothetischen Gefahren zu schützen.

»Kapitän Schlitzohr« beherrscht sein Metier, ein schmeichelndes Fuchsgesicht, durchtrieben und zuckersüß, eigentlich sehr witzig, weil er dick aufträgt und »weiß, dass wir wissen«.

»Listen to me, Capitaine«, sagte er zu Franceschi. »I want you to have a nice trip in Jakarta. If we work together, everything will be o.k..«

Natürlich ist nichts o.k., alles ist kompliziert, und wenn er endlich mal bereit ist, etwas zu tun – was selten vorkommt -, versteht er nichts.

Ich habe einen denkwürdigen Tag mit ihm in der Stadt verbracht.

»Du musst ihn begleiten«, sagte mir Franceschi, »Loic muss ein Batterie-Ladegerät und Ersatzteile holen, er hat zu viel zu tun, um auch noch ›Kapitän Schlitzohr‹ zu beaufsichtigen. Behalt ihn gut im Auge.«

Jakarta ist laut, überbevölkert und dreckig, eine anstrengende Stadt. Sie gehört zu jenen Städten, deren galoppierende Verstädterung völlig außer Kontrolle geraten ist. Wir gehen zu dem Geschäft, wo Loic am Vortag ein Batterie-Ladegerät gekauft hat. Es ist viel zu stark und damit unbrauchbar. Mit bedauernder Miene, die Augen von einer Bindehautentzündung gerötet – kein Wunder bei den Auspuffgasen der unaufhörlich in seinem Geschäft getesteten Wagen –, tauscht der Inhaber es um. Aber Loic, der ausgezeichnet Englisch spricht, wenn auch mit einem starken französischen Akzent, will es unbedingt an Ort und Stelle ausprobieren. Die Sache ist nicht einfach, aber durch Beharrlichkeit erreichen wir, was wir wollen. »Kapitän Schlitzohr« scheint besorgt und unterhält sich auf Indonesisch mit dem Ladenbesitzer. Das Ladegerät hat denselben Fehler wie das erste, es lädt sechzig Volt statt der vierundzwanzig, die wir benötigen. Wir probieren einige andere aus und gehen dann zum nächsten Geschäft. Es ist überall dasselbe. Wir sind uns sicher, dass diese Geräte italienischen Fabrikats exportiert wurden, um diskret an den Mann gebracht zu werden. Die Geschäftsinhaber – alles Chinesen – wissen mit Sicherheit Bescheid und täuschen ihr Erstaunen nur vor. Wir verbringen Stunden in unzähligen kleinen Kellergeschäften, in die nie ein Strahl Tageslicht fällt. Mir fällt auf, dass »Kapitän Schlitzohr« immer einige Worte mit den Ladenbesitzern wechselt, bevor diese ihren Preis nennen. Ein kleines Arrangement, der Tarif wird erhöht, und unser Mann bekommt seine Kommission ... Als ich mich von Loic trenne, gelingt es mir, Neonröhren und Scheinwerfer zum Viertel des Preises zu bekommen, den unser reizender Beschützer für uns ausgehandelt hätte!

Schließlich finden wir auch ein Ladegerät, das zwar nach nichts aussieht, aber funktioniert.

Pinisi im Hafen von Jakarta. Diese traditionellen Holzboote werden noch immer für den Handel innerhalb der indonesischen Inseln eingesetzt. Ihr Anblick verleitet zum Träumen von vergangenen Zeiten.

Auch mit Archambeau verbringe ich zwei Tage in der Stadt. Die Zwischenstopps sind ideal für die Arbeit am geofotografischen Programm. Wir laufen durch Viertel, die in keinem Führer beschrieben sind, Slums, in denen es zwischendrin auch hübsche, komfortable Häuschen mit Klimaanlage gibt, vor denen ein nagelneuer Jeep parkt. Hier werden auf Wellblechplatten schimmelnde Fische verkauft, darunter eine braune Brühe, in die man um nichts auf der Welt den Finger tauchen würde. Die Einwohner mustern uns verwundert, sie sind es nicht gewöhnt, dass sich Weiße hierher vorwagen. Am Zugang zu einem dieser Viertel, wo Hunderte traditioneller Holzboote, *pinisi*, nebeneinander aufgereiht sind, stoßen wir auf zwei Australier, gebaut wie Kleiderschränke, die sich verirrt haben. Sie sehen uns mit großen Augen an, als sie hören, dass wir aus dem Gewirr dieser baufälligen Hütten kommen.

Am letzten Abend treffen wir uns mit dem Rest der Mannschaft im *Batavia Café*. Ein Restaurant im Kolonialstil, das einen erstaunlichen Gegensatz zu dem Gewimmel, dem Gestank und dem Lärm der Straße darstellt. Eine große Halle mit einer langen Bar, Sofas, schlichte, warme Farben, eine Treppe im »monumentalen« Stil, und große Fenster und viele Bilder und Fotografien an den Wänden im ersten Stock. Der Inhaber sieht aus, als wäre er einem Roman entsprungen: weißes Haar, ein Meter fünfundneunzig, breite Schultern und ein Bauch, aufgedunsen vom Bier und den zweifelhaften Lastern, denen ein westlicher *expatriate* hier frönen kann.

Wir wollen am 5. September auslaufen und müssten in vier oder fünf Tagen Padang erreichen. Dort treffen wir uns mit Olivier Blaise, der derzeit in Begleitung von Intu, der jungen Ethnologin, die das *Musée de l'Homme* auf die *La Boudeuse* entsandt hat, und Effi, eine ihrer Kolleginnen, ebenfalls indonesischer Abstammung, die Insel Siberut erkundet. Dank ihrer Arbeit und der Beziehungen, die sie geknüpft haben, werden wir den besten Weg finden, um mit den zurückgezogensten Stämmen in Kontakt zu treten.

Doch vor der Abreise muss die *La Boudeuse* aufgetankt werden. Die Tarife, die man uns im Hafenamt nennt, sind absolut unerschwinglich. Einige Angestellte erbieten sich, unser Problem zu einem wesentlich vernünftigeren Preis zu lösen, aber ihre vorsichtige Frage, ob wir nach dem nächtlichen Auftanken noch einmal zum Hafenamt zurückkehren, riecht uns zu sehr nach Illegalität. Wir wollen nicht das Risiko eingehen, uns von den Behörden erwischen zu lassen, die vielleicht unser Schiff beschlagnahmen würden.

Also beschließt Franceschi auszulaufen und sein Glück in einem benachbarten Hafen zu versuchen. Die Atmosphäre in Jakarta ist ungut, und wir würden durch einen längeren Aufenthalt nur unsere Zeit verschwenden. Außerdem muss der Rumpf gereinigt werden, an dem sich schon eine dicke Schicht Algen und Muscheln angesetzt hat. Auch vor dem Hafen ist das Wasser, in das die Kanalisation der Stadt geleitet wird, katastrophal. Hier können wir nicht tauchen, um die Reinigung vorzunehmen.

Mittwoch, 8. September

Wecken um sechs Uhr. Die *La Boudeuse* hat gestern Abend am *Krakatau* angelegt. Wir haben in Merak, einem kleinen Ölhafen an der Einfahrt zur Sundastraße, voll getankt. Durch die segensreiche Intervention englischer *expatriates*, die für die wichtigste Firma am Ort arbeiten, blieben uns die endlosen Verhandlungen erspart. Sie luden uns anschließend in ihren Pub ein, eine perfekte Kopie ihrer heimischen Clubs. Zehn verschiedene Whiskysorten, Kellner mit Fliege, gepflegte Rasenflächen, kurz, alles »very british«, was man hier im Nichts, am Ufer eines türkisfarbenen, von kahlen Bergen überragten Meers kaum erwarten würde.

Arne muss als Erster ins Wasser springen, um die Kamera zu testen. Er verlangt nach einer Harpune »für alle Fälle« und einem Handschuh, sollte sich die Gelegenheit ergeben, ein paar Langusten zu fangen. Inzwischen dreht Olivier mit Franceschi einen Take auf dem Achterdeck mit dem Vulkan im Hintergrund.

Nach zwanzig Minuten kommt Arne zurück:

»Absolut nichts, nur Sand und ein paar Makrelen. Außerdem ist die Sicht sehr schlecht.«

Trotzdem hat er etwas äußerst Interessantes entdeckt: Rauch, der von kleinen, am Grunde befindlichen Kratern aufsteigt. Kurz darauf entfernt sich das Beiboot mit Hurlin, Franceschi, Ségolène, Arne und Archambeau, der die Wasseroberfläche überwachen wird. Die anderen tauchen zu einem Felsen im Zentrum des alten Kraters, um die Rauchwölkchen zu filmen, die ein Beweis für die Aktivität des Vulkans sind. Ich verbringe die folgenden drei Stunden zusammen mit Marc und Christophe mit der Reinigung des Rumpfes.

Als wir am späten Nachmittag auslaufen, werden wir wieder von Delphinen begleitet. Wir fahren auf die andere Seite des Vulkans, die noch eindrucksvoller ist, als das, was wir bisher gesehen haben. Bisher wirkte der Vulkan eher wie ein großer Hügel, an dessen Fuß Büsche, Sträucher und besonders widerstandsfähige Pflanzen wachsen, eine Vegetation, die den Boden für eine weniger robuste Natur vorbereitet. Diese Seite hingegen ist eine von großen Schwefelflecken gezeichnete und von tiefen Lavaspuren durchzogene Wand, die von nackten Riffen flankiert ist. Kaum haben wir den Engpass verlassen, wird das Meer bewegt. Wir haben jetzt endgültig die Javasee mit ihren schützenden Inseln verlassen. Der Indische Ozean liegt vor uns.

Sonntag, 12. September

Um 8.30 Uhr erreichen wir Padang, den größten Hafen von West-Sumatra. Wir umfahren die Riffe an der Einfahrt zum Hafenkanal und gehen vor einer steil abfallenden Hügelkette mit üppiger Vegetation vor Anker. Olivier Blaise erwartet uns am Strand.

Ich kann es kaum erwarten, mehr über die Mentawaiinseln

zu erfahren. Die Dokumentation und die Berichte, die ich in Paris gesammelt habe, haben meine Neugier geweckt. Ich traf mich mit Olivier Lelièvre, einem der wenigen Franzosen, die über die Bevölkerung gearbeitet haben. In seinem Buch *La Forêt des esprits* beschreibt er ihre Kultur und Religion, doch seit 1992, dem Erscheinungsjahr des Buchs, haben sich die Dinge sicherlich geändert, wie bei allen Ethnien, die langsam unter den Einfluss des ihnen aufgedrängten Fortschritts geraten.

An Deck breiten wir eine Landkarte aus und beginnen unsere Vorbereitungssitzung.

»Es ist sinnlos, Teams nach Sipora und Pagai zu schicken, denn auf diesen beiden Inseln lebt niemand mehr in der traditionellen Weise. Sie sind Industrie und Entwaldung zum Opfer gefallen. Alles, was noch existiert, befindet sich auf Siberut.«

»Logistisch vereinfacht das die Dinge«, meint Patrice. »Damit entfallen die Fahrten, um die Teams an ihre Ziele zu bringen und wieder abzuholen.«

»Mit Hilfe zweier Führer, die wir in der Hauptstadt Muarasiberut gefunden haben – Jonas und ein anderer, beide der Tradition entsprechend tätowiert – haben wir ein Dorf in der Mitte der Insel Siberut aufgesucht, es liegt sechs Stunden Fahrt mit dem Einbaum und sieben Stunden Fußmarsch entfernt«, fährt Olivier fort. »Dort haben wir vier Tage verbracht. Die Frauen tragen jetzt alle T-Shirts, nur die Männer laufen noch mit nacktem Oberkörper und den traditionellen Tätowierungen herum. Es heißt, seit den *settlements,* der Zusammenfassung der Bevölkerung in Regierungsdörfern, in den siebziger Jahren leben nur noch zwei Clans ihrer Tradition entsprechend: die von Attabai und die Sakuddei, die sich in einen der abgelegensten Winkel der Insel, genau am entgegengesetzten Ende von Muarasiberut, zurückgezogen haben.«

»Dorthin wollen wir. Mit Sicherheit ist das der interessanteste Stamm. Hatten sie schon Kontakt zu Ausländern?«

»Sehr wenig, eben weil der Weg weit und beschwerlich ist. Sie leben hinter einer Bergkette, die sich quer über die Insel erstreckt. Bis dahin ist die Route einfach, aber dann wird es hart… In den siebziger Jahren hat allerdings ein Schweizer Ethnologe mit Namen Schefold, wenn ich mich nicht irre, eine Studie über sie angefertigt.«

»Wenn wir die Insel umfahren und im Westen an Land gehen, könnten wir viel Zeit gewinnen. Außerdem wäre es eine Gelegenheit, diese Küste, von der alle sprechen und die niemand gesehen hat, zu erkunden.«

Ich hatte vorher schon einiges über dieses Gebiet gehört und Patrice davon erzählt.

»Es gibt nur steil abfallende Felsen«, gebe ich zu bedenken, »keine Stelle, um an Land zu gehen. Angeblich sieht man sie in Cousteaus Film über Indonesien, sie haben nämlich versucht, dort anzulegen – vergeblich. Außerdem ist das Meer sehr gefährlich. Es ist die letzte Insel vor Sumatra, und die Wellen, die im Indischen Ozean Kraft gesammelt haben, brechen sich an den Riffen.«

»Na, wir werden ja sehen. Erstmal wollen wir hier Erkundigungen einholen«, meint Patrice. »Wenn es wirklich unmöglich ist, nehmen wir den klassischen Weg durch den Dschungel.«

»Ich habe einen französischen Primatologen kennen gelernt«, erzählt Olivier. »Er arbeitet an einem Forschungsprojekt über die Affen im Norden. Es gibt Arten, die nur auf Siberut leben. Ein hochinteressanter Typ übrigens; er ist bereit, mit uns einen Film zu drehen. Und dann gibt es noch Paco, einen Amerikaner, der für eine Woche mit einem Reiseveranstalter gekommen und nun schon einen Monat hier ist! Er versteht sich sehr gut mit den Jugendlichen aus dem Dorf Tatteburuk, wo demnächst anlässlich der Initiation von zwei jungen Schamanen ein großes Fest mit hundert Gästen aus den benachbarten Dörfern stattfindet. Es ist in etwa für den 8. Oktober geplant, wir sollten unbedingt dabei sein. Paco geht sowieso demnächst wieder hin, er könnte die Sache einfädeln.«

Aber die wichtigste Bekanntschaft ist June. »Ein Goldstück«, sagt Olivier … Im folgenden Monat sollten wir feststellen, dass er sich nicht geirrt hat. June ist Mentawaier, aber er wohnt in Padang, wo er gerade sein Ethnologiestudium abschließt. Es ist ihm gelungen, sich aus dem Fischermilieu freizumachen, indem er Englisch gelernt und auf Überseedampfern gearbeitet hat, um sein Studium zu finanzieren. Seine Pfiffigkeit, sein Humor und sein liebenswürdiges Wesen machen ihn zu einem idealen Dolmetscher.

Nach einer halbstündigen Diskussion nimmt die Expedition klarere Formen an. Ein erstes Team, bestehend aus Franceschi, Hodalic, Martial, June und mir selbst, soll versuchen, an der Westküste anzulanden, um zu den Sakuddei vorzudringen und mit ihnen zu leben. Ein zweites Team soll die Primaten in den Wäldern des Nordens ausfindig machen und filmen. Olivier und Ségolène sollen zusammen mit dem Primatologen aufbrechen.

Ich studiere die Karte, den nordwestlichen Teil, wo angeblich niemand lebt. Es gibt kaum Flüsse, das Relief ist schroff. Die Bewohner der Insel sagen, in diesem Bereich gebe es keine Spuren menschlichen Lebens. Ich fange an davon zu träumen, dass wir an dieser unwirtlichen Küste plötzlich Menschen antreffen, die abseits von den anderen leben und von deren Existenz niemand weiß. Der letzte Wachposten Indonesiens hoch oben auf den Felsen über dem tosenden Meer.

Noch eine Woche in Padang, dann beginnt die Landexpedition. Von hier aus müssen die logistischen und verwaltungstechnischen Dinge geregelt werden, und wir müssen uns ausruhen.

Franceschi und Bonguardo verbringen viel Zeit mit den Hafenbehörden. Jedes Treffen ist ein Ringen, ein Kampf, um sich nicht das Geld aus der Tasche ziehen zu lassen.

Franceschi hat mich zum Verantwortlichen für die Logistik und Verwaltung erklärt. Ich verbringe meine Tage damit zu rechnen, aufzuteilen, zu notieren, von einer Seite auf die andere zu schieben, auszugleichen. Auf dem Speiseplan stehen Reis und Nudeln, manchmal auch Nudeln und Reis. Wir müssen unsere Vorräte berechnen, auch die für die Träger und für die Bewohner der Dörfer, durch die wir kommen.

Auf der Terrasse eines weißen, lichterfüllten Hotels, das von einer Deutschen geführt wird, lernen wir die neuen Mitglieder des Teams kennen. Christophe Abbeg, der Primatologe, ein großer, hagerer Mann. Seine Leidenschaft für Affen ist ansteckend. Er erklärt mir, warum vier der Arten, die man auf Siberut findet – Languren, Pageh-Stumpfnasenaffen, Gibbons, Makaken – endemisch sind. Da der Mentawai-Archipel, der sich vor 500 000 Jahren von Sumatra abgespalten hat, völlig isoliert ist, haben sich in seinen Wäldern Tierarten entwickelt, die man sonst nirgendwo antrifft. Darum ist Siberut eine Art Refugium für alte Lebensformen. Abbeg will das Verhalten und die sozialen Strukturen dieser Affen studieren, um sie dann mit bereits untersuchten Arten zu vergleichen. Die Ex-

Der Erfolg einer Landexpedition hängt nicht zuletzt von einer klugen Vorbereitung der Ausrüstung ab.

kursion, die er mit uns unternimmt, ist eine Etappe seiner Reportage. Er hofft, die Entwicklungszonen der Pageh-Stumpfnasenaffen in den Niederwäldern des Nordens ausfindig zu machen, um dann in einigen Monaten zurückzukommen und Systeme für Langzeitbeobachtungen zu installieren.

Freitag, 19. September, 19 Uhr

Vor etwa einer halben Stunde haben wir abgelegt. Ein Gewitter zieht hinter uns her. Schon seit dem Morgen ist der Himmel grau und von tiefen, schwarzen Wolken verhangen, bisweilen gab es einen kurzen Schauer. Doch seit einer Stunde hat sich das Wetter verschlechtert, und es scheint auch so zu bleiben. In die Messe und in den Gang in der Nähe der Küche ist Wasser eingedrungen. Hurlin ist am Ruder und Martial im Ausguck. Wir haben extrem schlechte Sicht.

Alle schlafen, ausgenommen die Männer, die Wache haben. Manchmal kommen sie durchnässt herunter, um sich einen Kaffee oder eine Suppe zu machen. Die Dschunke vibriert im Rhythmus der Maschinen und schiebt sich durch die Dunkelheit, die von blassblauen, heftigen Blitzen zerrissen wird. Ich übernehme das Ruder um Mitternacht, begeistert von dem schlechten Wetter, das den Beginn des Mentawai-Abenteuers markiert.

Samstag, 18. September

Muarasiberut habe ich nicht gesehen. Die anderen haben mir erzählt, dass die Hauptstadt aus zwei bis drei Straßen besteht, die von dicht aneinandergedrängten Bretterhütten gesäumt ist. Als ich aufwache, fahren wir die Küste entlang, Richtung

Die Landexpedition

Härte, strenge Organisation, Anpassungsfähigkeit, Vielseitigkeit, Teamgeist, Ausdauer, Widerstandskraft – das sind die grundlegenden Voraussetzungen für den Erfolg einer Landexpedition. Das Leben an Bord ist komfortabel, angenehm, und man hat genug Platz, dabei darf man freilich nie vergessen, dass man sich nicht auf einer Kreuzfahrt befindet. Die manchmal langen Phasen auf dem Wasser, Sonne, Meer, Inseln, eine gewisse Routine und übersteigerte Selbsteinschätzung können die Ankunft im Dschungel sowohl in physischer wie in psychischer Hinsicht zu einem Schock werden lassen. Regelmäßige Überprüfung der Ausrüstung, Weitsicht bei der Versorgung und – im Rahmen der Möglichkeiten – auch Sport, sind unabdingbar, will man sich Enttäuschungen ersparen.

Erste Etappe vor dem Aufbruch: das Berechnen der Vorräte. In jedem Team muss es einen Verantwortlichen geben, der sich darum kümmert. Dabei sind die Anzahl der Teilnehmer, die Dauer, die Träger und die Geschenke für die Dorfbewohner (Zucker, Salz, Reis, Tee, Kaffee, Tabak) zu berücksichtigen. Die Aufteilung auf die verschiedenen Säcke muss genau berechnet werden.

Reis und Nudeln sind Grundlage der Ernährung. Sie liefern den größten Teil der nötigen Kohlenhydrate und haben das beste Verhältnis von Qualität, Gewicht und Volumen. Die verschiedenen Saucen dienen dazu, die Eintönigkeit der Mahlzeiten aufzulockern. Die Zufuhr an Eiweiß ist gering, wird aber bei Aufenthalten in den verschiedenen Dörfern durch gelegentliche Fleischmahlzeiten (Schwein, Huhn, Affe) ausgeglichen. Sago, Bananen und Kokosnüsse vervollständigen den Speiseplan. Kaffee, Tee, Salz und Zucker sind in begrenztem Maße vorhanden. Bonbons dienen einer raschen Zuckerzufuhr auf langen Fußmärschen. Man muss bereit sein, mit wenig Mahlzeiten auszukommen und darf sich nicht durch ihre Monotonie abschrecken lassen.

Neben der Ernährung ist die Qualität des Schlafplatzes grundlegend. Ohne ausreichende Nachtruhe lassen die Widerstandskräfte schnell nach. Die Amazonas-Methode ist für den Dschungel die geeignetste, da man nachts vor allen äußeren Einwirkungen geschützt ist. Die brasilianischen Hängematten aus Baumwolle sind der beste Kompromiss zwischen Gewicht und Komfort. Es gibt auch leichtere Modelle, in denen man jedoch weniger gut schläft. Es lohnt also durchaus, ein oder zwei Kilo mehr zu tragen. Vollständig geschlossene Moskitonetze, in die die Hängematten geschoben werden, garantieren einen Rundumschutz gegen Insekten.

Über die Leine, mit der das Moskitonetz befestigt ist, wird eine transparente Plastikplane gelegt, die die Sicht erlaubt und gegebenenfalls vor Regen schützt.

Pokai. Dort wird Christophe Abegg Naga Bescheid geben, einem Führer, der sein volles Vertrauen genießt und in Terekanulu, einem drei Marschstunden entfernten Dschungeldorf, lebt. Wenn er bereit ist, sie zu begleiten, stößt er in Sikapokna zu ihnen.

Am frühen Abend gehen wir in Pokai vor Anker.

Die ersten Küstendörfer, durch die wir kommen, wirken traurig. Die Bewohner sind apathisch, die Kinder unterernährt. Der einzige Lohn dafür, dass sie den Dschungel verlassen haben, um in den Regierungsdörfern zu leben, war Armut. Es gibt keine Möglichkeit zu wirtschaftlicher Entwicklung – ein kümmerlicher Handel mit Kokosöl, ein paar Büffel, das obligate Volleyball-Feld, die Mission. Sie haben die Gesetze der Regierung übernommen und an die hohen Versprechungen einer besseren Zukunft geglaubt – dafür haben sie ein paar Adidas-T-Shirts bekommen. Man gibt ihnen Unerreichbares zu bewundern; die Touristen haben kein Interesse an ihnen, und so nährt das Gefühl, von allen verlassen zu sein, langsam ihren Groll.

Kurz bevor wir die Küste von Sikapokna erreichen, kentert das Schlauchboot. Auf der Suche nach einer Passage zwischen den Korallenriffen, überrascht uns eine Welle und lässt das Boot hintüber schlagen. Olivier Archambeau gelingt es, seine Fotoausrüstung zu retten, indem er sie mit ausgestreckten Armen in die Luft hält, während er selbst unter Wasser ist. Dieser Zwischenfall ist nichts Besonderes, doch er erinnert uns daran, dass die Wellen an der Westküste vier- oder fünfmal so hoch und wesentlich heftiger sind und dass wir die gesamte Expeditionsausrüstung bei uns haben werden. Darum üben wir uns einen Teil des Nachmittags im *beachage*.

Die *La Boudeuse* im Regen und bei schlechter Sicht.

Dienstag, 21. September

Heute Morgen gegen neun Uhr haben wir das »Primatologie-Team« abgesetzt. Jetzt fahren wir in Richtung Saggulubek, ein kleines Dorf in einer Bucht an der Westküste. Dort wollen wir an Land gehen. Wenn es ein Dorf gibt, müsste es möglich sein. Windsurfer, die wir in Padang getroffen haben, haben uns allerdings dringend davon abgeraten. Zu gefährlich.

Es regnet immer wieder. Sobald wir die Westküste erreicht haben, verändert sich die Landschaft abrupt. An die Stelle der Wälder, Strände und Mangroven sind kahle, graue Felsen getreten, die keine Möglichkeit bieten, die Insel zu betreten. Je weiter wir an der Küste entlang fahren, desto höher werden sie. An ihrem Fuß spritzt die Gischt meterhoch auf.

»Sieht nicht gut aus…«, stellt Bonguardo lapidar fest.

Die Küste ist unzugänglich, und ich stelle mir vor, was hier bei schlechtem Wetter los ist. Am Horizont geht die Sonne auf. Ein hartes, metallisches Gestirn, das das Meer in ein dunkles Indigoblau taucht, das fast unwirklich scheint. Eine eigenartige Atmosphäre, diese Ruhe, die den Eindruck verstärkt, dass man am Ende der Welt angelangt ist.

Schaffen wir's heute noch zu dem Dorf? Wir bezweifeln es. Gegen 14.30 Uhr taucht die Landzunge auf, an deren Mitte es liegen soll.

Ich sehe nicht, wie wir uns der Küste nähern könnten: zu unserer Linken weiße Gischt, die weiter an den Klippen hochspritzt, zu unserer Rechten die Brandung, die an der Spitze der Insel tost.

»Wenn ich die Sache richtig sehe, müssen wir nach Muarasiberut zurück und den Weg durch den Dschungel nehmen…«

»Das ist nicht gesagt«, antwortet Bonguardo, der durch sein Fernglas sieht. »In der Mitte scheint eine Passage zu sein…«

Als ich meinerseits das Fernglas nehme, stelle ich fest, dass es zwischen den Kokospalmen, hinter denen sich ein paar ärmliche Hütten ducken, tatsächlich eine Art natürlichen Kanal gibt, den das Schlauchboot ohne allzu große Schwierigkeiten passieren müsste. Ein kleines Fischerboot fährt an der Küste entlang, doch es gelingt uns nicht, Funkkontakt mit ihm aufzunehmen. Unmöglich herauszufinden, ob es von Saggulubek oder anderswo herkommt. Arne klettert in Begleitung von June in das Schlauchboot. Junes Erfahrung mit den Strömungen und Wellen der Gegend sind für uns von unschätzbarem Wert.

»Wir sind weit vom Strand entfernt, kannst du nicht näher ranfahren?«, fragt Arne Marc.

»Kommt nicht in Frage, wir könnten an die Küste getrieben werden. Während eurer Erkundungstour fahre ich wieder weiter aufs Meer, und wenn alles gut geht, komme ich wieder näher ran, um die anderen abzusetzen.«

Während Arne und June sich entfernen, verpacken wir den Rest unserer Ausrüstung in Mülltüten, damit nichts nass wird. Das Schlauchboot schiebt sich in den schmalen Kanal, in dem hoher Wellengang herrscht. Nach etwa hundert Metern drosselt es das Tempo.

June passt auf wie ein Luchs: Er wartet auf die »siebte Welle«.

»GO, GO, GO!«, ruft er Arne plötzlich zu.

Der Motor heult auf, das Schlauchboot rast mit Höchstgeschwindigkeit auf den Kamm der Welle zu und wird dann sanft an den Sandstrand gespült. Operation geglückt!

Nach einer halben Stunde und mehreren Fahrten sind wir alle am Strand. Die *La Boudeuse* entfernt sich und verschwindet schließlich mit Kurs auf Padang hinter dem Kap. In einigen Wochen werden wir dieses Schiff, mit dem wir schon eine Art Verbundenheit empfinden, wiedersehen. Im Laufe der Expeditionen sollte mir bewusst werden, dass es uns jedes Mal wie eine Trennung vorkommt, wenn wir die *La Boudeuse* verlassen, und die Rückkehr Wiedersehensfreude auslöst. Dieses Schiff hat eine Seele und schließlich lieben wir es mit all seinen Schwächen, seinen großen und kleinen Unzulänglichkeiten, seiner Mannschaft, die trotz der unterschiedlichen Herkunft im Lauf der Zeit zusammengewachsen ist und ein Gemeinschaftsgefühl entwickelt hat.

Hier wird es gegen achtzehn Uhr dunkel, und so beschließen wir, als Allererstes unser Lager aufzubauen. Ein paar Kinder schauen uns neugierig zu, während wir unsere Hängematten zwischen den hohen Kokospalmen befestigen, die von roten Ameisen bevölkert sind. Es ist sicherlich die einzige Nacht, die wir am Strand verbringen werden. Der Ort ist paradiesisch, und wir genießen die vollständige Ruhe, die an diesem abgelegenen Fleckchen Erde herrscht. Bevor wir das Feuer anzünden und das Abendessen zubereiten, gehen wir schwimmen. June ist aufgebrochen, um erste Kontakte mit den Dorfbewohnern aufzunehmen. Wir überlassen es ihm, zu erklären, wer wir sind und was wir wollen, ehe wir uns vorstellen.

Bei der Wahl zwischen Reis und Nudeln entscheiden wir uns heute für Nudeln. Martial hatte mich in weiser Voraussicht gebeten, nicht allzu scharfe Saucen mitzunehmen:

»Die Saucen von Patrice sind absolut ungenießbar, die kann nur er essen. Ich weiß nicht, was drin ist, wahrscheinlich reine Chemie, aber sie sind unglaublich scharf. In Neuguinea ist mir so übel davon geworden, dass ich mich fast übergeben musste…«

Die *Rendang* ist in der Tat etwas eigenartig, aber doch nicht ungenießbar, mir zumindest schmeckt sie. Zur Feier des Tages geben wir heute Abend etwas Cheddar zu den Nudeln, was sehr willkommen ist, auch wenn er mit Käse nur den Namen gemein hat.

Geruch nach Holzfeuer, Tanz der Lichter in der Dunkelheit, Brodeln des Kaffeewassers während der Wache, Zigarettenglut im Dunkeln. Nach Wochen auf dem Meer gebe ich mich mit Vergnügen der nächtlichen Atmosphäre des Dschungellagers hin.

Später begleite ich June ins Dorf. Er hat jemanden gefunden, der uns am nächsten Morgen mit dem Speed Boat zur *Uma* der Sakuddei bringen könnte, die etwa eine Tagesreise von hier entfernt ist.

Die Häuser säumen dicht gedrängt die einzige Straße von Saggulubek. Etwa fünfzig Personen drängen sich vor dem einzigen Fernseher des Dorfes, der draußen vor der Bürgermeisterei steht. Der Generator, der ihn mit Strom versorgt, macht einen solchen Lärm, dass er die Werbung für eine Bonbonmarke, die Groß und Klein zu faszinieren scheint, übertönt.

»*Anai leu ita*!« (Guten Tag auf Mentawai.)

June tritt auf die Veranda eines kleinen Hauses, wo etwa zehn Personen im Freien sitzen. Die Hausherrin deutet auf einen Stuhl. Trotz ihrer Korpulenz, der Armut ihrer Kleider und der Bleibe, besitzt sie eine eigenartige Anmut. Ihr Mann, klein, mit zerfurchtem Gesicht und Bürstenhaarschnitt, vermittelt denselben Eindruck.

Aufbruch der Expedition zum Gebiet der Sakuddei. An dieser öden Küste brechen sich machtvoll die letzten Wellen des Indischen Ozeans.

Meine Anwesenheit macht sie neugierig. Man beobachtet mich höflich, während June diskutiert. Man bietet mir einen großen Becher stark gesüßten Kaffee an, und ich kann nur einige Worte mit June und ein Lächeln mit den anderen tauschen, das in Indonesien Vorbereitung für alle Verhandlungen ist. Die Männer tragen T-Shirts, haben einen Bürstenhaarschnitt und keinerlei Tätowierung. Nur zwei von ihnen sind in Decken gehüllt. Bei ihnen spüre ich eine Art Argwohn, sie sehen mich nicht an, sagen kein Wort. Einer von ihnen scheint Fieber zu haben. Das lange Haar ist zu einem Knoten zusammengesteckt, der ganze Körper mit Tätowierungen überzogen, die Muskulatur ist geschmeidig und kräftig, er sieht älter aus, als er vermutlich ist. Sie scheinen verbraucht, nicht wirklich verschlossen, aber auch nicht offen...

Nach zwei Stunden ist die Sache geregelt. Morgen gegen acht Uhr brechen wir auf.

»Noch nie ist mir jemand begegnet, der so ehrlich ist«, vertraut mir June über den Mann mit Bürstenhaarschnitt an.

Ich verstehe nicht wirklich warum, aber ganz offensichtlich hatte er sich härtere Verhandlungen vorgestellt. Der Mann muss die Fahrt ohnehin unternehmen, um ein Dorf, das auf unserem Weg liegt, zu beliefern, aber er hat nicht versucht, übermäßigen Profit aus der Situation zu schlagen.

Die erste Nacht ist höllisch, ich habe meine Hängematte zu straff gespannt und falle dreimal heraus. Als ich versuche, das Problem zu beheben, vergesse ich die Ameisen, die den Stamm bevölkern. Im Handumdrehen laufen sie mir über Brust und Gesicht, einige finden sogar den Weg in meinen Slip, das Ergebnis ist leicht vorstellbar... Zu allem Überfluss kann ich wegen des starken Kaffees nicht schlafen. Die Stunden schleppen sich dahin. Ich höre nur das Quaken der Kröten.

Um 5.30 Uhr wacht Arne auf, und wir fachen das Feuer erneut an, während June ins Dorf geht, um ein paar trockene Kuchen zu holen. Es fängt an zu regnen. Wir betrachten die gewaltige graue Felswand, die dichte Vegetation, die sie säumt, die zersplitterten Baumstämme, die am Strand herumliegen, den wässrigen Horizont, der erst in Tausenden von Kilometern endet – über dem afrikanischen Kontinent. Franceschi und Martial stehen auf. Wir packen unsere gesamte Ausrüstung auf einen Handkarren und legen zum Schutz eine große Plastikplane darüber.

Der Regen hat aufgehört. Auf dem Weg zum Anlegesteg treffen wir ein paar kleine Mädchen in Uniform: rote Röcke und Halstücher, weiße Blusen, barfüßig. Sie sind auf dem Weg zur Schule. Das Speed Boat erwartet uns an einem wackligen Steg, darunter Brackwasser, das einen beißenden Uringeruch verströmt. Es handelt sich um einen klassischen Einbaum – lang, schmal, flach, spitz zulaufend –, der mit einem Außenbordmotor versehen ist. Da wir größer und schwerer sind als die Mentawai, dürfen wir uns, damit das Boot nicht aus dem Gleichgewicht gerät, so gut wie nicht bewegen. Das Material in den Plastikmüllsäcken ist sehr empfindlich und darf auf keinen Fall nass werden.

Nachdem wir eine enge Durchfahrt passiert haben, gelangen wir auf den Fluss, der uns zu unserem Ziel bringen soll. Stundenlang verharren wir in derselben Stellung. Nur Dominique und Arne richten sich immer wieder in Zeitlupe auf und drehen sich um die eigene Achse, um ihre Bilder zu machen. Dabei beten sie, dass ihnen Videokamera oder Fotoapparat nicht aus der Hand gleiten.

June sitzt im Bug des Speed Boat. Er sucht das Wasser nach Hindernissen ab – Baumstämme und Untiefen – und gibt dem

Patrice Franceschi behandelt einen Schamanen, der an einer Infektion leidet. Der Mann steht zwischen zwei Kulturen, er trägt die traditionellen Tätowierungen, aber auch T-Shirt und Shorts.

Steuermann die Richtung an. Der Fluss ist nicht sehr breit. Er ist von relativ niedrigen Wäldern und Bananenpflanzungen gesäumt. Wir begegnen Einheimischen, die stromaufwärts oder -abwärts fahren und verblüfft die Weißen anstarren, die aus dem Nichts auftauchen. Manchmal sehen wir einen alten, tätowierten Mann am Ufer. Die Jüngeren tragen den traditionellen Schmuck nicht mehr.

Die Häuser, an denen wir vorbeifahren, sind keine traditionellen *umas*. Es sind die typischen Bauten, wie sie von der indonesischen Regierung und den Missionaren eingeführt wurden. Sie sind klein, beherbergen nur eine Familie und haben oft ein Wellblechdach. An den schlammigen Ufern laufen Schweine frei herum. Der Fluss wird immer schmaler und die Hitze drückender. In der Atmosphäre des Dschungels, der sich jetzt in all seiner Pracht entfaltet, verfallen wir in eine Art Benommenheit. In der Ferne erhebt sich eine Pflanzenwand, oben auf den Hügeln recken kahle Bäume ihre blattlosen Kronen in den Himmel. Kommt es zu Streit zwischen zwei Clans, so messen sie sich nicht im direkten Kampf, sondern versuchen, sich in immer unsinnigeren Herausforderungen zu überbieten – Jagd, Tieropfer, Pflanzungen. Ziel ist es, den Gegner zu übertreffen, und die Nachbarschaft davon zu informieren. Dazu dient die *tudduka*, eine Art großes Xylophon aus mehreren, verschieden großen, teilweise ausgehöhlten Baumstämmen. Manchmal besteht die Herausforderung auch in einer Mutprobe, beispielsweise die Zweige der großen Bäume auf den Hügeln abzuschlagen, und zwar von unten beginnend, was den Abstieg gefährlich macht. Diese Praktiken führen regelmäßig zu tödlichen Unfällen, und die Behörden von Muarasiberut versuchen, sie abzuschaffen.

Am frühen Nachmittag machen wir im Haus eines Schamanen Halt. Er trägt Shorts und ein rosafarbenes T-Shirt, dazu einen gleichfarbigen Stirnreif. Seine Arme, Beine und Hände sind tätowiert. Wie alle Mentawaier bittet er uns zunächst um eine Zigarette. Ich habe reichliche Reserven angelegt, dazu etliche Pakete Tabak gehortet. Das sind die beliebtesten Geschenke, denn Rauchen ist das größte Vergnügen der Inselbewohner. Schon fünf- oder sechsjährige Kinder sieht man mit einer Kippe im Mund herumlaufen! Die Erziehung der Kinder basiert im Wesentlichen auf Beobachtung und Nachahmung der Erwachsenen, da ist auch der Tabakkonsum keine Ausnahme...

Trotz seines Status als Schamane lebt unser Gastgeber nicht sonderlich traditionell. Er versichert uns, auf dieser Insel seien

Über den Fluss gespannt hängen geschnitzte Figuren: So wird der Bau eines neuen Hauses gefeiert.

die Sakuddei die letzten authentischen Vertreter der urtümlichen Lebensweise. June hat ihm den Grund unserer Reise mitgeteilt. Unser Führer trägt jetzt weiße Orchideen im Haar. Der Schamane hat ihm anvertraut, dass er seit vier Tagen unter einer Entzündung am Finger leide, die durch einen tief sitzenden Dorn entstanden sei.

»Dann werden wir ihn behandeln«, verkündet Franceschi. »Vlad, kannst du mir die Reiseapotheke holen?«

Ségolène hat für jedes Team einen Erste-Hilfe-Koffer vorbereitet. Ich laufe die Uferböschung hinunter, um ihn zu holen. Der Finger des Schamanen ist mit einer harten Hornhaut überzogen. Patrice nimmt einen Schnitt vor, um den Eiter entfernen zu können. Dann legt er einen jodgetränkten Verband auf, den der Schamane mehrere Tage lang behalten soll. Infektionsprobleme sind hier häufig und können böse ausgehen. Ein Splitter im Fuß kann heftiges Fieber auslösen und eine abenteuerliche Überführung in das einzige Krankenhaus der Insel nötig machen; das sollten wir später bei einem kleinen Jungen eines anderen Stammes erleben.

Je weiter wir den Fluss hinauffahren, um so mehr verengt er sich, Häuser werden immer seltener. Kurz nach dem letzten Regierungsdorf teilt er sich in zwei Arme. Wir biegen in den linken.

»Die *uma* der Sakuddei kann nicht mehr weit sein«, meint June.

Kurz darauf entdecken wir, aus Weiden und Lianen gefertigt, eine Art Tor, das sich von einem Ufer zum anderen spannt, daneben eine recht bescheidene *uma*. Eigenartige Symbole hängen daran und drehen sich um sich selbst: geschnitzte oder geflochtene Affen, Schweine und Vögel wirken wie eine Grenze zwischen zwei Welten. Ähnliche Symbole haben wir schon eine

Stunde zuvor gesehen, sie waren am Ufer an Bambusstäben befestigt.

»Mit diesem Schmuck wird der Bau eines neuen Hauses gefeiert«, erklärt uns June.

Als wir ihn das erste Mal gesehen haben, waren wir noch nicht auf dem Gebiet der Sakuddei. Vielleicht beeinflusst ihre Nähe ja die Nachbarn, bestimmte Bräuche beizubehalten.

Doch dieses Tor kommt uns eigenartig vor. Die kleine *uma* ist leer, im Wald herrscht Stille. Ob man uns beobachtet?

Wir setzen unseren Weg fort. Der Fluss wird immer schmaler, und hinter der Biegung eines Nebenarms taucht auf einem Hügel, halb hinter den Bäumen verborgen, die große *uma* der Sakuddei auf. Ein erster, sehr schmaler Strand aus Schlamm und Sand führt zum Haupteingang des Hauses. Zwanzig Meter entfernt, ein zweiter, etwas größerer, auf dem sich Schweine tummeln.

»Ich glaube, hier sind wir richtig«, meint Franceschi.

June springt an Land und läuft über die Baumstämme, die zum Haus führen. Gesprächsfetzen dringen zu uns herüber, dann kommt er mit zwei Frauen zurück. Die eine muss gut sechzig Jahre alt sein; die Haut ist faltig, sie hat keine Zähne mehr und scheint doch ausgesprochen robust und in gewisser Hinsicht auch kokett. Sie trägt bunte Halsketten und rote Orchideen im Haar. Ihr ganzer Körper ist tätowiert, ebenso der der jungen Frau, die sie begleitet und ein zwei- oder dreijähriges, nacktes Kind auf dem Arm trägt. Die alte Frau scheint zufrieden, uns zu sehen, die junge wirkt eher misstrauisch.

»*Anai leu ita!*«, ruft uns die Alte zu und lacht. Mit ihrer Gefährtin und June kommentiert sie unsere Ankunft und unser Aussehen.

Die *laplap* oder Jagdtrophäen der *uma* sind nach draußen ausgerichtet, damit ihr Geist mit dem ihrer Brüder im Dschungel kommunizieren kann.

»Das ist Bali Kerei, die ›alte Tante‹, und die andere ist die Frau von Raiba Kerei, dem Chef. Die Männer sind nicht da, sie sind in der Sagopflanzung… Mit ihnen müssen wir verhandeln, ob wir bleiben können.«

Wir steigen aus dem Speed Boat und machen uns daran, unsere Ausrüstung an Land zu bringen. Auf dem Weg über die Baumstämme dürfen wir, mit unseren großen Säcken und den Kisten mit dem Videomaterial beladen, das Gleichgewicht nicht verlieren. Der Boden ist schlammig und rutschig, der Strand ist den Schweinen vorbehalten, die quiekend auseinander laufen, wenn wir uns nähern. Als Unterschlupf dient ihnen eine kleine Hütte, in der auch ihr Fressen und verschiedene Werkzeuge untergebracht sind. Ein Steg, dann in einen

Bali Kerei, die Älteste des Sakuddei-Clans

Baumstamm geschlagene Stufen führen zu einer überdachten Vorgalerie. Neben der *uma* ein *laplep*, eines jener kleinen individuellen Häuser, in denen die Kernfamilien und die Personen wohnen, die beschlossen haben, allein zu leben. Ein dünner Rauchfaden steigt daraus auf, und wir hören Bali Kereis Stimme, die mit einer anderen Frau debattiert.

Der Geruch nach den Exkrementen der Schweine ist hier ausnehmend penetrant. Sie laufen überall frei herum, auch im Garten und unter dem Haus, wo die ebenso zahlreichen Hühner und Hähne scharren und picken. Für die Sakuddei ist das ein äußeres Zeichen von Reichtum.

»Wir haben wirklich den richtigen Ort gefunden«, sagt Franceschi und betrachtet staunend das unglaubliche Dekor in der Veranda.

Über unseren Köpfen hängen, sorgsam aufgereiht, Hunderte von Schweineschädeln. Später werden wir sie zählen und feststellen, dass es fast tausend sind! Alle richten den Blick auf das Innere des Hauses. Genau gegenüber, an der Wand des Hauptraums, vier große Trophäen aus Büffelhorn, ein Strauß Schutz gewährender Blätter, Vogelskulpturen und genau über der Tür, in großen, stolzen roten Lettern, der Name des Clans: SAKUDDEI.

»Seht euch das mal von innen an, wundervoll!«, ruft Arne.

Wir treten in einen sehr großen, dunklen Raum. Diese *uma* muss etwa dreißig Meter lang und zehn Meter hoch sein. Über der Feuerstelle in der Mitte des Zimmers hängen in dichten Reihen Hunderte von Affenschädeln. Sie sind wesentlich eindrucksvoller als die Schweineschädel, denn schließlich sind sie dem des Menschen recht ähnlich... Sie blicken nach draußen. Die Wände verströmen einen Rußgeruch. Über den Steinen rund um die Feuerstelle hängen geschwärzte Küchengerätschaften: Schöpflöffel, Töpfe, Pfannen. Alte, blaue und rosafarbene Moskitonetze hängen an den Zwischenwänden. Hier schlafen Männer und Frauen getrennt. Das hintere Zimmer dient als Küche. Je eine kleine Kochstelle befindet sich zu

Raiba, der *rimata* der Sakuddei. Ihr Chef und spiritueller Führer...

beiden Seiten der hinteren Tür, die zu einem anderen *laplep* führt, dahinter der Wald, der den gewundenen Fluss säumt.

Bali Kerei kommt zurück. Sie trägt jetzt ein T-Shirt. Selbst hier hat man den Frauen beigebracht, dass sie ihre Brüste verstecken müssen, wenn Fremde kommen.

Ich verstaue die restlichen Säcke in einer Ecke der Veranda und nutze die Gelegenheit, um einige Päckchen Tabak und Zigaretten herauszunehmen. In weiser Voraussicht, denn das ist garantiert das Erste, wonach sie fragen werden. Ich nehme ganz bewusst nur so viel, wie wir ihnen geben wollen, und lasse niemanden den Rest sehen. Sonst würden sie uns sofort bestürmen. Unsere Gastgeber würden nicht verstehen, warum wir ihnen nicht gleich alles geben, täten wir das aber, wären sie erstaunt, dass wir hinterher nichts mehr haben. Man muss die Geschenke nach und nach verteilen, um Freude zu bereiten, ein Klima des Vertrauens zu schaffen und auch um eventuelle Probleme zu regeln oder Verhandlungen zu erleichtern. Wir haben auch Feuerzeuge, Köder und Perlen mitgebracht, und wir teilen unsere Essensvorräte mit ihnen, vor allem die Spaghetti, die sie besonders faszinieren.

Am späten Nachmittag kehren die Männer aus der Sagopflanzung zurück. Raiba ist der Chef, auch wenn dieser Begriff in der Mentawai-Gesellschaft eigentlich nicht existiert. Durch sein Charisma und sein Alter kommt ihm diese Position ganz natürlich zu. Außerdem ist er der *rimat*, das heißt Hüter der Tradition und Zeremonienmeister. Er ist klein und athletisch gebaut, ganz so wie seine Brüder Gulaeo und Rorok und sein Cousin Jagao. Alle außer Gulaeo, der zwischen zwei Kulturen zu schwanken scheint, sind am ganzen Körper tätowiert. Sie tragen den *kabit*, den traditionellen Lendenschurz aus Baumrinde. Raiba und Jagao haben langes Haar, das im Nacken zusammengebunden ist. Rorok ist der Jüngste. Er muss etwa achtundzwanzig sein und hat Oberschenkel, wie man sie sonst nur aus Bodybuilder-Magazinen kennt. Das Aussehen dieser Männer und die Kraft, die von ihnen ausgeht, sind beeindruckend. Sonst sind die Mentawaier eher feingliedrig, muskulös, aber fast mager. Dieser Unterschied erklärt sich vielleicht aus dem großen Viehbestand der Sakuddei und den wildreichen Wäldern, in denen sie leben – ihre Ernährung ist sehr viel reicher an Proteinen.

Patrice Franceschi spricht mit Raiba. June übersetzt.

»Zieht ihr morgen weiter?«, fragt der Chef der Sakuddei.

Offensichtlich ist es nicht ganz einfach, hier akzeptiert zu werden. Die Sakuddei sind nicht geneigt, die erstbesten Fremden bei sich zu dulden. Doch Patrice hofft, dass es ihm gelingen wird, diesen Männern und Frauen klar zu machen, warum wir gekommen sind und was uns an ihnen fasziniert: die Einzigartigkeit eines Stammes, der sich ohne Gewalt und ohne Hass der Zerstörung seiner Identität widersetzt. Im Moment tolerieren sie uns, aber wie lange? Nein, wir wollen nicht morgen weiterziehen. Deshalb werden wir, um ihr Vertrauen zu gewinnen, all unser diplomatisches Geschick aufbringen müssen.

Arne, Martial und June haben beschlossen, sich auf der Veranda einzurichten und dort ihre Hängematten für die Nacht zu spannen. Franceschi zieht es vor, etwas abseits, am Waldrand, einen Mini-Biwak aufzuschlagen. Ich vertraue auf seine Erfahrung, als er mir erklärt, dass all diese Stämme dazu neigen, bis spät in die Nacht lautstark zu diskutieren, um zwei Uhr nachts aufzustehen, um sich zu unterhalten und zu rauchen; außerdem sei es ein fragwürdiges Vergnügen, mit dem Grunzen der Schweine und den Hähnen zu leben, die lange vor Tagesanbruch krähen. Wenn wir eine Weile bleiben wollen, sei es angebracht, etwas Abstand zu wahren. So verhalten sich auch die Ethnologen, die sich immer ein wenig ihre eigene Welt schaffen, um nicht ganz den Halt zu verlieren. Der Schweizer Ethnologe Reimar Schefold, der die Sakuddei entdeckt und insgesamt sieben Jahre mit ihnen gelebt hat, hat sich einen kleinen *laplep* bauen lassen, in dem er ein paar Stühle, einen Tisch und Bücherregale hatte.

Wir finden einen geeigneten Ort in der Nähe des Flusses, etwa fünfzig Meter von der *uma* entfernt, den wir mit einem Buschmesser »urbar« machen, und befestigen unsere Hängematten und Moskitonetze an Bäumen, die uns kräftig genug erscheinen. Etwas Rasierschaum auf den Kordeln wird die Ameisen daran hindern, uns auf die Pelle zu rücken.

Die Sakuddei verhalten sich uns gegenüber recht zurückhaltend. Ganz offensichtlich wollen sie uns erst einmal beobachten … Sie sprechen miteinander, und wir haben keine Zweifel daran, dass wir Hauptgegenstand ihrer Unterhaltung sind. Doch ihr Verhalten ist nicht feindselig, eher abwartend. Sowohl für sie als auch für uns ist es zu früh. Die Zeit wird die Dinge regeln.

Ich bin sehr erstaunt, als ich später erfahre, dass June zum ersten Mal hierher kommt. Seine Ungezwungenheit, die Leichtigkeit, mit der er die Sympathie der Leute gewinnt, sind beeindruckend. Wo auch immer er ist, passt er sich vollständig an und fühlt sich im tiefsten Dschungel ebenso wohl wie im Hotel *Bumi Minang*. Man hat den Eindruck, unsere Gastgeber würden ihn kennen, als wäre er ein Verwandter (was im entfernten Sinne vielleicht sogar der Fall ist). Ich glaube auch, dass sein Vater zu den bedeutenden Persönlichkeiten der Insel gehört. Ein Fischer, der mehrere Boote besitzt, selbst wenn es

Der Wohnplatz der Sakuddei: die *uma*

Die *uma* ist ein großes Gemeinschaftshaus, in dem mehrere »Kernfamilien« wohnen. Zum Schutz vor Feuchtigkeit und wilden Tieren, steht es auf Pfählen. Rundherum und darunter leben Hühner und Schweine.

Pfahlbauten sind in Südostasien und Indonesien verbreitet. Sie bieten viele Vorteile: Der Dachstuhl fault weniger schnell, die Pfähle können als Einzäunung für die Haustiere dienen und zum Unterstellen der Arbeitsgeräte.

Diese Bauweise erleichtert auch die Anpassung an einen unebenen Boden. Die *uma* ist ganz aus Holz gebaut und steht auf etwa drei Meter hohen Pfählen, die zur Hälfte in den Boden gerammt sind. Sie ist ungefähr dreißig Meter lang und zehn Meter breit. Der Boden ist in der Mitte aus Brettern gefertigt, die Ränder aus Bambusrohr. Auf den Brettern hinter der Feuerstelle im Gemeinschaftsraum findet für gewöhnlich der Tanz der Männer statt, deshalb sind die Bretter hier breiter und stabiler.

Das länglich angelegte Haus besteht aus zwei großen Räumen, dem *batsapau* und dem *balagau*, sowie aus einer großen Veranda, dem *karampau*.

Der *batsapau* hat auf jeder Seite eine Kochstelle und dient als Küche. Der *balagau* ist größer, in der Mitte befindet sich eine große Feuerstelle, über der sämtliche Küchenutensilien hängen. Der *karampau* oder die Vorgalerie liegt unter dem Dachüberhang. Hier verbringen die Sakuddei die meiste Zeit, hier diskutieren sie und erledigen die häuslichen Arbeiten.

Patrice Franceschi und Vladimir de Gmeline fahren flussabwärts zum Regierungsdorf, in dem die Sakuddei nicht leben wollen.

armselige kleine Schaluppen sind, genießt ein gewisses soziales Prestige, das auf die Kinder übergeht.

»Hier kennen alle meinen Vater«, hat er mir anvertraut.

Er hat ihn mir eines Tages vorgestellt, als die *La Boudeuse* vor seinem Dorf ankerte – ein kleiner, schüchterner Mann, der sehr an den technischen Einzelheiten der Dschunke interessiert war. June zeigte ihm gegenüber eine Achtung und eine Zuvorkommenheit, in der sowohl die Dankbarkeit gegenüber dem Mann zum Ausdruck kam, der ihn zum Studium angetrieben und ihm die nötigen Mittel dazu zur Verfügung gestellt hatte, als auch das Bewusstsein, der Sohn eines wichtigen Händlers zu sein und das Gefühl, dass sie sich in gesellschaftlicher Hinsicht jetzt unterschieden.

Wir gehen früh zu Bett. Ich habe seit mehr als vierundzwanzig Stunden nicht geschlafen und bin froh, endlich in meiner Hängematte zu liegen. Von rauem Krächzen und den Geräuschen des Dschungels gewiegt, schlafe ich schnell ein.

Donnerstag, 23. September

Heute Nacht hätte ich Patrice beinahe umgebracht oder zumindest ernsthaft verletzt… Gegen zehn Uhr abends sind wir aufgewacht, da sich der Baum, an dem wir beide unsere Hängematten befestigt hatten, gefährlich zu neigen begann. Patrice hat daraufhin seine anderswo befestigt, ich habe meine gelassen. Das Ergebnis: Da der Baum nicht sonderlich kräftig war, habe ich um ein Uhr nachts festgestellt, dass ich nicht nur den Boden berührte, sondern dass mein Baum zu drei Vierteln entwurzelt war und jeden Moment auf Patrice stürzen konnte. Es fehlte nicht viel.

Heute werden wir den umliegenden Dörfern einen Besuch abstatten. Patrice und ich nehmen einen kleinen Einbaum, Dominique, Arne und June einen zweiten, damit sie uns während der Fahrt filmen können. Deshalb müssen wir uns beim Paddeln doppelt anstrengen. Dominique kommt mir vor wie ein eiskaltes professionelles Ungeheuer, ohne einen Funken Mitleid.

»Das war nicht gut, ihr wart zu schnell, das müssen wir noch einmal machen, ihr müsst von weiter kommen und langsamer.«

Na klar doch! So einfach ist das, wir paddeln gegen die Strömung, ich setze den Einbaum in den Schlamm, um zu wenden, und dann das Ganze von vorne. Drei-, vier-, fünfmal… Zumindest werden wir warme Muskeln haben, wenn wir

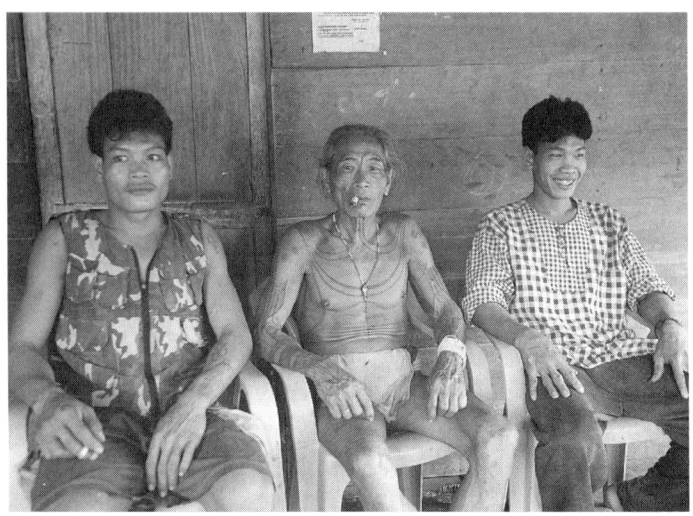

Buhat, der Dorfälteste der Sakuddei, lebt im Regierungsdorf mit seinen Söhnen, die sich von den alten Traditionen abgewandt haben.

heute Abend von den Dörfern flussabwärts, die wir besuchen wollen, zurückkommen. Wir fahren zunächst durch dasselbe Tor wie am Vortag. Noch immer ist niemand in der kleinen *uma* zu sehen. Zwanzig Minuten später erreichen wir das große Regierungsdorf. Die Häuser sind sauber aufgereiht, in der Mitte, neben der Schule und dem Volleyballfeld, steht eine protestantische Kirche. June führt uns in ein Haus, in dem »bekehrte« Sakuddei wohnen. Wie Gulaeo sind sie zwischen zwei Kulturen hin und her gerissen und verbringen einen Teil ihrer Zeit in der *uma*, den anderen hier. Der Hausherr erscheint sofort. Er ist der Besitzer des einzigen Speed Boat weit und breit, worauf er ziemlich stolz ist. Sobald er das Haus verlässt, trägt er hoheitsvoll einen gelben Bauarbeiterhelm, den er weiß Gott wo gefunden hat.

Unsere Ankunft spricht sich schnell herum. Ein alter, gebeugter Mann kommt aus dem Haus gegenüber zu uns. Im Gegensatz zu den Dorfbewohnern, die alle westliche Kleidung tragen – Shorts, T-Shirt, kurzes Haar –, ist er traditionell gekleidet und tätowiert. Es ist Buhat, der Dorfälteste der Sakuddei. Er ist siebzig Jahre alt und lebt hier, weil seine beiden Söhne hier leben, doch sie haben sich von den Traditionen abgewandt. Wir interviewen die drei gemeinsam. Während Dominique filmt und Arne Fotos macht, unterhält sich Patrice mit ihnen. Ich ziehe mein Heftchen hervor, um mir Notizen zu machen, und bin plötzlich von Kindern umringt, die mich neugierig und belustigt anfassen, mit meinem Gürtel, meinem Messer und meiner Feldflasche spielen.

Das Haus ist ärmlich. An den Wänden hängen Fotos von Papst Johannes Paul II. und dem Petersdom in Rom, daneben ein Poster, das Bruce Lee zeigt, und schmutzige, vergilbte Fotos von der Einweihungszeremonie des Regierungsdorfs. Sie findet unter den wohlwollenden Blicken dickbäuchiger Missionare statt, die aus Sumatra gekommen sind, um das Wort Gottes zu verkünden. Diese Art, die eigene Gutwilligkeit und passive Akzeptanz der Regierungsvorschriften zu demonstrieren, hat etwas Pathetisches und wirkt wie ein Versuch, nicht in Vergessenheit zu geraten. »Seht ihr, wir haben uns unterworfen«, scheinen sie sagen zu wollen, »wir haben euch geglaubt, dass unser Leben besser wird, dass wir so glücklicher sein werden, also denkt an uns.«

Was war die Gegenleistung für diese Unterwerfung? Sie können nicht mehr jagen und haben keinen Einfluss mehr auf ihre Umwelt, sie haben keine Arbeit und sind für die Touristen nicht von Interesse.

Im Osten der Insel, in der Nähe von Muarasiberut, haben einige Stämme begriffen, wie lohnend der Tourismus sein kann. Wenn die Gruppen kommen, brauchen sie nur ihre traditionellen Gewänder anzulegen, für sie zu tanzen und Zeremonien zu improvisieren, alles Dinge, die in der Tradition eine genaue Bedeutung hatten, und jetzt durch das neu geschaffene Konsumbedürfnis entwürdigt werden. In den Regierungsdörfern gibt es nicht einmal diesen billigen Exotismus als Ersatz, es gibt nur enttäuschte Hoffnungen und Elend.

»Meine Söhne haben zwei Kulturen. Sie kennen den Wald, die Traditionen, doch jetzt haben sie sich der Modernität zugewandt. Für mich sind sie Fremde geworden«, wettert Buhat.

»Aber wir werden zurückkehren«, sagen sie, um ihn zu beruhigen, sichtlich selbst wenig überzeugt. »Unser Vater lehrt uns jeden Tag etwas, wir lehnen nicht alles ab, aber die Dinge haben sich weiterentwickelt.«

»Und wann wollt ihr das Leben eurer Vorfahren wieder aufnehmen?«, fragt Franceschi sie.

»Wenn wir verheiratet sind«, antworten sie wie aus einem Mund.

»Aber eure Frauen werden von außerhalb kommen, glaubt ihr, dass sie bereit sind, im Dschungel zu leben?«

Es ist offensichtlich, dass diesen Männern vor allem daran gelegen ist, dass ihr Vater sie in Ruhe lässt. Eine Heirat wird nichts an den Dingen ändern. Außerdem dürfte es nicht einfach sein, ein junges Mädchen, das von den Kleidern und von dem Schmuck träumt, das es in den wenigen auf der Insel vorhandenen Modemagazinen gesehen hat, dazu zu bewegen, im Dschungel zu leben…

»Was ist 1954 geschehen?«, fragt Franceschi weiter.

»In meiner Jugend haben wir, das heißt mein Vater und der

ganze Clan, weit von hier entfernt gelebt, in Kere, dem Zentrum der Rituale. Die Regierung wollte, dass wir auf all unsere Bräuche und unsere Kultur verzichten. Also sind wir geflohen, um unsere Freiheit zu bewahren. Sie sind sogar mit Gewehren gekommen. Alle haben aufgegeben und sich unterworfen. Wir waren die Einzigen, die widerstanden und unsere Lebensart beibehalten haben… Die anderen hatten Angst, von den Regierungstruppen getötet zu werden. Wir hatten keine Angst, wir wollten vor allem die Integrität unserer Gemeinschaft bewahren.«

»Und wie viele seid ihr jetzt?«

Der alte Mann zählt langsam und bedächtig an den Fingern ab, dann hebt er den Kopf:

»Dreiunddreißig…«

Für einen Moment wird es still, wir denken nach. Dreiunddreißig, das ist nicht viel…

»Ich hoffe, die nächste Generation wird in den Dschungel zurückkehren«, fährt Buhat fort, »aber was auch geschehen mag, wir werden ihnen die Wahl lassen.«

Die Harmonie zwischen den Wesen und Seelen ist so wichtig, dass der Widerstand der Sakuddei absolut friedlich verläuft. Sie wollen nicht kämpfen, sie wollen keine Konflikte. Und ihre Kinder haben die Freiheit zu leben, wie sie wollen. Die Tatsache, dass sie glücklich leben, ist Argument genug. Sie wissen, was die Zivilisation ihnen bringen kann, sie kennen sie. Einige von ihnen waren schon einmal in Padang. Aber was es dort gibt, interessiert sie nicht. Man kann sie besuchen kommen, dagegen haben sie nichts einzuwenden, solange man ihnen nicht etwas aufzuzwingen sucht, was sie nicht wollen.

In ethnologischer Hinsicht sind die Sakuddei eine Ausnahme, denn die meisten Stämme behalten, sobald sie entdeckt sind, ihr urtümliches Leben nicht mehr lange bei. Sehr schnell findet eine Akkulturation statt, Begehrlichkeiten entstehen, und bald löst sich der Clan definitiv auf. Die Sakuddei übernehmen von der Zivilisation nur das, was sie interessiert. In der großen *uma* gibt es Buschmesser, zwei oder drei Plastikschüsseln, eine Petroleumlampe und ein Luftgewehr. Sonst nichts. Die Zukunft wird zeigen, ob die jungen Leute Raiba oder den Söhnen von Buhat folgen werden.

Bald meinte Buhat, alles gesagt zu haben. Mit dem Versprechen, uns in der *uma* zu besuchen, zieht er sich zurück. Wir rudern den Fluss wieder hinauf. Der Himmel färbt sich grau, die Strömung ist stark, es ist heiß.

Am nächsten Morgen stehen wir um sechs Uhr auf, um die Sakuddei zum *durian*-Pflücken zu begleiten. Sie haben uns gesagt, wir dürften uns nicht verspäten. Ich genieße die Augenblicke vor dem Aufstehen, das Vergnügen, im Dschungel aufzuwachen. Durch mein Moskitonetz betrachte ich die noch taunassen Bäume. Ich frage mich, ob Patrice genug geschlafen hat. Er leidet unter Schlafstörungen und macht seine Stirnlampe erst spät nachts aus. Er liest, raucht, wälzt wieder und wieder die logistischen und finanziellen Probleme, die die Expedition aufwirft. Auch hier im Dschungel lassen ihn die Sorgen nicht los.

Im Haus ist alles ruhig. Ich dachte, die Männer des Clans wären bereit zum Aufbruch, doch dem ist nicht so. Trotzdem ist es besser, bereit zu sein, denn ich habe schon bemerkt, dass sie oft stundenlang nichts tun und dann plötzlich aufspringen, so dass wir rennen müssen, wenn wir mit ihnen Schritt halten wollen.

»Na, gut geschlafen mit den Hühnern und Schweinen?«, fragen wir unsere Gefährten.

»Du hast gut reden, die Hähne hier sind total verrückt«, antwortet Arne, »sie fangen um drei Uhr morgens an zu krähen.«

»Ein hübsches Konzert«, fügt June hinzu, »unser Schnarchen, das Grunzen der Schweine und so fort, bis zum Morgen. Mit dem Walkman habe ich meine Ruhe…«

June hat ohnehin eine ungewöhnliche Schlaffähigkeit. Er bringt es problemlos auf zwölf Stunden pro Nacht!

Nur Dominique und Arne gehen mit zum *durian*-Pflücken Ich nutze die Gelegenheit, um im Fluss zu baden. Dann bleibe ich eine gute Weile in einem Einbaum sitzen und genieße die vollständige Harmonie, die hier herrscht. Als ich wieder hinaufgehe, komme ich an dem *laplep* vorbei, in dem ich neulich Bali Kerei mit einer anderen Frau habe reden hören. Es ist keine von denen, die wir in der *uma* gesehen haben, und das aus gutem Grund. Sie liegt auf der Seite, ihr Haar ist struppig, und sie scheint ein wenig benommen. Dann schiebt sie den Arm in eine an der Decke aufgehängte Stoffschlinge und zieht sich hoch. Es ist schwer, ihr Alter zu schätzen.

»*Anai leu ita.*«

Sie antwortet mir mit einem kleinen, schüchternen Lächeln, zugleich peinlich berührt und erfreut über den »Besuch«. Ich versuche nicht, zu ihr zu gehen. Es ist besser, mich vorher mit June zu besprechen, denn ich weiß, dass Behinderte bei den traditionellen Stämmen oft als »tabu« gelten, und es ist klüger, sich zu erkundigen, statt eine Dummheit zu begehen.

»Hast du die Frau in dem kleinen Haus gesehen«, frage ich Patrice, als ich auf die Veranda komme.

»Ja, ich habe sie gegrüßt, und das hat Bali Kerei gar nicht gefallen. Sie hat mir ein Zeichen gemacht zu verschwinden. Ihre Beine scheinen vollständig gelähmt zu sein.«

Die *durian*-Ernte ist nicht ungefährlich, …

Gulaeo erscheint mit seinen beiden Töchtern. Er ist nicht mit zum *durian*-Pflücken gegangen. Als er meine Brille sieht, die neben meinen Sachen liegt, probiert er sie auf. Dann holt er einen Bogen und zeigt mir, wie man ihn spannt. Gar nicht so einfach, die Sehne ist wirklich sehr hart. Er stellt in zwanzig Meter Entfernung eine kleine Zielscheibe aus Bambus auf und macht es mir vor. Man muss die Sehne mit drei Fingern halten, die beiden anderen umfassen den Pfeil. Meine ersten Versuche sind katastrophal, der Pfeil fällt erbärmlich vor meine Füße. Doch ich bleibe hartnäckig und erreiche nach zehn Minuten ein halbwegs korrektes Ergebnis. Das scheint meinem Lehrer zu gefallen, meine Ausdauer stellt ihn offenbar zufrieden. Es gelingt mir zwar noch nicht, die Zielscheibe zu treffen, aber ich gebe nicht auf. Ihr Geschick, den abgeschossenen Pfeil im Gewirr der Zweige auszumachen, beeindruckt mich sehr. Ich stapfe inmitten der Schweine durchs hohe Gras, und Gulaeo leitet mich durch präzise Gesten, so dass ich ihn wiederfinde.

Gegen Mittag kommen Arne und Dominique zurück. Beide sind fassungslos über die Pflücktechnik.

»Einfach unglaublich«, meint Dominique, »die Bäume sind

…doch die Früchte sind heiß begehrt.

mindestens fünfzig Meter hoch, sie haben unten keine Zweige, und da müssen sie raufklettern, um ihre Früchte zu holen. Sieh ihn dir an«, sagt er und deutet auf Rorok, »nie würde man ihm eine solche Gelenkigkeit zutrauen. Das ist wahnsinnig gefährlich, eine falsche Bewegung, und er bringt sich um. Oben angekommen, muss er eine Hand loslassen, um die Früchte abzuschütteln…«

Die Frauen haben in Rohrkiepen Dutzende kleiner grüner Stachelkugeln mitgebracht, die sie auf einem Holzklotz mit einem kräftigen Schlag mit dem Buschmesser öffnen und sofort essen. Die Sakuddei sind ganz versessen auf diesen Leckerbissen. Das trifft übrigens auf die gesamte Insel und große Teile Indonesiens zu. Diese Frucht ist Ursache des typischen Fäulnisgeruchs, der durch die Straßen vieler Städte und Dörfer Asiens zieht. Je reifer die Frucht ist, desto lieber wird sie gegessen. Der Geruch ist wirklich abstoßend, aber anscheinend wird man, sobald man diesen Widerwillen überwunden hat, schnell süchtig. Übertriebener Verzehr kann zu Gesundheitsschäden in Form von Kopfschmerzen und allgemeiner Schwäche führen. Solche Störungen sind nicht selten, denn die Mentawaier sind außerstande, sich zu beherrschen. Das gilt auch

Raiba und Patrice Franceschi, der mit dem Satellitentelefon gerade Kontakt zur Mannschaft der *La Boudeuse* aufnimmt.

für Zucker, den sie in Unmengen verzehren, ohne dabei genug zu trinken.

Raiba stimmt das Lied des *durian* an, das wir später mit Junes Hilfe übersetzen.

Am Abend kaufen wir ein Huhn. Mit Junes Unterstützung nimmt Raiba auf der Terrasse, die die Veranda verlängert, das Opfer vor. Bevor er das Huhn tötet, spricht er mit ihm, streichelt es und begießt es mit Wasser, um seinen *badjou* abzukühlen:

»Nahrung meiner Freunde, verzeih ihnen dein Los und mach, dass die Zeichen in deinen Eingeweiden unsere Zukunft erhellen. Nimm ihr Geld, nimm ihren Besitz, auf dass er später uns gehören möge. Zucker, Zigaretten, und wenn du all ihre Güter genommen hast, dann erleichtere unsere Nahrungssuche im Dschungel…«

Diese letzte Bitte ist wichtig, denn in den folgenden Tagen wollen die Sakuddei auf die Jagd gehen. Dann hält er June das Huhn hin, der dem Tier den Hals umdreht.

»Willkommen zu ihrer Nahrung«, sagt Raiba. »Bereitet sie jetzt zu.«

Sie rupfen das Huhn und nehmen es aus, bevor sie zur Deutung der Omen, der *lauru*, schreiten. Raiba betrachtet die Eingeweide und hält sie mit ausgestrecktem Arm ins Licht. Sein Blick ruht auf den Venen, die das Herz umhüllen.

»Unsere Zukunft wird gut sein, und die der Fremden auch... Wir werden bald einen Affen oder ein wildes Schwein erlegen.«

Dann wird das Huhn zerlegt und gekocht. Die Zubereitungsmethode ist äußerst einfach, und der Geschmack ziemlich fade. Trotzdem sind wir alle erfreut über diese Abwechslung in unserem monotonen Speiseplan.

Jeden Abend zwischen sechs und Viertel nach sechs installiert Franceschi sein Satellitentelefon auf der Veranda. So hält er Kontakt mit der *La Boudeuse* oder sogar mit Paris und ist notfalls erreichbar. Er ist über die Position des Schiffs, die Route und etwaige Probleme informiert. Schwieriger ist es, Nachrichten vom anderen Team zu bekommen, das kein Telefon hat.

Heute hat Franceschi sein Gerät früher angestellt. Sein Freund Jean-Claude Guilbert, der auf Europe 1 eine Reihe von Abenteuerreportagen moderiert, will ihn interviewen – zum großen Erstaunen der Sakuddei, die ihn mit einem unsichtbaren Gesprächspartner diskutieren hören.

Samstag, 25. September

Idyllisches Erwachen. Die Sonne umspielt den weißen Tüll des Moskitonetzes, es ist kühl und still. Die Nacht über hat es in Strömen geregnet, und als ich zum Fluss gehe, stelle ich fest, dass der Wasserstand um mindestens eineinhalb Meter gestiegen ist. Ich kenne kaum etwas Angenehmeres, als die Nacht unter einer Plastikplane zu verbringen, auf die anhaltend dicke Regentropfen trommeln.

Arne, Dominique und June begleiten Raiba, seine Frau und Rorok zu einem zwanzig Minuten entfernten, am anderen Flussufer gelegenen *laplep* zur ersten Phase der Sagoherstellung. Das neue *pusuguat*, ein Sieb, mit dem das aus dem Baum gewonnene Mehl gefiltert wird, muss fertig gestellt werden.

Der Weg dorthin ist völlig aufgeweicht, und wir sinken wadentief ein. Wir können die kleinen Bäche, die immer wieder den Pfad kreuzen, nur auf einem Baumstamm balancierend überwinden. Mit Kameras und Fotoapparaten behängt, ist das eine ziemliche Zitterpartie. Auch die Überquerung der Flüsse in einem winzigen Einbaum ist keine sonderlich sichere Angelegenheit. Wie immer verrät das Grunzen der Schweine und der damit einhergehende Geruch die Nähe eines Hauses … Inmitten von Schlamm und Exkrementen drängen sie sich um die Stämme der Sagopalmen, die ihnen als Futter dienen.

Die Wand des Hauseingangs ist mit Fuß- und Handabdrücken bedeckt. Das sind die *kirekat*, die Spuren der Toten, die einzige Erinnerung, die von ihnen bleibt. Wir wissen nicht, wo die Sakuddei ihre Toten begraben; wir müssten Monate bei ihnen verbringen, um vielleicht eines Tages das Recht zu haben, in ihr Heiligtum vorzudringen. Der Tod ist ein Thema, das man bei den Eingeborenenstämmen – auch bei diesem – nur schwer anschneiden kann. Kommt ein Fremder unaufgefordert darauf zu sprechen, so weckt das Misstrauen. Was will jemand, der vom Tod spricht? Warum diese Fragen? Also verzichten wir darauf und warten, dass sie uns eines Tages von sich aus dieses Geheimnis enthüllen.

Raiba und Rorok arbeiten den ganzen Vormittag über, sie reparieren und verstärken das Sieb mit langen Rohrfasern. Raiba summt dabei. Die Mentawai-Melodien sind ausgesprochen harmonisch mit feinen Modulationen. Sie haben etwas »Feminines«, das im Gegensatz zu der kräftigen Gestalt der Sakuddei steht. Immer wieder dieses Bemühen um Schönheit und Harmonie. Die Themen wiederholen sich: die Bitte um Nahrung, die Geister.

Einmal wird Raiba vom Blitz der Kamera geblendet. Er stößt einen Schrei aus, den man als Zeichen von Zorn deuten könnte, und sogleich wendet er sich an June:

»Sag dem, der die *koddas* macht, dass ich nicht geschrien habe, weil ich verärgert bin, sondern nur, weil ich erschrocken war.«

Ohne seine Arbeit zu unterbrechen, erzählt Raiba von den wenigen Fremden, die bei ihnen waren. Die Probleme scheinen oft von den Führern herzurühren – Indonesier, die die Mentawaier verachten. Sie halten sie für zurückgeblieben und nennen sie *orang bodoh* (dumme Menschen).

Was Reimar Schefold angeht, so hat er einen völlig anderen Status. Die Sakuddei betrachten ihn ein wenig als ihren Vater. Er hat so viel Zeit bei ihnen verbracht, dass er ganz und gar in den Clan integriert war und allgemeinen Respekt genoss. Außerdem war er maßgeblich an den Verhandlungen mit der indonesischen Regierung zum Schutz des ethnologischen und ökologischen Gleichgewichts der Insel beteiligt.

Die Geschichte der Sakuddei

Die Opferung eines Schweins ist noch immer ein Ereignis. Nachdem es ausgenommen wurde, wird es über einem großen Feuer aus Palmblättern abgebrannt, dann zerteilt und gekocht.

Von den achtzehntausend Bewohnern der Insel Siberut, hat sich der Clan der Sakuddei am vehementesten der von der indonesischen Regierung befohlenen Akkulturation widersetzt.

Da sie sich beharrlich weigerten, eine andere Religion als die ihre anzunehmen, auf ihre Tätowierungen zu verzichten, sich die Haare zu schneiden, zogen sie sich anlässlich der von den christlichen Missionen unterstützten Modernisierungskampagne im Jahr 1954 den Zorn der Regierung zu.

Die Behörden der Provinz West-Sumatra schickten Armeeeinheiten mit dem Auftrag, die Mitglieder des Clans, die die neuen Gesetze ablehnten, zu unterwerfen.

Sie wurden gewaltsam nach Sumatra verschleppt, man schnitt ihnen die Haare, und in »zivilisatorischen Unterweisungen« schrieb man ihnen vor, ihre »rückschrittlichen und barbarischen Bräuche« aufgeben. Sie mussten versprechen, sich nicht mehr zu tätowieren, den *kabit* nicht mehr zu tragen, sich die Zähne nicht mehr spitz zu meißeln, eine der offiziellen Religionen anzunehmen und ihre Kinder in die Schule zu schicken.

Dafür bekamen sie Büffel, westliche Kleidung, Schweine und Hühner. Trotzdem lebten sie so weiter, wie die Mentawaier bis dahin immer gelebt hatten. Buhat, der Dorfälteste – einziger überlebender Zeuge der damaligen Ereignisse – erzählt, sie hätten zu jener Zeit in Kere, dem Zentrum der Rituale, gelebt. Sie verließen diese Gegend, um so tief wie möglich in den schützenden Dschungel zu fliehen. Heute sind die Sakuddei die Einzigen, die all ihre Traditionen bewahrt haben.

Geister, Animismus, Religion

Die Beziehung der Mentawaier zu der Umgebung, in der sie leben, ist äußerst vielschichtig und komplex. Sie gehen davon aus, dass jedes Wesen und jeder Gegenstand eine Seele hat, die man unter allen Umständen respektieren und achten muss. Der Schweizer Ethnologe Reimar Schefold, der sieben Jahre mit den Sakuddei gelebt hat, erklärt die Grundlagen dieses Glaubens, vor allem die des *badjou*. Jede Seele kann sich von ihrem Körper lösen und umherziehen, wo es ihr beliebt. Das verändert zwar nicht ihre Substanz, aber im Zuge dieser Reisen trifft sie andere Seelen, unter deren – guten oder schlechten – Einfluss sie geraten kann. Dabei bleibt sie immer in Verbindung mit dem Körper, der von dem Ergebnis der verschiedenen Begegnungen beeinflusst wird. Daraus entsteht ein gewisses Unwohlsein, weshalb die Mentawaier versuchen, ihre Seele zurückzuhalten. Sie schaffen um sich herum ein harmonisches Klima, damit sich ihre Seele in ihrer Gesellschaft wohl fühlt und nicht in Versuchung gerät, sich zu entfernen. Auf der anderen Seite besitzen alle Lebewesen eine Emanation und Strahlung, den *badjou*. Diese Emanation ist weder gut noch schlecht, doch ihre Intensität kann je nach Person und Ort, woher sie kommen, unterschiedlich sein. Daraus ergibt sich die Notwendigkeit, den *badjou* fremder Besucher abzukühlen, damit die unterschiedliche Intensität keine schädlichen Folgen hat. Die Zeremonien, die der Jagd vorausgehen, die Beschwörungen, bevor man ein Schwein oder ein Huhn tötet oder anlässlich der Einweihung einer neuen *uma*, der *puliaidjat* (großes Gemeinschaftsfest) – all diese Ereignisse zeugen von der Allgegenwart der Geister.

June nutzt eine Pause, um Raiba über Polygamie zu befragen. Normalerweise ist sie in der Kultur der Mentawaier verboten, aber manche Männer setzten sich darüber hinweg:

»Was passiert, wenn ein Mann zwei Frauen hat, eigentlich ist das nicht üblich...«

»Du hast Recht... Dennoch gibt es Fälle, zum Beispiel in Matotonan. Eine der beiden Frauen ist tot, aber die andere lebt noch...«

»Ich kann mir eine zweite Frau nehmen, wenn ich genug Schweine habe...«

Offenbar ist Polygamie nicht wirklich verboten. Man muss nur reich genug sein, um es sich erlauben zu können.

»Aber wie würde deine Frau reagieren?«

»Sie würde die neue gut aufnehmen, ich bin sicher, sie würde sie lieben.«

»Mag sein, aber wenn die Sache nicht so gut verliefe, wie du glaubst?«

»Na, auf alle Fälle würden beide ›mich‹ lieben«, antwortet Raiba stolz.

»Und wann wirst du eine Frau finden?«, fragt June an Rorok gewandt.

Raiba antwortet an seiner Stelle:

»Wir haben einem jungen Mädchen in Matotonan schon einen Antrag gemacht, aber sie liebt ihn nicht...«

Armer Rorok, so leicht wird die Sache sicher nicht werden. Die Mentawaier sind im Allgemeinen recht intelligent und witzig und verfügen über einen unterschwelligen Humor. Kurz, sie sind feinsinnig und messen dem Äußeren große Bedeutung bei. Rorok hingegen ist weder schön noch intelligent. Er war sicher noch nie mit einer Frau zusammen, und darunter scheint er zu leiden. Er wirkt etwas linkisch und ungeschickt, ist aber von Grund auf gutmütig. Doch leider hat er nicht genug Charakter, um sich zu behaupten.

Auf dem Rückweg entspinnt sich eine lebhafte Diskussion über Tätowierungen. Was haben sie zu bedeuten, in welchem Alter werden die ersten gemacht? Und wie? Raiba sieht sich eingehend die Tätowierungen an, die Franceschi sich in Kompong Som hat machen lassen. June erklärt uns, er hätte sich in den Kopf gesetzt, ihm eine zweite zu verpassen...

Patrice zögert zunächst und stimmt dann zu. Es gibt kaum ein besseres Mittel, ganz und gar von den Sakuddei akzeptiert zu werden. Es herrscht allgemeine Aufregung, jeder will dem Schauspiel beiwohnen.

»Also, wohin machen wir sie?«, fragt Raiba.

»Vorne auf die Schulter«, schlägt Patrice vor, der doch etwas ängstlich ist, denn die Nadel, die Raiba benutzt, ist mit Sicherheit nicht steril.

»Mach ihm das Symbol des Affen«, schlägt Jagao vor.

»Nein«, erwidert Raiba, »ich habe eine bessere Idee.«

Bali Kerei vertreibt die Kinder von dem Behältnis mit Ruß und Harz, aus denen die Tinte gemacht wird.

»Seid vorsichtig! Seht ihr nicht den Dreck und Schlamm, den ihr hineintragt?«

Raiba hockt sich vor Patrice hin und zeichnet mit einem kleinen Pinsel das Motiv vor: ein stilisierter Krebs, das Symbol für Schnelligkeit. Jeder hat einen guten Rat zu geben, »mach ihn nicht zu groß und nicht zu klein«, »nimm meinen als Vorbild, er ist breiter und die Scheren sind länger«. Schon beim ersten Durchgang mit dem *patiti*, der Nadel, mit der das Motiv eingeritzt wird, erkennt man die Zeichnung deutlich. Raiba scheint zufrieden:

»Vielleicht haben wir denselben Geist für die Tätowierungen…«

Wenn die Zeichnung von Anfang an gut fixiert ist, erklärt mir June, so bedeutet das Harmonie zwischen dem Geist des Tätowierers und des Tätowierten. »Der Geist ihrer Körper« ist im Einklang. Anderenfalls besteht Disharmonie.

Nach einer halben Stunde ist die Tätowierung fertig. Dann wird ein Pflanzenbalsam aufgetragen, damit die Haut schneller heilt.

Raiba und Rorok fertigen ein neues *pusuguat*, ein Sieb, mit dem das Sagomehl gefiltert wird.

»Es war einfach, dich zu tätowieren«, sagt Bali Kerei zu Patrice.

»Ich habe schon welche bei anderen gemacht, bei denen ich mehr Schwierigkeiten hatte«, stimmt Gulaeo zu.

»Das bedeutet, dass sie sich mögen…«, sagt Jagao, und fasst damit zusammen, was die anderen denken.

In diesem Augenblick spüren wir, dass die Beziehung zu unseren Gastgebern enger geworden ist. Unsere Geisteshaltung scheint ihnen zu gefallen. Unser kleines Team versteht sich gut. Die Sakuddei sehen, dass wir stundenlang auf der Veranda palavern und scherzen, und diese »Heiterkeit« fördert ihr Vertrauen. Martial kann ganze Nachmittage auf seiner Bank sitzen, ohne seine gute Laune zu verlieren. Er bleibt in allen Lebenslagen souverän und gelassen, scheint die schwierigsten Situationen zu meistern oder sich zumindest mit ihnen abzufinden. Arne dagegen neigt zu Stress, was gar nicht zu seiner Erscheinung des »friedlichen Karpatenriesen« passt, doch das hindert ihn nicht daran, ein guter Kumpel zu sein. Er behauptet, unter Schlaflosigkeit zu leiden, aber ich habe oft beobachten können, dass er einschläft, kaum dass er sich in der Horizontalen befindet… Franceschi ist uns gegenüber entspannt, auch wenn er auf der Suche nach Lösungen für die Probleme der Expedition von der Terrasse zur Veranda und von der Veranda zur Terrasse täglich mindestens zehn Kilometer zurücklegt. Wir sind alle beeindruckt von seinem Kampfeswillen. June hat sich völlig integriert, und wir sehen in ihm mehr ein Mitglied des Teams als einen bloßen Dolmetscher.

Im Augenblick ist er allerdings nicht auf der Höhe. Auch er hat sich tätowieren lassen, am Fußknöchel, der sich sofort entzündet hat. Wir haben ihm Aspirin gegeben, aber er ist noch immer blass und fiebrig.

Am späten Nachmittag bade ich im Fluss. Es regnet, und gleichzeitig scheint die Sonne, was will man mehr? Ich lasse mich genussvoll von der Strömung treiben. Der Fluss, in dem man normalerweise stehen kann, ist an einigen Stellen bestimmt drei Meter tief. Das Wasser ist völlig trüb, deshalb sollte ich in Zukunft auf dieses angenehme, aber gefährliche Spielchen verzichten. Man kann sich leicht an den abgebrochenen Zweigen, die unter Wasser liegen, aber nicht sichtbar sind, ernsthaft verletzen.

Am Ufer bittet mich Raibas Frau, ihr beim Ausschöpfen der Einbäume zu helfen. Sie ist immer noch eher distanziert und etwas hochmütig. Ich frage mich, ob es daran liegt, dass sie die Frau des *rimata* ist, oder ob sie uns misstraut.

Als ich ihr die Fotografien in Olivier Lelièvres Buch zeige, wird sie zugänglicher. Sie reichen es einander weiter und kommentieren die Bilder, vor allem diejenigen, auf denen sie Bekannte entdecken, andere, die verschwunden sind, ein Toter, der von Frauen bewacht wird. Die Schamanismus- und Trance-Sitzungen bringen sie zum Lachen.

Jagao fertigt sich einen neuen Bogen an. Er hat einen guten Teil des Tages daran gearbeitet. Jetzt gibt es ein Wettschießen mit Gulaeo und Rorok. Sie haben ihre Zielscheibe weit entfernt, am Ende des Stegs, angebracht, der zum Fluss führt. Jagao ist ein guter Schütze, aber seine Pfeile verfehlen die Zielscheibe jedes Mal um ein paar Zentimeter. Auch sein Bruder und sein Cousin testen den neuen Bogen und kommen zu demselben Schluss:

»Vorne ist er gut, aber hinten muss er noch etwas bearbeitet werden«, sagt Rorok.

»Von der Größe her ist er in Ordnung, aber er muss noch poliert werden«, betont Gulaeo.

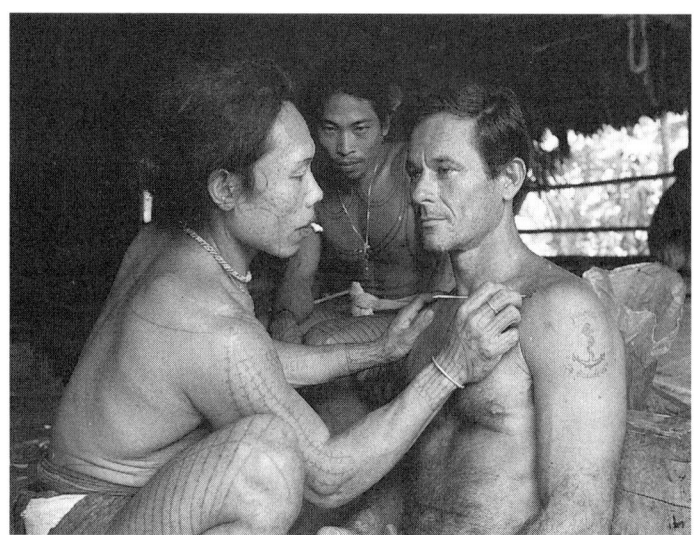

Raiba tätowiert Patrice.

Die Männer gehen früh schlafen, um drei Uhr müssen sie aufstehen, weil sie auf die Jagd gehen. Mit Deutlichkeit und einer gewissen Wehmut wird mir die Flüchtigkeit unseres momentanen Lebens bewusst, diese entstehende Freundschaft mit einem Volk, das bald ausgestorben sein wird. Als Bougainville und seine Männer vor zwei Jahrhunderten in Tahiti an Land gingen, waren sie die Ersten. Sind wir die Letzten, die diese Männer und Frauen in Freiheit sehen? Wer sagt, dass ihre Kinder, die wir um die *uma* toben und im Fluss baden sehen, die lernen, Tiere zu jagen und *durian* zu pflücken, nicht eine andere Richtung einschlagen werden? Die Bilder, die wir aufnehmen und die Erzählungen, die wir festhalten, sind womöglich die letzten Zeugnisse dessen, was die Kultur der Sakuddei gestern war und schon morgen nicht mehr sein wird.

Der folgende Tag verstreicht langsam. Nur Jagao ist in der *uma* geblieben, um seinen neuen Bogen fertig zu stellen. Er trägt eine Art Stirnband aus rosafarbenem Stoff, hinter das er zwei weiße Orchideen geschoben hat. Er poliert das Holz mit Rinde, testet den Bogen erneut. Für lange Minuten unterbricht er seine Arbeit und träumt vor sich hin, bevor er sie wieder aufnimmt. Er schnitzt auch Pfeile. Sie bestehen aus zwei Teilen – Spitze und Schaft –, die ineinander gefügt werden. Das Ganze wird mit Pflanzensaft verklebt. Manche Spitzen bestehen aus einer kleinen geschnitzten Spirale, andere aus Metall. Ich nehme an, sie sind für verschiedene Wildarten gedacht. Dann geht Jagao in eine kleine Hütte hinter der *uma*, wo das Gift hergestellt wird, mit dem er sie anschließend einstreicht.

Es ist schon lange dunkel, als die anderen gegen halb acht Uhr erscheinen. Sie kehren nicht mit leeren Händen zurück, sie haben einen Affen erlegt und laden uns ein, das Mahl mit ihnen zu teilen. Also gut, gekochter Affe ...

Sie nehmen ihn auf der Veranda im Schein der Sturmlampe aus. Die Eingeweide haben einen sehr starken, beißenden Geruch. Arne ist nicht eben angetan von dem Schauspiel, fotografiert aber doch. Die Sakuddei akzeptieren problemlos die Tatsache, dass er Vegetarier ist, verstehen können sie es allerdings nicht. Rorok bindet das Tier an den Pfoten an einem Bambusstock fest, um es über das große Feuer zu halten, das man draußen entfacht hat. Dann reinigt er es mit Wasser, zerteilt es und legt die Stücke auf eine lange Holzplatte. Gierig miauend streifen die Katzen herum und versuchen, einen Brocken zu stibitzen.

Raiba ist erschöpft und setzt sich zu Patrice und Dominique auf die Bank. Zwischen dem Clanchef der Sakuddei und Patrice entwickelt sich eine besondere Beziehung. Ich habe den

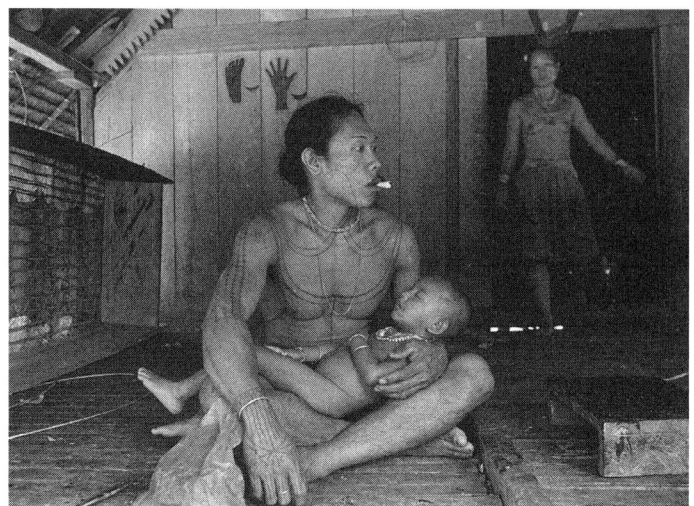

Raiba mit Frau und Kind.

Eindruck, dass Raiba in gewisser Weise froh ist, auf Männer seines Alters getroffen zu sein. Innerhalb des Clans steht er ein wenig allein da. Er dürfte gut vierzig Jahre alt sein, während die anderen Männer des Stammes zwischen fünfundzwanzig und dreißig sind. Er muss sich manchmal einsam fühlen. Bei meiner Rückkehr nach Paris sollte ich ein Buch finden, das diese Vermutung bestätigt. 1977 haben zwei Franzosen, Michel Brent und Philippe Jamain, mit den Sakuddei gelebt. Sie haben einen Film darüber gedreht, *Ceux qui parlent aux choses* (deutsch: Die mit den Dingen sprechen), und ein Buch geschrieben *La vallée des hommes fleures* (deutsch: Das Tal der Blumenmänner). Als Raiba ein junger Mann war, soll er keine gleichaltrigen Freunde gehabt haben. Als unfreiwilliger Einzelgänger übernahm er nach dem Tod seines Vaters Aman Dumat, die Verpflichtungen des Clanchefs. Er führte die Seinen,

Jagao und Rorok testen den neuen Bogen. Von klein auf lernen die Sakuddei, mit dem Bogen umzugehen, und begleiten ihre Väter auf die Jagd.

ohne jemand zu haben, dem er sich anvertrauen oder mit dem er sich austauschen konnte. Das erklärt sicher seinen starken Charakter. Er bespricht mit Franceschi verschiedene Themen, sucht uns regelmäßig auf, scherzt, singt und sagt uns auch ohne Zögern, wenn etwas nicht in Ordnung ist.

Schließlich wird der Affe serviert. Wir sind im großen Zimmer der *uma* bei der Familie Raiba eingeladen. Bei einem Festmahl isst jede Kernfamilie für sich, jede an einem festgelegten Ort, dem *lulak*. Das ist erstaunlich für uns, die wir eher dazu neigen, uns zu versammeln. Aber die Gesellschaft der Mentawaier ist von Grund auf egalitär, und wenn eine Familie wesentlich weniger zahlreich ist als eine andere, kann sie sich zu ihr gesellen.

Das Fleisch wird auf einer großen runden Platte serviert;

dazu gibt es Reis und Sago, vermischt mit geriebener Kokosnuss. In einer Schale wird der Kochsud als Getränk dazu gereicht. Affenfleisch hat einen sehr intensiven Geschmack, und da das Tier so zerlegt wird, wie es sich gerade ergibt, besteht ein Stück oft mehr aus Knorpeln und Knochen als aus Fleisch.

»Wir sind klein, aber wir essen viel«, sagt Raiba.

Seine Frau verändert langsam ihre Haltung uns gegenüber. Auf alle Fälle hat sie uns die besten Stücke serviert.

»*Mananam! Mananam!*« (Köstlich! Köstlich!), sagt sie und nickt.

Ich bemerke, dass Patrice und Dominique das Festmahl nur mäßig mundet und versuchen, der Brühe zu entkommen. Also reiche ich ihnen die Schale, und sie sind gezwungen zu trinken. Sie geben mir zu verstehen, dass ich auf keinen Fall ungestraft davonkomme. Ich stelle fest, dass Patrice durch die jahrelange Erfahrung mit dem Dschungelleben und mit traditionellen Ethnien ein geschicktes System entwickelt hat, das glauben macht, er würde tatsächlich essen …

Am nächsten Tag beschließen wir, zum Dank ein Schwein zu kaufen und sie einzuladen. So haben wir auch Gelegenheit, die Zubereitung zu filmen. Für sie ist das ein großes Fest. Sie haben uns beim Wort genommen, und bereits am Morgen findet sich der ganze Clan ein, auch diejenigen, die im Regierungsdorf leben: »Bauhelm« mit seiner Frau, die ein buntes Kleid und eine Sonnenbrille trägt, Buhat, weißhaarig und gebeugt, aber noch rüstig für sein Alter.

Gegen Mittag bringt Raiba das Schwein. Er hebt es aus dem Einbaum und wirft es über die Schulter, als würde es nichts wiegen, dabei ist das Tier ein ziemlicher Brocken und zappelt in wilder Panik. Er setzt es mitten in der Sonne auf der Veranda ab. Als es zu regnen beginnt, decken die Sakuddei es mit einer Blechplatte ab, die sie, auch als die Sonne wieder scheint, nicht entfernen. Ich bin nicht sicher, ob das dem Geist des Schweins gefällt...

Die Stunden vergehen, und wir fragen uns, worauf sie warten. Aber Zeit zählt hier nicht. Wir sind mitten in der Regenzeit, und doch war der Vormittag sehr schön, richtiges Frühlingswetter, Sonnenstrahlen auf dem zartgrünen Laub rings um die Veranda.

Als sie sich endlich entschließen, das Schwein zu töten, geht alles sehr schnell. Buhat spricht zu dem quiekenden Borstenvieh, das von »Bauhelm« gehalten wird.

Der geht, wie ich finde, arg brutal vor. Die Sache scheint ihm ein sadistisches Vergnügen zu bereiten. Ich merke, wie Zorn in mir aufsteigt, und stelle fest, dass es Arne ähnlich ergeht. Mein Blick begegnet dem seiner Frau. Sie hat anscheinend verstanden, was wir über ihren Mann denken, und ist gekränkt. Sogleich werfe ich mir meinen Mangel an Diskretion vor.

»Du, Schwein, entferne das Unglück von uns, bring uns Reichtum und zeig uns die Zeichen, die in deinem Herzen sind.«

Jagao schneidet ihm mit einer schnellen und gezielten Bewegung die Kehle durch. Das Ritual ist das gleiche wie gestern bei dem Affen. Raiba und Buhat deuten die Zeichen, und sobald die Dorfbewohner über ihre Zukunft beruhigt worden sind, nimmt jeder seinen Teil, bedankt sich und geht. Es wird Nacht. Wir essen wieder mit Raiba zu Abend.

Die Tätowierungen

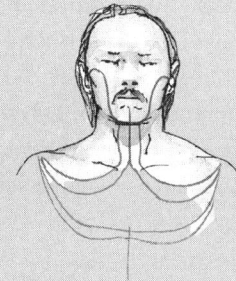 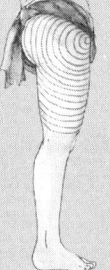 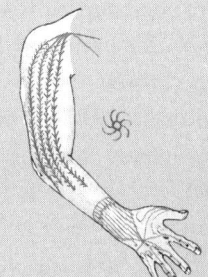

Wie die Dayak auf Borneo sind auch die Mentawaier am ganzen Körper tätowiert. Die Ethnologen haben Mühe, Sinn und Zweck zu erklären: religiös, gebiets- oder altersgebunden – es gibt zahlreiche Hypothesen. Fest steht dagegen, dass der ornamentale Charakter von Bedeutung ist. Es geht darum, möglichst schön zu sein, um seiner Seele zu gefallen, damit diese nicht in Versuchung gerät, sich zu entfernen.
Wie überall im Alltag der Mentawaier, steht die Ästhetik im Vordergrund. Die Tätowierungstechnik ist recht einfach. Die Tinte wird aus Harz und Ruß gemischt. Auf Siberut verwenden einige Clans auch Zuckerrohrsaft, was zu einer helleren Pigmentierung führt. Das Motiv wird zunächst mit einem Pinsel vorgezeichnet, dann mit einer an einem kleinen Hornplättchen befestigten und mit Tinte bestrichenen Kupfernadel eingeritzt.
Dazu schlägt der Tätowierer mit einem kleinen Stöckchen wiederholt kurz auf die Nadel. Die Elastizität der Haut wirkt wie eine Feder, Blut und Tinte vermischen sich schnell. Die Technik ist ziemlich schmerzhaft, zumal drei bis vier Durchgänge erforderlich sind, bis sich das Motiv richtig auf der Haut abzeichnet. Generell gilt, dass ein Erwachsener im heiratsfähigen Alter vollständig tätowiert sein muss, vor allem die Oberschenkel, in Wirklichkeit ist das freilich nicht immer der Fall. Zeitweilig hat die indonesische Regierung – unterstützt von den Missionaren, die diese Praktik als barbarisch einstuften – das Tätowieren ganz verboten. Das ist ein Grund, weshalb die Sakuddei T-Shirts trugen, wenn sie sich in die Dörfer nahe der Hauptstadt Muarasiberut begaben. Heute ist die Regierung nachsichtiger, doch die traditionellen Praktiken haben nur in wenigen Clans überlebt. Wenige Jugendliche lassen sich heute noch systematisch tätowieren, wie dies bei den Sakuddei der Fall ist.

Mittwoch, 29. September

Wir begleiten Rorok bei der Jagd auf dem Hügel hinter der *uma*. Der Boden ist rutschig, und wir legen ein paar ordentliche Stürze hin.

Rorok fühlt sich unwohl vor einer Kamera. Er glaubt, Theater spielen, ständig lächeln zu müssen, und starrt dabei zu oft ins Objektiv. Die Sakuddei sind keine Schauspieler. Dafür hat man uns von einem Mann namens Aman Lau Lau erzählt, der in Butui lebt und den Spitznamen »Movie Star« hat. Er ist von Fernsehteams aus Japan, Singapur und Australien gefilmt worden und setzt sich gern für Geld in Szene. Eine andere Geisteshaltung… Ein Sakuddei tut nur, was ihm gefällt.

Später besuchen wir Bali Kerei zu einem ausführlichen Gespräch. Sie ist die Älteste des Clans, ihre Erinnerungen und ihre Sichtweisen der Dinge sind sicherlich interessant. Sie kocht in dem *laplep*, in dem die gelähmte Frau wohnt, gerade Sago. Wir erfahren, dass sie Kainang heißt und Bali Kereis Nichte ist.

Seit einigen Tagen wechseln wir regelmäßig ein paar Worte mit ihr. Sie verbringt ihr ganzes Leben an diesem Ort, raucht, verrichtet kleine Arbeiten und spricht mit ihrer Tante. In vielen Stämmen sind Behinderte »tabu«. Man glaubt, dass sie von einem bösen Geist berührt wurden. Da sie darüber hinaus nicht arbeiten können, gelten sie als unproduktiv und somit unnütz.

Kainang wird nicht von den Ihren abgelehnt, denn die Sakuddei sind gut und wollen nicht ungerecht sein. Trotzdem wollten sie uns zunächst nicht zu ihr lassen und lieber abwarten, bis sie uns besser kannten.

»An welcher Krankheit leidet sie denn?«, fragt Franceschi.

Ein Essen – ein paar Stücke Fleisch und etwas Sago – und über die erste Stufe der Integration in eine andere Kultur ist alles gesagt.

»Das weiß man nicht, sie ist an den Beinen krank, sie sind gelähmt«, antwortet Bali Kerei.

»Jetzt geht es mir besser, ich habe weniger Schmerzen«, sagt Kainang. »Aber wenn das Übel erwacht, ist es wirklich schlimm.«

Als wir fragen, warum sie nicht versuchen, einen Arzt zu konsultieren, bekommen wir keine klare Antwort. Bali Kerei wechselt das Thema, spricht über die neuen Tätowierungen von June und Patrice und schlägt vor, sie der Nichte zu zeigen.

»Schade, dass ihr *koddas* macht und wir sie nicht sehen können«, beklagt sich Bali Kerei. »Wir lassen euch *koddas* von unseren Häusern, unseren Halsketten, unseren Schweineköpfen, unserem Feuer, kurz von allem machen. Ich hoffe, ihr seid nicht wie diese Leute, die alles nehmen und nichts dafür geben. Wir erlauben euch, alles zu tun, was ihr wollt, und ich wäre enttäuscht, wenn ihr uns dafür nichts gebt. Wir brauchen Tabak, und wenn ihr uns helft, helfen wir euch noch mehr…

Und sag Dominique, er soll sich in Acht nehmen. Ich glaube, er ist dabei, meine Brüste zu filmen!«, fügt sie schelmisch lachend hinzu.

»Stimmt, er scheint ernsthaft daran interessiert«, beharrt Kainang.

»Aber nein, er filmt den Sago hinter dir«, beruhigt June sie. »Sag, Tante, wir möchten wissen, warum du nicht im Regierungsdorf lebst?«

»Wenn ich dort leben würde, hätte ich nichts mehr zu essen. Ich hätte kein Geld, wer würde mir welches geben, damit ich Hühner und Schweine kaufen kann? Hier gehört alles uns.«

»Hast du dich darum entschieden, die Traditionen zu wahren?«

»Die Kultur der Fremden interessiert mich nicht. In meiner Familie haben mehrere beschlossen, katholisch zu werden. Für mich ist es besser, so zu leben, wie ich es tue, ich habe keine Lust, mich ihnen anzuschließen, aber wir helfen einander trotzdem. Wir haben die Wahl. An Weihnachten oder Neujahr feiern wir mit ihnen. Ich bringe ihnen Hühner mit, und wenn das Fest vorbei ist, komme ich hierher zurück und tue, was Raiba uns sagt. Wenn er sagt, wir sollen an einem Ritual teilnehmen, tun wir es: Wir legen unsere Ketten an und schmücken unser Haar mit Blumen, wir spielen Tam-Tam, tanzen, und so weiter. Und unsere Familie kommt hierher und hilft uns bei der Vorbereitung unserer Rituale. Als die Regierung uns verboten hat, den Schamanismus zu praktizieren, unsere alten Musikinstrumente *gong* und *tudukkat* zu benutzen und den *kabit* (Lendenschurz aus Baumrinde) zu tragen, haben wir es trotzdem getan. Inzwischen haben einige Mentawaier, die die Schule besucht haben, die Regierung dazu gebracht, uns in Ruhe zu lassen.«

Damit meint sie den »Reiher von Rokdok«, einen Mentawaier, der Soldat in der indonesischen Armee geworden ist. Seine »Heldentaten« in Timor haben ihn zu einer berühmten Persönlichkeit gemacht und ihm die nötige Autorität verliehen, um bei den Behörden als Sprecher seiner Brüder aufzutreten. Eine sonderbare Vorstellung für den Außenstehenden: Indem der »Reiher« bei der Unterdrückung einer anderen Minderheit mithalf, wurde er zum Vertreter der eigenen…

Bali Kerei fährt fort:

»Nach dem Tod meines Bruders hat Raiba seinen Platz als Clanchef bei der Zeremonie des *bakkat katkaila* (Schutz des Hauses gegen böse Geister) eingenommen. Wäre ich ein Mann, so wäre ich der Chef geworden. Da ich aber eine Frau bin, beschränkt sich meine Aufgabe darauf, mich um die Hühner und Schweine zu kümmern… Weißt du, viele Leute verachten uns, die Sakuddei, weil wir keine der offiziellen Religionen angenommen haben. Das ist schlecht angesehen.

Wenn der *arat sabulugan* auf der Insel wieder häufiger praktiziert wird, dann oft parallel zum Katholizismus, Protestantismus oder Islam. Die Sakuddei sind nie solche Kompromisse eingegangen.

Das ist der Unterschied zwischen uns und den anderen Clans: Ob ihr hier seid oder nicht, wir leben immer auf dieselbe Weise.«

Sie passt auf, dass June genau das übersetzt, was sie sagt und

Jagen, Fischen, Sammeln

Neben Sago, *taro* und Tierzucht ist die Jagd die Hauptnahrungsquelle der Mentawaier. Der dichte Dschungel bietet den wilden Tieren ausgezeichneten Schutz, sie sind dementsprechend äußerst zahlreich. Vögel und Affen flüchten sich auf die Bäume, Wildschweine und Hirsche fliehen beim leisesten Geräusch oder Geruch. Unter diesen Umständen ist die Jagd eine Kunst, die über lange Jahre erlernt werden muss. Von klein auf üben sich die Jungen mit einem Miniaturbogen im Schießen auf Kokosnüsse. Mit sieben Jahren jagen sie kleine Vögel, mit zehn begleiten sie die Erwachsenen bei der Jagd. Daher rührt die außerordentliche Fähigkeit dieser Männer, sich lautlos zu bewegen und ihre Beute durch Gehör- und Geruchssinn auszumachen. Die Jagd ist sehr zeitaufwändig, und für einen Weißen ist es schwer, mitzuhalten. Nicht selten brechen die Jäger morgens gegen fünf Uhr auf und kommen erst gegen zehn Uhr abends mit nur einem Affen heim.

Für das Fischen sind die Frauen zuständig. In Begleitung der Mädchen fangen sie mit ihren Netzen kleine Fische und Krabben, die vor allem am Ufer zu finden sind. Sie werfen sie in ein ausgehöhltes Bambusrohr, das sie auf dem Rücken tragen.

Das Sammeln ist von den Jahreszeiten abhängig, die übrigens nach Früchten benannt sind. Die beliebteste ist der *durian*, den die Sakuddei in fünfzig Meter Höhe pflücken – ein Schwindel erregendes, akrobatisches Unterfangen ohne das geringste Sicherheitssystem. Auch Bananen, Lychees, Mangos und Kokosnüsse stehen hier auf dem Speiseplan. Blätter und Holz (der Kokospalmen) haben viele nützliche Funktionen, vom Einwickeln der Speisen bis zum Hausbau.

Rorok bei der Jagd: eine perfekte Mischung aus Kraft und Geschmeidigkeit.

ihre Worte nicht verdreht. Nach einer Weile beendet sie die Unterhaltung:

»Das ist alles, ihr habt mich befragt, jetzt ist Schluss.«

Sie wendet den Blick ab, als wären wir schon nicht mehr da.

Jetzt, da der neue *pusuguat* fertig ist, wollen uns die Männer mit in ihre Sagopalmenpflanzung nehmen. June, Dominique, Arne und ich brechen morgens mit ihnen auf. Wir müssen zweimal den Fluss überqueren, weil es keinen direkten Weg zu der Lichtung mit den großen Sagopalmen gibt, aus denen das Mehl gewonnen wird. Wir halten an dem *laplep* an, den die anderen schon vor einigen Tagen besucht haben. Neben der Tür hängt ein Spiegel, ich habe mein Gesicht seit langem nicht gesehen…

Die Zubereitung des Pfeilgifts

Das Gift, das für die Jagd verwendet wird, lähmt Atmung und Muskulatur. Es tötet einen Affen innerhalb von fünf, einen Menschen in zehn Minuten. Die Mentawaier stellen es aus Pflanzen und Wurzeln in einer kleinen Hütte hinter der *uma* her. Zutaten sind die Blätter eines Baumes namens *daggi (Antiaris toxicaria)*, die Wurzeln der Pflanze *laiingii (Derris elliptica)*, sowie rote und grüne Pfefferschoten. Die Blätter werden gehackt, die Pfefferschoten zerstoßen. Dann wird die Masse in einen kleinen, aus Rattan geflochtenen Ring gepresst und zwischen zwei großen Holzstücken, die als Zange und Presse dienen, zerquetscht. Die bräunliche Flüssigkeit, die herausfließt, wird in einem Bambusgefäß aufgefangen und mit Hilfe eines Metallbürstchens auf die Pfeile gestrichen. Diese werden dann über einem Feuer in der Hütte getrocknet. Der Vorgang wird zweimal wiederholt, damit das Gift gut in das Holz eindringt. Während der Arbeit spricht der Mann abwechselnd mit dem Gift und mit dem Tier, das er töten wird. Für die Mentawaier hat jedes Wesen und jedes Ding eine Seele, die bei den verschiedenen Aufgaben des Alltags zu berücksichtigen ist.

Als wir unser endgültiges Ziel erreicht haben, steigen Raiba und Rorok aus dem Einbaum und folgen, den *pusuguat* auf dem Kopf, einem gewundenen Pfad, der am Fluss entlang führt, bis sie eine Lichtung, gesäumt von hohen Bäumen, erreichen. In der Mitte fließt ein Bach, über dem eine überdachte Plattform steht. Sie hieven das Sieb hinauf. Raiba und Gulaeo wählen eine der höchsten Palmen, er spricht zu ihr, um sich zu entschuldigen, dass er sie fällen wird. Dann erst beginnt er die Arbeit mit der Axt.

Als sie zu beiden Seiten des gefällten Stammes sitzen und das Mark reiben, aus dem das Mehl gewonnen wird, beginnt es zu regnen. Um sich zu schützen, bauen sie rasch eine einfallsreiche Dachkonstruktion aus Palmblättern und singen im Rhythmus ihrer Bewegungen. Rorok steht auf dem *pusuguat*, benetzt das Mehl mit Wasser und stampft es mit den Füßen durch das Sieb. In letzter Zeit ist er müde, er leidet an Zahn- und heftigen Kopfschmerzen. Die meisten Mentawaier haben sehr schlechte Zähne. Die Sakuddei haben uns schon anvertraut, dass sie uns darum beneiden, frei von diesem Problem zu sein.

Der Regen wird heftiger. Die Frauen kommen mit Körben auf dem Rücken und bringen Essen: Reis, Bananen und Wasser. Kaum sind die Körbe geleert, füllen sie Sagomehl hinein und gehen zurück. Eine der Frauen haben wir gestern zum ersten Mal gesehen. Ihr Gesicht ist von Falten zerfurcht, doch sie lacht die ganze Zeit wie ein kleines Mädchen und macht Scherze mit uns. Es ist die Frau eines *sikerei*, das heißt eines Schamanen, eines Medizinmanns. Sein Foto ist in dem Buch abgebildet, das ich ihnen gezeigt hatte. Er wohnt etwas weiter entfernt von hier. Sie sind zu Besuch gekommen, und *sikerei* hat sich zusammen mit Raiba die Fotos angesehen. Sie haben die Qualitäten der einzelnen Jäger kommentiert und versucht, sich an den Namen des Sohns einer ihrer Freunde zu erinnern, an bestimmte Orte und die Initiation des neuen Schamanen.

Gegen Mittag haben wir genügend Fotos gemacht und müssen den Heimweg antreten, da unsere Ausrüstung sonst Schaden nehmen könnte. Wir brechen, in Capes gehüllt, bei sintflutartigem Regen auf, bei jedem Schritt besteht die Gefahr auszurutschen, und wir versinken knöcheltief im klebrigen Schlamm. Der Wasserstand steigt erheblich. Das geht schon seit einigen Tagen so, und bereits gestern war der Strand vollkommen überflutet. Hodalic geht voran. Er hat vergessen, eine wasserdichte Tasche mitzunehmen, und fürchtet um seine Fotoapparate. Martial und ich folgen ihm in einigem Abstand.

Bali Kerei erzählt uns die Geschichte ihres Clans. Sie ist hier in dem kleinen *laplep*, in dem ihre gelähmte Nichte Kainang wohnt. Im Hintergrund das Feuer, auf dem der Sago kocht.

Schon zu zweit haben wir Mühe, uns seine Kamera und das Stativ hin- und herzureichen, wenn wir auf lächerlich dünnen Baumstämmen drei Meter über dem Boden balancieren müssen. June begleitet uns, er läuft barfuß voraus und verbreitet den schmalen Pfad mit seinem Buschmesser.

Als wir die *uma* erreichen, treffen wir einen besorgten Patrice Franceschi an:

»Die Batterien des Telefons sind praktisch leer«, sagt er. »Einer von uns muss nach Saggulubek gehen, um sie aufzuladen…«

Ich gehe. Die anderen dürfen unter keinen Umständen wichtige Szenen versäumen. Ich muss zugeben, dass ich froh über ein wenig Abwechslung bin. Auch wenn mich das Leben mit den Sakuddei und die Entdeckung ihrer Kultur faszinieren, wenn ich gerne lese, schreibe oder lange mit Arne am Strand diskutiere, werde ich doch manchmal etwas ungeduldig. Ich bewundere die Ethnologen, die Monate oder gar Jahre am selben Ort mit demselben Stamm verbringen können.

»Bauhelm« ist informiert, wir brechen um vier Uhr auf. Ich vertraue ihm nicht wirklich mit seiner Verschlagenheit und seinem hinterlistigen Lächeln, aber ich habe keine andere Wahl.

Die Fahrt ist traumhaft. Allein auf einem kleinen Holzbrett sitzend, träume ich vor mich hin und lasse den üppigen Dschungel, die Hügel, über denen der Tag sich neigt, an mir vorübergleiten. Wir kommen schnell voran, das Boot ist nicht beladen und die Strömung beschleunigt unser Tempo. Badende Kinder spritzen mit Wasser, Frauen stehen bis zur Taille im Fluss und fischen. »Bauhelm« lächelt mir zu. Ich versuche, meine Vorurteile beiseite zu schieben, bleibe aber auf der Hut. Er weiß, dass ich Geld bei mir habe, und ich kann mir gut vorstellen, dass er sich mit den Händlern in Saggulubek arrangiert, um mir möglichst viel aus der Tasche zu ziehen.

Um achtzehn Uhr kommen wir im Dorf an. Da ich hier niemanden finden werde, der Englisch spricht, hat mir June einen Zettel gegeben, auf dem er notiert hat, was ich brauche. Er hat mir gesagt, ich solle zu dem Mann mit dem Bürstenhaarschnitt gehen, bei dem wir am Tag unserer Ankunft waren. Der macht mir verständlich, dass der Generator, an dem ich die Batterien aufladen kann, nur drei Stunden pro Tag läuft, und zwar von zwanzig bis dreiundzwanzig Uhr. Inzwischen mache ich einige Einkäufe, Kekse, ein paar Flaschen Sprite und Fanta mit Kirschgeschmack, Kondensmilch, Seife … Der junge

Mann in dem Lebensmittelladen versucht bei aller Freundlichkeit, mich übers Ohr zu hauen. Er gibt vor, Englisch zu sprechen, was sich allerdings auf etwa drei Worte beschränkt. Um ihm eine Freude zu machen, tue ich so, als würden wir uns sehr gut verstehen und werte ihn damit gegenüber seinen Freunden auf. Dafür darf ich mit seiner Rechenmaschine selbst ausrechnen, was ich ihm wirklich schuldig bin. Er ist so zufrieden, als anglophil zu gelten, dass er mir diese Preisverhandlung nachsieht. Ich benötige außerdem zehn Liter Benzin, aber die bekomme ich erst am nächsten Morgen.

Der Mann mit dem Bürstenhaarschnitt und seine Frau bieten mir ihre Gastfreundschaft an. Sie laden mich zum Abendessen auf ihre Veranda ein. Es gibt kleine frittierte Fische, die ganz gegessen werden, dazu Reis mit einer scharfen Sauce und grünes Gemüse, über das die Stämme im Inselinnern nicht verfügen.

Während der drei Stunden, in denen die Batterie lädt, warten wir auf der Veranda eines armseligen kleinen Häuschens am Dorfeingang, gleich am Strand. Die Frau des Besitzers, die sehr hübsch ist, muss etwa achtzehn Jahre alt sein und hat schon zwei Kinder! Die Zeit wird mir lang, ich kann ihrem Gespräch nicht mehr folgen. Anhand einiger Namen aber kann ich verstehen, dass es sich um die indonesische Politik dreht. Der Mann mit dem Bürstenhaarschnitt macht mich neugierig, er ist intelligent, lebhaft und zugleich besonnen. Ich finde, er passt überhaupt nicht in diese erbärmliche Umgebung, in der man nichts anderes tun kann als warten.

Die Flöhe machen sich über meine Waden her, und ich kratze mich blutig. Ein kleiner Junge zeigt mir die Spiele, die er mit zwei Stücken Schnur erfunden hat.

Seit mehreren Wochen habe ich nicht mehr geraucht. Aus

Rorok übergießt das Sagomehl mit Wasser und stampft es mit den Füßen durch den eben erst fertig gestellten *pusuguat*.

Langeweile probiere ich eine indonesische Zigarette, eine *Crystal*. Sie schmeckt süßlich, und ich brauche mehr als eine Viertelstunde, um sie zu rauchen. Ich würde gerne etwas am Strand spazieren gehen, aber die Nacht ist so dunkel, dass man die Hand nicht vor Augen sieht.

Endlich sind meine Batterien fertig. Ich teste sie… Perfekt, sie funktionieren.

Am nächsten Morgen erwache ich bei grauem Regenwetter auf der Veranda. Meine Gastgeber haben es mir unter einem Moskitonetz so bequem wie möglich gemacht, und als ich beim Aufbruch bezahlen will, stoße ich auf eiserne Ablehnung. Von allen Mentawaiern, denen ich begegnet bin, waren sie die Einzigen, die nie versucht haben, Profit aus ihren Diensten zu schlagen.

Ich kann nur wiederholen:

»*Masura bagata, masura bagata*«, um ihnen meine Dankbarkeit auszudrücken.

»Bauhelm« hat die Nacht bei Verwandten verbracht. Wir nehmen einen seiner Brüder und zwei Jungen mit, die wir unterwegs absetzen.

Ich habe den Eindruck, er versucht mit mir zu kommunizieren. Wir lernen uns besser kennen, und ich frage mich, ob ich mich nicht in ihm getäuscht habe.

Die Rückfahrt dauert vier Stunden. Der Wasserstand ist noch weiter angestiegen, die Strömung ist stark, und wir haben viele Hindernisse zu umschiffen – Baumstämme, Anschwemmungen, Sandbänke. Als wir die *uma* erreichen, stelle ich fest, dass ein Teil des Ufers weggespült ist. Das Wasser hat sich sogar einen Weg durch eine kleine Erdaufschüttung gebahnt, die es vorher umflossen hat, und somit die Flusslandschaft verändert. Wenn diese Entwicklung so rasant weitergeht, könnte die *uma* in wenigen Jahren zusammenbrechen. Ohnehin muss alle zehn oder fünfzehn Jahre eine neue gebaut werden, weil das Holz fault.

Übermorgen wollen wir nach Attabai und Butui aufbrechen und dann weiter nach Tatteburuk, wo am 8. Oktober das große *puljadjat* stattfinden soll. Die Sakuddei sind bereit, uns als Träger zur nächsten Etappe zu begleiten. Gestern Abend hat Patrice den Tarif mit ihnen und auch mit Buhat und seinen Söhnen ausgehandelt. Den ersten Teil der Reise werden wir auf einem Speed Boat zurücklegen, der Fußmarsch beginnt an dem Hügel, der zu überqueren ist, um nach Attabai zu gelangen. Es gibt zwar einen anderen Flussarm, der uns weiter geführt hätte, aber davon wollen sie nichts hören. Er verläuft durch eine tiefe Schlucht zwischen hohen Felsen und ist während der Regenzeit gefährlich. »Bauhelm« hätte dort beinahe einmal das Zeitliche gesegnet. Er hat sein Boot mit dem gesamten Inhalt verloren und konnte sich nur mit knapper Not schwimmend retten.

Doch heute Abend ist alles anders, die Stimmung ist angespannt. Buhats Söhne halten sich nicht an die Abmachungen und verlangen mehr Geld als vereinbart. Dabei hat alles gut angefangen. Wir saßen auf der Veranda, Männer, Frauen, Kinder, wir haben ihnen gezeigt, wie wir ein Huhn zubereiten, und es hat ihnen geschmeckt. Sie haben uns gesagt, dass ihnen unsere Methode lieber sei als die ihre, dann haben wir uns im Armdrücken gemessen.

Ich habe Buhats ältesten Sohn geschlagen, dann hat Jagao mich geschlagen. Franceschi hat ein Desaster in den Reihen der Sakuddei angerichtet. Gelächter, Kommentare, Gespött. Doch als wir von der Abreise sprechen, schlägt die Stimmung plötzlich um.

Das wollen wir unter keinen Umständen hinnehmen. Wir sehen wohl, dass sie ihr Glück versuchen: Patrice hat recht großzügige Tarife angeboten, und sie sagen sich, dass sie vielleicht noch mehr herausschlagen können. Das Problem ist, wenn man einmal die Schwäche hat nachzugeben, wiederholen sich solche Dinge ständig. Man muss durchhalten, um respektiert zu werden.

»Wenn ich eine Verpflichtung eingehe, halte ich mich auch daran. Ein Wort ist ein Wort«, erklärt Patrice, »das muss für euch genauso gelten. Ihr könnt nicht heute etwas sagen und morgen das Gegenteil.«

»Wir müssen viel laufen, über die Berge, der Weg ist weit, das ist teuer …«, sagt einer.

»Das wusstet ihr auch gestern schon.«

Buhat sagt nichts, aber es sieht so aus, als hätte er seine Söhne aufgewiegelt, während er sich selbst aus der Diskussion heraushält.

»Wenn wir ankommen, werdet ihr uns nicht das bezahlen, was ihr versprochen habt«, ruft plötzlich einer.

»Für wen haltet ihr uns?«

Ich sollte mich nicht aufregen, aber die Tatsache, dass man uns für unehrlich hält, bringt mich auf. Ich sehe, dass Patrice nicht nachgeben wird. Den Sakuddei ist die Haltung ihrer Verwandten peinlich, aber sie sagen nichts. »Bauhelm« auch nicht, aber wir befürchten, dass er sich von den anderen aufstacheln lässt, wenn sie wieder im Dorf sind. Der Abend endet mit einem Status quo. Sie haben den ganzen nächsten Tag um nachzudenken.

Freitag, 1. Oktober

Keine Neuigkeiten aus dem Dorf.

Die Sakuddei sind zu ihrer Sagopalmenpflanzung gegangen. Sie wollen vorarbeiten.

Eine Möglichkeit wäre, Träger aus Saggulubek zu holen. Aber wir haben uns für eine andere entschieden. Da wir das erste Dorf, wo wir Träger finden, in einem Tagesmarsch erreichen können, werden Patrice und ich jeder zwei Säcke nehmen.

Der plötzlich gesunkene Pegelstand des Flusses ist beeindruckend, fast beunruhigend. Der Strand neben unseren Hängematten war noch nie so breit, und das Wasser hat wirklich wenig Tiefe. Keine idealen Bedingungen, für die Reise mit einem überladenen Speed Boat.

Wir verbringen den Vormittag mit einem Wettbewerb im Steinchenwerfen.

Die *uma* ist leer, wir warten darauf, aufbrechen zu können, ohne wirklich sicher zu sein, wie es weitergeht. Das Wetter ist so mild und die Zeit fließt so langsam dahin, dass man sich in einer russischen *isba* mitten im Sommer wähnen könnte… Am späten Nachmittag fahren Arne und June mit einem Einbaum ins Dorf. Sie kommen mit guten Nachrichten zurück: »Bauhelm« kommt morgen früh um fünf Uhr. Auf die anderen Träger werden wir verzichten.

»Ich würde am liebsten noch hier bleiben«, meint Patrice bedauernd.

Er ist nicht der Einzige. Zwischen den Sakuddei und uns haben sich nach langer Zeit der Annäherung Bande der Freundschaft entwickelt. Deshalb ergreift uns heimliche Wehmut bei dem Gedanken, Abschied zu nehmen.

»Wir müssten sie auf die *La Boudeuse* einladen«, fährt er fort. »Sie haben uns immerhin ihre Welt offenbart, jetzt ist es an uns, ihnen die unsere zu zeigen.«

»Wir könnten uns an einem bestimmten Tag verabreden und mit dem Schlauchboot zurückkommen, um sie abzuholen.«, meint Martial. »Dann hätten wir Zeit und könnten bis zum Fest von Tatteburuk den Rest erledigen. Wir würden in Muarasiberut einschiffen und sie vor der Küste an Bord nehmen.«

Letztlich wird es viel weniger kompliziert. Am nächsten Morgen warten wir nämlich vergebens auf »Bauhelm«. Unsere Befürchtungen haben sich bewahrheitet. Er hat sich nicht von seinen Verwandten distanzieren wollen oder können, indem er uns begleitet, während sie auf ihrem Standpunkt beharren. Als wir ihn nicht zur vereinbarten Zeit sehen, gehen wir ihn holen. Er hat ganz offensichtlich ein schlechtes Gewissen, versucht sich zu rechtfertigen und schimpft, er habe heute schrecklich viel zu tun … Raiba ist verärgert über diese Programmänderung. Er hat verschiedene Dinge abgesagt und ist ungehalten darüber, seine Zeit so zu vergeuden. Sein Missmut ist offenkundig, und er fängt an, uns für die Panne verantwortlich zu machen. Wir stellen die Lage schnell klar: Wir haben nichts damit zu schaffen! Es ist nicht schwer, ihn zu überzeugen, aber jetzt muss eine Lösung gefunden werden. Was ist zu tun?

»So wie die Dinge stehen, könnten wir höchstens zwei Tage in Attabai und Butui bleiben«, sage ich. »Das bringt uns nicht viel, zumal wir wissen, dass diese Orte weniger interessant sind als der, wo wir uns jetzt befinden. Außerdem hätten wir gar nicht die Zeit, so intensive Kontakte wie mit den Sakuddei zu knüpfen.«

»Das stimmt«, pflichtet Franceschi mir bei. »Also lasst uns lieber hier einen gelungenen Abschluss finden. Ich rufe auf dem Schiff an, es soll in zwei Tagen in Saggulubek sein, und wir fahren mit den Sakuddei den Fluss herunter.«

Der Vorschlag dürfte ihnen gefallen. Sie haben uns immer wieder nach der Dschunke ausgefragt, und ich freue mich schon auf ihre Reaktion, wenn sie erfahren, dass wir ihnen die *La Boudeuse* zeigen wollen.

»Außerdem wäre das großartig für den Film«, begeistert sich Dominique. »Wenn wir sie nach allem, was wir schon über ihr Leben gedreht haben, auch noch am Strand und auf der Dschunke filmen, wird das ein Knüller! Ganz zu schweigen von der Begegnung mit der restlichen Mannschaft…«

Wir sind alle ganz aus dem Häuschen und warten, dass die Sakuddei versammelt sind, um ihnen unseren Plan unterbreiten zu können.

> ### Die Sagozubereitung
>
> Bei den Mentawaiern ist Sago die Nahrungsgrundlage, etwa wie bei uns das Brot. Die Herstellung ist sehr aufwändig, erstreckt sich über mehrere Tage und beschäftigt zunächst die Männer und später auch die Frauen.
>
> Jeder Clan hat seine eigene Sagopalmenpflanzung. Sie besteht aus einer Lichtung, in deren Mitte sich eine Pfahlhütte von zwei mal drei Metern befindet. Am Boden darunter ist ein Einbaum befestigt. Die Sakuddei wählen eine Palme aus und fällen sie. Aus ihr wird Sago gemacht. Das Mark des Stamms wird gerieben, und das so gewonnene Mehl in den *pusuguat* geschüttet. Dabei handelt es sich um ein großes rechteckiges Sieb, das aus einem Holzrahmen und geflochtenem Rohr gefertigt ist. Einer der Männer stampft das Mark mit den Füßen und schüttet dabei Wasser darauf. Die Flüssigkeit läuft durch den Filter des Siebes in den Einbaum, der sie auffängt. Das Mehl, das sich am Boden absetzt, wird dann in großen Kiepen in die *uma* gebracht.
>
> Die Frauen kochen das Mehl in großen Palmenblättern oder Bambusrohren. Warm erinnert der Sago an Röstbrot mit einem leichten Kastaniennachgeschmack. Kalt ist er gummiartig und geschmacksneutral.

Buhat ist aus dem Dorf gekommen. Schwer zu sagen, welche Rolle er bei der Absage seiner Söhne gespielt hat. Seine Haltung uns gegenüber jedenfalls zeigt, dass ihm diese Konfliktsituation ausgesprochen unangenehm ist, und dass er nicht genau weiß, wie er sie in Ordnung bringen soll.

Als wir ihnen unser Vorhaben erklären, sind alle Spannungen wie weggeblasen. Auf der Veranda herrscht plötzlich große Aufregung, die Kinder rennen hin und her, die Frauen schwanken zwischen Stolz und Sorge um ihre Männer und Brüder, die zu einem unbekannten Abenteuer aufbrechen, und einige Sakuddei wollen kneifen, denn sie kennen das Meer nicht; es macht ihnen Angst.

»Aber wie kommen wir auf euer Schiff?«

»Wir haben ein kleines Boot, das euch am Strand abholt«, erklären wir.

»Aber wenn es klein ist, kann es kentern, die Wellen sind hoch...«

»Nein, denn wir kennen den Weg, und wir legen euch Schwimmwesten an.«

Das Gespräch ist lebhaft. Wer kommt mit, wer nicht – jedes Mal dasselbe Zögern. Nur für Raiba ist die Sache klar...

Abends verabreden wir uns telefonisch mit der Mannschaft der *La Boudeuse* für übermorgen, ab zehn Uhr. Buhat opfert ein Huhn:

»Die Zeichen sagen: Wir sind zwei Gruppen: eine an Land – wir; die andere auf dem Meer – ihr. Die Zeichen stehen also gut.«

Sonntag, 3. Oktober

Die letzten Vorbereitungen vor dem Aufbruch.

Die Sakuddei beenden die Arbeit auf ihrer Pflanzung. Bali Kerei behandelt uns mit größter Aufmerksamkeit, sie bringt uns Bananen, Kokosnüsse und *durian*. Wir machen unsere letzten Geschenke, aber wir haben andere bei der Mannschaft bestellt, die wir ihnen auf der Dschunke überreichen werden.

Es ist Nacht geworden um die schützende *uma*, in deren Nähe sich die Geister unter den großen Bäumen aufwärmen. Die Sturmlampe wirft ihr Licht auf die Trophäen und die Holzwand, Gulaeo und sein Sohn stimmen sanfte Weisen an, die Frauen plaudern miteinander. Mit einem leichten Stich im Herzen packen wir unsere Ausrüstung zusammen.

Raiba setzt sich zu Patrice Franceschi und scheint besonderen Wert darauf zu legen, dass June dabei ist, um zu dolmetschen.

»Ich bin heute müde, und morgen früh muss ich in die Sagopflanzung… Ich will jetzt meine Ruhe haben…«

Er wartet die Wirkung seiner Worte ab und bricht in schallendes Gelächter aus.

»Nein, das war nur ein Scherz, keine Sorge, Patrice, wir kommen morgen mit euch. Ihr seid unsere Freunde. Weißt du, wenn eines Tages andere Fremde kommen, werden wir ihnen erzählen, wie es mit euch war, mit Dominique, Arne, Vladimir und dir. Und wir werden ihnen sagen: Sie haben sich den Sakuddei gegenüber gut verhalten. Ihr werft nicht euer Essen fort, wenn ihr satt seid, wie es die aus Padang tun. Ihr seid fröhlich, ihr denkt an uns und fragt uns um Erlaubnis, bevor ihr eure *koddas* macht, ihr liebt den Dschungel… Und jetzt freuen wir uns darauf, euer Schiff zu sehen… Wir werden euch nicht vergessen…«

»Morgen gebe ich dir eines meiner Messer«, sagt Patrice, »und wenn du nächstes Mal einen Affen tötest, denkst du an mich. Ich gebe dir auch die Uhr, die du haben wolltest. Wenn du nachsiehst, wie spät es ist, denkst du an mich. Ich denke an dich, wenn ich mir meine Tätowierung ansehe.«

»Und was soll ich machen, wenn die Uhr stehen bleibt?«

»Dann orientierst du dich wie vorher an der Sonne, das ist besser. Sonst gehst du nach Saggulubek, um zu fragen, wie spät es ist, oder du rufst mich an…«

So geht das Gespräch weiter, dann geht Raiba in die *uma*, um den Schmuck vorzubereiten, den er morgen anlegen will. Die Tatsache, dass er zu uns gekommen ist, um mit uns zu sprechen und uns seine Freundschaft zu bekunden, berührt uns sehr.

Ein Sakuddei bei der Holzarbeit.

»Schade, dass wir die Telefonnummer von Schefold nicht haben, dem Ethnologen, der mit ihnen gelebt hat. Stellt euch nur vor, wir könnten ihn von hier aus anrufen…«

Das hat Dominique gesagt, der trotz des Geistesblitzes, der ihn durchzuckt hat, noch immer unbewegt auf seiner Bank sitzt. Nein, wir haben Reimar Schefolds Telefonnummer nicht, aber June vielleicht?

Wir fragen ihn. Er weiß es nicht genau, blättert fieberhaft in seinem Adressbüchlein. Nein. Aber vielleicht sein Cousin, der ebenfalls Ethnologie in Padang studiert. Wir bauen das Telefon auf der Veranda auf, ohne den Sakuddei zu sagen, was wir vorhaben. Wir wollen keine falschen Hoffnungen wecken. Der Cousin ist nicht zu Hause, aber seine Frau will versuchen, die Nummer im Adressbuch ihres Mannes zu finden. Wir haben sie!

Jetzt wissen die Sakuddei Bescheid, sie schwanken zwischen Freude und Ungläubigkeit.

Franceschi wählt die Nummer, Tausende von Kilometern entfernt in Amsterdam läutet das Telefon. Es ist Sonntag, dort muss es jetzt gegen fünf Uhr nachmittags sein. Vielleicht ist er übers Wochenende weggefahren oder hat das Haus verlassen… Die Sekunden verstreichen unendlich langsam. Dann wird abgehoben, eine Stimme ertönt am anderen Ende der Welt.

»Doktor Schefold?«, fragt Patrice. »Ich habe einen Anruf für Sie.«

Er reicht Raiba den Hörer, der wie immer, den Zigarettenstummel zwischen den Lippen, auf den Fersen hockt. Er hat noch nie in seinem Leben telefoniert und weiß nicht, was er mit dem Apparat anfangen soll. Hinter ihm drängt sich der Clan, tätowierte glänzende Körper recken sich, um etwas von dem Gespräch mitzubekommen.

Die Primaten des Mentawai-Archipels

von Christophe Abbeg, promovierter Primatologe an der Universität
Louis Pasteur in Straßburg, Abteilung Primatenforschung

Auf der Insel Siberut, wie auf dem ganzen Sumatra vorgelagerten Mentawai-Archipel, haben alte Affenarten Zuflucht gefunden, die anderswo ausgestorben sind. Vor 500 000 Jahren, während einer besonders strengen Kälteperiode, hat sich ein Teil des Meeresgrundes gehoben und den Arten des Festlands den Weg auf die Inseln ermöglicht.

Seither hat das Meer vier dort verbliebene Primatenarten vor wesentlich lebenskräftigeren Festlandarten geschützt. Im Laufe der Zeit haben Kontinentalverschiebung und Kälteperioden auf die geographische Isolierung der Arten und somit auf die Artenvielfalt eingewirkt.

Die Affen stammen ursprünglich aus Afrika, sie haben sich jedoch in allen tropischen Gebieten der Erde, manchmal auch in nicht-tropischen Regionen, verbreitet und dabei in unzählige Arten aufgespalten.

Wir sind noch weit davon entfernt, das Ergebnis dieser Entwicklung, die auch uns Menschen betrifft, völlig verstanden und beschrieben zu haben. Das Studium unserer Verwandten, der Primaten, die Primatologie also, hat erst vor dreißig Jahren wirklich begonnen.

Ein Jahrhundert zuvor haben Darwin, später dann Wallace, die Grundlage der Evolutionslehre geschaffen. Beide haben sich dabei an Tieren orientiert, die sie während ihrer Forschungsreisen, vor allem auf den Inseln, beobachtet haben. Das ermöglichte ihnen, die Fauna identischen Ursprungs, die seit langer Zeit getrennt ist, zu vergleichen. So bietet die Tatsache, dass sich die Primaten auf den Mentawaiinseln von denen des restlichen Indonesiens unterscheiden, eine außergewöhnliche Gelegenheit, die Faktoren zu verstehen, die auf die Entwicklung der Primaten eingewirkt haben.

»He, Herr Doktor... Hier ist Raiba von den Sakuddei... Ja, ich bin in meinem Haus. Meine Freunde, die mit June gekommen sind, haben ein Telefon. Es bewegt mich sehr, deine Stimme zu hören.«

»Sag ihm, er soll wieder zu uns kommen«, flüstert Bali Kerei.

»Es ist neun Uhr abends hier, es geht uns gut. Wann kommst du wieder? Ich würde dich wirklich gerne wiedersehen… Sie sind aus Frankreich, sie lassen grüßen.«

Man kann sich die Überraschung und Rührung des Ethnologen vorstellen, der sich in seinem Wohnzimmer in Amsterdam in der Sprache der Mentawai mit einem von ihnen unterhält, den er vor dreißig Jahren als Kind kennen gelernt hat.

»Ich gebe dir jetzt Bali Kerei, Buhat ist im Dorf, er kommt morgen. Wenn du wiederkommst, schreibe vorher. Du fehlst uns.«

Jetzt ist Bali Kerei an der Reihe, die Schefold als ihren Bruder betrachtet.

»Hörst du mich? Hörst du mich? Reimar, wenn ich dein Foto sehe, bin ich gerührt, ich erinnere mich an unseren Vater, und ich erinnere mich an dich, das war vor langer Zeit. Schick mir ein Foto von meiner Schwägerin, und kommt uns beide schnell besuchen. Jetzt gebe ich dir Gulaeo.«

Raibas Frau hat feuchte Augen. Die Zuneigung, die sie alle für Schefold hegen, ist beeindruckend.

»Es geht mir gut«, sagt Gulaeo. »Ich höre dich, als würdest du neben mir sitzen. Ich hoffe, es geht allen gut, der Frau, den Kindern. Ich habe jetzt drei Kinder, zwei Mädchen und einen Jungen, es sind deine Enkel.«

Dann reicht er Patrice den Hörer, er unterhält sich kurz mit dem Ethnologen, der sich noch nicht von der Überraschung erholt zu haben scheint. Patrice erklärt ihm, was wir hier tun, und sie verabreden, zu telefonieren, wenn wir wieder in Frankreich sind.

Dominique hat alles gefilmt. Als wir zu unseren Hängematten gehen, haben wir das Gefühl, dass die moderne Technik doch manchmal auch schöne Dinge ermöglicht, wie etwa diesen außergewöhnlichen Augenblick.

Montag, 4. Oktober

Alles ist bereit zum Aufbruch. Wir haben den Biwak abgebaut, Säcke und Kisten zusammengesammelt. Die Sakuddei tragen ihre perlenbestickten Stirnreife und Blumen im Haar. Raiba hat ein tolles T-Shirt mit der Nummer 6 angezogen, wahrscheinlich seine Ausgehkleidung. Er hat Pfeil, Bogen und Köcher bei sich. Die ganze Familie, ausgenommen Kainang, von der wir uns gerade verabschiedet haben, hat sich auf der Terrasse versammelt, um uns auf Wiedersehen zu sagen und den Männern die letzten Ratschläge mit auf den Weg zu geben. Rorok, Buhat und Raiba begleiten uns, Jagao wird im Dorf zusteigen. Seine Frau lebt lieber dort, und er kann nicht so lange in der *uma* bleiben, wie er es gerne möchte. Wir tragen die schwere Ausrüstung über die Treppe und die feuchten Baumstämme. »Bauhelm« ist mit dem Speed Boat da. Die Stunde des Abschieds ist gekommen.

»*Anai leu ita! Basura bagata*!«

Wir schütteln uns die Hände, das Lächeln ist etwas angestrengt.

»Kommt mich bald wieder besuchen, viel Zeit habe ich nicht mehr!«, ruft Bali Kerei uns nach, als das Boot ablegt.

Die große *uma* verschwindet hinter dem schützenden Wald. Die Trophäen, das Feuer in dem dunklen Raum, die langen Tage auf der Veranda, die Scherze, die neugierigen Blicke der Kinder, das Lachen und die Gesänge, der Geist, der an diesem Ort herrscht, der stille Widerstand, frei von Hass und Gewalt, sind schon jetzt eine unauslöschliche Erinnerung geworden.

Letzten Endes kommt Jagao doch nicht mit. Warum? Er scheint Angst zu haben, ausgerechnet er, der stärkste von allen.

Der Weg ist lang und anstrengend. Es ist heiß, das Speed Boat liegt tief im Wasser. Es ist schwer beladen und entsprechend schwierig zu steuern, die Hindernisse im Fluss, dessen Pegel weiter gesunken ist, sind zahlreich. »Bauhelm« ist äußerst konzentriert. Trotz der ein oder zwei Angstmomente, als wir einen Baumstamm streifen oder uns einer Sandbank nähern, macht er seine Sache gut.

In Saggulubek finden wir den Handkarren wieder, der uns schon bei unserer Ankunft gedient hat. Die Sakuddei begrüßen einige Freunde. Doch nichts in der Welt könnte sie dazu bringen, hier zu leben.

Stolz gehen sie durch die Hauptstraße des Dorfes, die Leute beobachten sie respektvoll.

Ich nutze die Gelegenheit und bitte June, in meinem Namen dem Mann mit dem Bürstenhaarschnitt und seiner Frau zu danken.

Als wir zum Strand kommen, sehen wir in der Ferne am Horizont die *La Boudeuse*.

Patrice schaltet sein Telefon ein:

»Patrice an die *La Boudeuse*, wir sind da, ihr könnt uns abholen kommen.«

Das Schlauchboot flitzt zwischen den Wellen hindurch. Unsere Freunde scheinen verunsichert:

»Wie bringen sie es nur fertig, dass sie mit einem so kleinen Boot nicht kentern?«, wundert sich »Bauhelm«.

»Seht euch nur den Bug an, wie eine Schlange«, sagt Raiba.

Einige Minuten später ist Christophe da. Wir helfen ihm, das Schlauchboot an den Strand zu ziehen und stellen ihn den Sakuddei vor. Eine eigenartige Begegnung zwischen dem Urbretonen und diesen Männern aus einer anderen Welt. Übrigens hat Christophe nur einen Wunsch, und der ist, an den nächsten Dschungelexpeditionen teilzunehmen.

Rorok wird immer nervöser. Die beiden anderen können es sich aufgrund ihrer Stellung nicht leisten, ihre Angst zu zeigen. Sie müssen uns ihren Mut beweisen. Wir lassen sie in das Boot steigen und legen ihnen Schwimmwesten an.

»Die behalten wir an, bis wir auf dem Schiff sind…«, sagt Raiba, »und diese Leine da an der Seite, ist die zum Festhalten? Gut, jetzt sind wir in Sicherheit.«

»Du wirst bestimmt seekrank«, spottet Buhat, als er Roroks aufgelöste Miene sieht.

»Garantiert«, gibt der zurück.

»Keine Sorge, es kann nicht kentern, letztlich ist es doch recht groß«, beruhigt ihn Raiba.

»Ich hätte gerne ein solches Boot, darauf hätte ich nie Angst«, sagt Buhat.

Auf die ersten kleinen Wellen folgen die größeren. Wir stabilisieren das Schlauchboot im Wasser, Christophe Kerneau lässt den Motor an, und wir springen ins Boot.

»Achtung, jetzt kommt eine hohe!«, sagt June.

»Oh verflixt!«, ruft Rorok.

Wir passieren das Riff. Keine Gefahr mehr, das Meer ist ruhig.

»Es wundert mich, dass sie sich nicht fürchten«, sagt »Bauhelm«.

»Vielleicht sind sie schon daran gewöhnt…«, entgegnet Raiba. »Im Dschungel ist es dasselbe, auch dort haben sie kein Problem, ebenso wenig wie am Himmel, wo sie mit Flugzeugen fliegen. Musst du dich übergeben, Rorok?«

»Noch nicht.«

Die Fahrt mit dem Schlauchboot zur *La Boudeuse* ist für die Sakuddei kein Vergnügen.

Bleich klammert er sich an Franceschi.

Wir fahren um die Dschunke herum und zeigen ihnen die geschnitzten roten und weißen Drachen. Wir sind richtig stolz darauf, ihnen die *La Boudeuse* zu präsentieren, nachdem sie uns ihre *uma* gezeigt haben. Bonguardo steht an Deck und winkt uns zu. Ich glaube, wir empfinden alle dieselbe Freude, uns wiederzusehen. Wir klettern an Bord und helfen unseren Freunden hinauf.

Auch Ségolène ist da, sichtlich erschöpft. Die letzten vierzehn Tage ist sie ohne Unterbrechung gewandert. Die Suche nach den Pageh-Stumpfnasenaffen, die eher beschaulich verlaufen sollte, hatte sich zum Langstreckenlauf durch die nördlichen Wälder entwickelt. Sie haben keine Affen gesehen und mussten zum vereinbarten Zeitpunkt am anderen Ende der Insel sein, wo die Dschunke auf sie wartete. Olivier Blaise und Christophe Abbeg sind in den Dschungel zurückgekehrt, um ein zweites Mal ihr Glück zu versuchen.

»Wir sind Mentawaier«, stellt sich Buhat der Mannschaft vor.

Das Meer ist fast ruhig, doch das leichte Schaukeln ist schon zu viel für sie. Raiba, »Bauhelm« und Buhat halten durch, doch Rorok erbricht sich nach fünf Minuten über die Reling.

Die anderen sind fasziniert von der Takelage, dem Ruder aus lackiertem Holz, über das sie mit der Hand streichen, und den Segeln, aber nur Buhat und »Bauhelm« haben die nötige Kraft, das Innere zu besichtigen. Beim Anblick der Kabinen sagt der Älteste zu Patrice Franceschi:

»Darum habt ihr also kein Heimweh... Und noch dazu werdet ihr nicht von Moskitos geplagt!«

Als er wieder an Deck kommt, vertraut er Raiba an:

»Es ist, als wäre das ihr Haus.«

»Aber das ist es ja auch!«, gibt sein Neffe zurück.

Wir überreichen ihnen die versprochenen Geschenke. Als Franceschi Raiba sein Messer gibt, schenkt dieser ihm seinen Bogen mit Pfeilen und Köcher:

»Das ist für dich, zur Erinnerung an deine Freunde, die Sakuddei.«

Jetzt müssen wir sie an Land zurückbringen. Es geht ihnen allen ziemlich schlecht. Außerdem haben wir versprochen, dass Ségolène Roroks Zähne und Buhats Rücken behandeln wird. Doch in dem Zustand, in dem sie sind, würden sie keine Untersuchung aushalten.

»Kommt uns bald wieder besuchen...«, sagt Raiba. »Kommt mit euren Frauen und Kindern.«

Buhat, Franceschi, Raiba. Einer der ergreifendsten Augenblicke unserer Expedition. Die Sakuddei wollten die *uma* der Weißen kennen lernen, ihr Haus, von dem sie ihnen im Dschungel erzählt hatten.

»Wir kommen bald wieder«, versichert Patrice. »Jetzt wissen wir, wie das mit unserem Schiff geht.«

Christophe, Dominique, Arne, Ségolène und ich steigen wieder mit den Sakuddei ins Schlauchboot. Rorok hat solche Angst vor den Wellen, dass er sich an meine Schulter klammert und mich bittet, seine Hand zu halten. Am Strand, unter dem Vordach einer Hütte, untersucht Ségolène die Sakuddei. Der Regen, der inzwischen in Strömen fällt, zieht einen grauen Vorhang vor die Landschaft. Arne und Dominique planschen in den Wellen wie große Kinder, die sie ja auch sind, überglücklich, nach der Schwüle des Dschungels in die Frische des Meeres einzutauchen. Dann üben sich Arne und June auf einem schwankenden Einbaum im Wellenreiten.

Roroks Zähne sind in einem üblen Zustand, und Ségolène kann den Schaden nur eindämmen. Wir raten ihnen dringend, einen Zahnarzt in Muarasiberut aufzusuchen.

Bevor sie gehen, bittet mich Raiba, Patrice noch einmal seine Freundschaft und Dankbarkeit zu bekunden.

Als wir schließlich in See stechen, denke ich mehr an »Bauhelm« als an die Sakuddei der großen *uma*. Er gehört zum selben Clan, lebt aber nicht mehr wie seine Vorfahren. Später sehe ich ihn als Kind auf den Fotos in dem Buch von Michel Brent. Er hat sich der Modernität zugewandt. Doch seine Situation ist festgefahren und bietet keine Perspektive. Allein am Strand sieht er das Schlauchboot Kurs auf die *La Boudeuse* nehmen. Lange starrt er auf den Horizont, wendet sich dann nachdenklich ab. Seine Verwandten führen ein anderes Leben. Ihre Welt sind der Dschungel und die Geister. Solange sie weiter frei nach ihren Traditionen leben können, sind sie glücklich.

Er kann nicht mehr zurück. Welche Chancen hat er, etwas

anderes kennen zu lernen als Armut und Langeweile, angesichts der Verheißung eines Fortschritts, an dem er unmöglich teilhaben kann?

Nachdem man ihn mit Versprechungen von seiner einstigen Welt entfernt hat, müsste man ihm die Mittel geben, sie zu verwirklichen.

Man muss diese Ethnien in den Schutz ihrer Umwelt einbeziehen, sie wirklich daran teilhaben lassen. Das ist die Aufgabe, die sich einige internationale Organisationen und Männer wie Reimar Schefold gestellt haben. Über die Studie eines Clans hinaus arbeitet er daran, dass der Übergang in ein neues Jahrhundert einem Stamm, der vergessen auf einer kleinen Insel im Indischen Ozean lebt, nicht zum Schaden gereicht.

Nachwort

In den folgenden zehn Tagen haben wir keine Zeit zum Verschnaufen. Philippe Hurlin ist am Denguefieber erkrankt, das durch Moskitos übertragen wird. Deshalb kann er nicht nach Tatteburuk reisen, um in Erfahrung zu bringen, wie es mit dem *puljadjad* steht, dem Fest, auf dem wir uns alle wiedertreffen sollten. Wenn wir wissen wollen, wann das Fest stattfindet, müssen wir jemand anderen hinschicken.

Franceschi wendet sich an mich und June. Die gesamte Fahrt über, die wir in einem Einbaum zurücklegen, befinde ich mich in einer Art Dämmerzustand, denn seit unserem Aufbruch von Saggulubek quält mich eine Magen-Darm-Grippe.

Wir erfahren, dass das Fest um drei Wochen verschoben wurde, und die Dorfbewohner nicht zu bewegen sind, das ursprüngliche Datum einzuhalten. Ich treffe Intu und Paco wieder. Sie haben mit diesem Clan gelebt und unterhalten ausgezeichnete Beziehungen zu seinen Mitgliedern. Da sie den Kontakt zu Philippe und Ute verloren hatten, haben sie die Zeit genutzt, um sich eingehend mit Riten und Glauben der Mentawaier zu beschäftigen.

Nach dem Abendessen kommen wir auf die Sakuddei zu sprechen, und ich sehe Bewunderung in ihren Gesichtern.

Als wir am nächsten Tag mit einem gemieteten Speed Boat nach Muarasiberut zurückfahren, haben wir einen herzkranken Schamanen mit an Bord, einen kleinen Jungen mit infiziertem Fuß und die Frau des Führers Jonas, die sich vor Fieber kaum auf den Beinen halten kann. Ségolène behandelt sie alle in einem Zimmer im größten Hotel vor Ort, einem Bretterbau direkt am Meer.

Wir haben noch einige Tage Zeit bis zu unserer Abreise nach Padang und dann weiter zu den Andamanen, dem Ziel unserer nächsten Expedition. Wir nutzen sie, um Aman Lau Lau, den »Movie Star«, zu besuchen, von dem wir schon so viel gehört haben. Dasselbe Team wie bei den Sakuddei, plus Ségolène und Kerneau, begibt sich in einem zweitägigen Fußmarsch zu seiner *uma* in Butui. Während eines Interviews erklärt uns der Schamane, dass er sich leidenschaftlich gerne filmen lässt, und dass er sich über alles einen Fernseher wünscht, um sich selber sehen zu können. Als wir bei ihm ankommen, will er sich gerade auf den Weg nach Muarasiberut machen. Er ändert seine Pläne jedoch sofort, als er hört, dass wir ihn suchen, und organisiert ein Programm, ohne dass wir ihn darum gebeten hätten. Wir verbringen zwei Tage bei ihm, er zeigt uns, wie man einen *kabit* macht, und vollführt an einem Abend mit seinem Sohn den Tanz des »Affen und des Vogels«, behandelt Ségolène, die Bauchschmerzen hat, und rät mir, als er sieht, dass es mir immer schlechter geht, fast, einen Arzt aufzusuchen.

Das Team muss weiter nach Attabai. Da ich zu schwach zum Laufen bin, bleibe ich mit Ségolène in der *uma*. Wir werden später nach Muarasiberut zurückkehren.

Nach ihrem eintägigen Fußmarsch mit den Trägern aus Aman Lau Laus Clan, trifft das restliche Team auf eine Schamanenversammlung. Mit Gesängen, Gebeten und Tänzen bis zur Trance, erstreckt sie sich über die ganze Nacht. Am nächsten Tag erfährt Franceschi, dass sich eine Gruppe von Fremden diesem Clan gegenüber schlecht benommen hat. Sie stehen uns also verständlicherweise nicht eben freundlich gegenüber. Bleibt nur die Heimkehr im strömenden, eisigen Regen.

So haben wir neben den Sakuddei auch andere Stämme kennen gelernt, die sich ihre Traditionen bewahrt haben, doch keiner von ihnen hat es mit solcher Entschlossenheit getan.

Auf der *La Boudeuse* treffen wir Olivier Blaise und Christophe Abbeg an, die völlig erschöpft sind. Es ist ihnen immer noch nicht gelungen, die berühmten Affen zu filmen. Ihr Versuch, die Pageh-Stumpfnasenaffen zu beobachten, hat sich als viel schwieriger erwiesen, als alle gedacht hatten. Sie sind tief in den Dschungel vorgedrungen, wo sie eine Woche lang keiner Menschenseele begegnet sind, und nicht selten widersprachen die Angaben auf Kompass und GPS den Orientierungspunkten ihres Führers Naga. Der musste ein Floß aus Bananenblättern bauen und zehn Kilometer den Fluss hinunterfahren, um den Weg wiederzufinden. Kurz darauf lag er mit einer heftigen Malariakrise danieder.

Auf dem Rückweg nach Sikapokna, wo die *La Boudeuse* auf sie wartete, trafen sie dann alle zweihundert Meter auf Affen, jetzt aber hatten sie keine Zeit mehr für ausgiebige Beobachtungen. Immerhin hat Christophe Abegg die gesamte Region erkundet und die Stellen ausfindig gemacht, zu denen es sich lohnt zurückzukehren.

Mittwoch, 13. Oktober

Es ist vier Uhr, und wir wollen auslaufen. Alle sind an Bord.

Jeder erinnert sich an seine Aufgabe beim Ankerlichten, das Schlauchboot wird auf den Bug des Schiffs gehievt, der

Anker kommt aus dem Wasser, der Motor brummt wieder, der Wachdienst wird eingeteilt. Bonguardo hört im Kartenraum den Wetterbericht, legt die Route fest. Kerneau inspiziert die Brücke. Franceschi diskutiert mit Arne und Dominique. June schläft. Aus der Küche dringt Topfgeklapper und der Duft einer köstlichen Suppe.

Die Mangroven verschwinden nach und nach im Grau dieses Spätnachmittags. Wer kennt Siberut, diesen großen Felsen, und die Menschen, die dort leben? Wer weiß schon, dass einige von ihnen glauben, dass alles eine Seele hat?

Die Lichter der *La Boudeuse* schimmern auf der Wasseroberfläche.

Der Ozean und die Sterne erwarten uns wieder. Und andere Abenteuer auf der Suche nach den vergessenen Inseln des Malaiischen Archipels.

Ana leu ita siberut – Guten Tag, Siberut

von *Agni Klintuni Boedhihartono* (Intu),
Ethnologin

Nachdem ich mich mehrere Jahre mit der Kultur und dem traditionellen Wissen der isolierten Stämme Indonesiens beschäftigt habe, ist der Mentawai-Archipel ein wichtiges Ziel für meine ethnographische Forschung geworden.

Siberut, eine der größten Inseln des Archipels, die auch für die Indonesier etwas Geheimnisvolles hat, ist für Ethnologen und Anthropologen aus der ganzen Welt ein besonderer Ort.

Beauftragt vom Pariser *Musée de l'Homme* an der Expedition »Im Geist von Bougainville« teilzunehmen, ist es meine Aufgabe, eine ethnographische und ethno-architektonische Studie über die Häuser der Mentawaier durchzuführen und Gebrauchsgegenstände für das Museum zu sammeln.

Der traditionelle Glaube der Indonesier steht gewöhnlich im Zusammenhang mit der Umgebung der jeweiligen Bevölkerungsgruppe. Einige Ethnien leben im Dschungel, andere in den Bergen, wieder andere am Meer.

Arat sabulungan, der Glaube der Mentawaier, den sie von ihren Vorfahren übernommen haben, ist ein Komplex von Gesetzen und Bräuchen, die ihre Welt regeln. Für die Mentawaier hat jeder Gegenstand und jedes Lebewesen eine Seele. Jede Lebensetappe – Geburt, Eintritt ins Erwachsenenalter, Heirat,

Krankheit, Tod – oder jede spezielle Aktivität wie der Bau eines Einbaums, das Anlegen eines *ladang* (Feld für Plantagen) oder der Fischfang, erfordert ein besonderes Ritual, um dem Ereignis oder der Tätigkeit einen Wert zu geben.

Trotz zahlreicher Übertritte zu westlichen Religionen seit der Ankunft der Missionare auf den Mentawaiinseln, hält die Bevölkerung noch immer an ihrer ursprünglichen Kultur fest. Auf der Insel Siberut haben sich einige Clans dem westlichen Einfluss verweigert und sich tief in den tropischen Dschungel zurückgezogen. Unser Team hat ihr Dorf besucht, und wir haben einige Wochen das tägliche Leben der Mentawaier teilen können.

Auf Siberut gibt es mehrere Typen von Wohnhäusern. Die an der Küste und den Flüssen gelegenen Dörfer sind von der indonesischen Regierung modernisiert worden, weil sie ein Interesse daran hat, die natürlichen Ressourcen dieser Insel zu nutzen. In diesen Dörfern leben mehrere Clans, und jeweils eine Familie wohnt in einem der Häuser, die fast identisch sind. Im Inneren der Insel befinden sich die traditionellen Mentawai-Dörfer. Sie bestehen gewöhnlich aus einer *uma*, einem langgestreckten Haus, um das herum sich sechs bis acht *laplep*, das sind kleine Hütten, gruppieren. In der *uma* wohnt der *rimata* oder *kerei* mit seiner Familie: Jeder Mentawai-Clan hat einen *rimata*, der Hüter der Kultur und geistiger Führer ist, und einen *kerei*, das heißt einen Schamanen oder Heiler. Es kann auch mehrere *kerei* in einem Clan geben. Die *uma* ist ein hölzerner Pfahlbau, von bis zu zwei Metern Höhe. Eine große *uma* erreicht eine Länge von fünfundzwanzig Metern und eine Breite von zwölf Metern. Zu den Ritualen oder anderen besonderen Gelegenheiten versammelt sich der ganze Clan in der *uma*.

Die Mentawaier sind Jäger und Sammler; sie jagen Wildschweine, Hirsche, Affen und Vögel und sammeln Früchte und bestimmte Pflanzen, die als Gemüse dienen. Die Frauen fangen im Fluss oder am Strand Fische und Krabben.

Seit einigen Jahren findet man, bedingt durch die äußeren Einflüsse und die veränderten Lebensumstände der Mentawaier, auch im Inneren der Insel Pflanzungen mit Patschuli, Palmen (Ölgewinnung), Nelken (Gewürz), *gaharu* (zur Gewinnung von Harz) etc. Um ihren Lebensstandard zu verbessern, bauen die Mentawaier diese Pflanzen an und verkaufen die Ernte nach Sumatra oder Java.

Das Hauptnahrungsmittel auf Siberut ist Sagomehl (es wird aus dem Mark einer Palme gewonnen und zu einer Paste verarbeitet), Bananen (es gibt verschiedene Sorten) und *taro*. Die Mentawaier züchten Schweine, Kühe und Hühner, die bei gewissen Ritualen auch als Opfer für die Geister dienen. Nach einem solchen Ritual gehen die Männer gewöhnlich auf die Jagd.

Die Mentawaier gehören zu jenen indonesischen Ethnien, die sich noch tätowieren. Die Motive sind für Männer und Frauen und je nach Region unterschiedlich. Oft schmücken sie Kopf, Arm oder Hüften auch mit Blättern und bunten Blumen. Damit suchen sie den Geistern zu gefallen, um von ihnen akzeptiert zu werden. In ihrem Glauben *arat sabulungan* kommt den Blättern eine Mittlerfunktion zwischen der realen und der übernatürlichen Welt zu.

Für die Mentawaier sind Tätowierungen nicht nur eine Art Kleidung, sondern auch eine visuelle Kunstform. Die Tätowierungen lassen sich nicht auslöschen, wie vielerorts die Kultur. Die Alten versuchen, den Jungen die traditionelle Kultur zu übermitteln. Doch oft gelingt es nicht, sie gegen die unvermeidliche Modernisierung durchzusetzen. Eine grundlegende Studie dieser Kultur und des traditionellen Wissens ist dringend nötig.

Ein geofotografisches Inventar

von *Olivier Archambeau*, Doktor der Geographie
und Dozent an der Universität Paris VIII

Am Kai liegt eine elegante chinesische Dschunke von dreißig Metern Länge. Die *La Boudeuse* und ihr Kapitän Patrice Franceschi heißen die Mitglieder der Expedition willkommen. Sobald er der Mannschaft vorgestellt wurde und sich mit den Örtlichkeiten vertraut gemacht hat, inspiziert der Geograph die Landschaft.

Die *La Boudeuse* liegt westlich der Insel Singapur, an der Einfahrt zur Meerenge von Johor. Einige hundert Meter entfernt, die malaiische Küste, die noch von Mangroven begrünt ist. Als Sir Stanford Raffles an einem schönen Januartag des Jahres 1819 auf der Insel landete, dürfte der Anblick nicht viel anders gewesen sein. 1818 mussten die Engländer Malakka (befestigte Stadt mit Handelskontor einige Kilometer weiter nördlich an der malaiischen Westküste) an die Holländer zurückgeben, und Raffles war von der Königin und den englischen Kaufleuten beauftragt, einen »Ersatz« in der Region zu finden. Die Insel Singapur, vierzig Kilometer lang und zwanzig Kilometer breit, umgeben von vierundfünfzig anderen kleinen Inseln, schien ihm geeignet. Damit traf der Engländer in strategischer Hinsicht eine ausgezeichnete Wahl, da diese in tiefem Wasser gelegene Insel sowohl die Einfahrt zur Meerenge von Malakka als auch die Durchfahrt zum südchinesischen Meer beherrscht. Eine Lage, die der britischen Krone einen bedeutenden Vorsprung – eine Reihe von Handelskontoren, aufgeteilt zwischen Europa, Indien und der chinesischen Küste – einbrachte. Zu jener Zeit lebten einhundertzwanzig Malaien und dreißig Chinesen auf der Insel, heute hat Singapur 3,4 Millionen Einwohner.

Das geofotografische Programm beginnt also im Herzen von »Singha Pura«, der »Löwenstadt«, die an der Mündung des Singapore River liegt. Zu beiden Seiten dieses kleinen Küstenflusses liegen die chinesischen, arabischen und indischen Viertel, Reminiszenzen der englischen Kolonialherrschaft, sowie ein Geschäftszentrum mit eindrucksvollen Wolkenkratzern. Bis in die achtziger Jahre wurde die klassische, äußerst repräsentative Architektur systematisch abgerissen, doch als sich die Regierung von Singapur ihres Irrtums bewusst wurde, startete sie eine breit angelegte Kampagne zur Aufwertung des architektonischen Erbes. Eine neue Haltung, die die Touristen bejubeln und die das Stadtzentrum attraktiver macht. Das chinesische Haus besteht traditionell aus einem Erdgeschoss, in dem sich häufig ein Geschäft befindet, und ein oder zwei von der Familie bewohnten Stockwerken. In den Gassen des alten Singapur, weit entfernt von den Spuren der Globalisierung, bestehen noch die klassischen Handwerksberufe der alten chinesischen Stadt. Straßenfriseure, Gewürzhändler, Fahrradreparateure, Teehäuser und natürlich Garküchen reihen sich unter den Arkaden aneinander. In dieser kosmopolitischen Stadt hat sich die ethnische Zusammensetzung seit den zwanziger Jahren kaum verändert.

Die Chinesen, in der absoluten Überzahl, machen etwa 75 Prozent der Bevölkerung aus, gefolgt von 15 Prozent Malaien und 7 bis 8 Prozent Indern. Die verbleibenden 3 Prozent sind Europäer, Araber und andere Bevölkerungen der Gegend.

Obwohl sich die Chinesen von Singapur als eigenständige ethnische Gruppe verstehen – vor allem, wenn es gegen die Malaien geht -, stammen sie aus verschiedenen chinesischen Provinzen. In dem Inselstaat bleibt die Sprache ein wichtiges Problem, und wenn Malaiisch auch »Landessprache« ist, wird es heute doch von Englisch, Mandarin und Tamil verdrängt.

Das geofotografische Programm führt uns auch ins Zentrum der Insel. Dort wurden zur Sicherung des Regenwalds gegen die Industrialisierung Naturschutzgebiete geschaffen. Doch hier zeigt sich ein wunder Punkt von Singapur: Die Bergreliefs im Zentrum sind in Wasserspeicher umgewandelt worden. Denn die Insel besitzt kein Trinkwasser und ist von der malaiischen Halbinsel abhängig, mit der sie ein Aquädukt verbindet –es sei denn, man würde eine Meerwasseraufbereitungsanlage bauen.

Auch am äußersten Punkt der Insel machen wir einige Aufnahmen. Wie überall um Singapur herum, ringt man auch hier dem Meer neues Land ab, indem man die nächstgelegenen Inseln durch Polder mit dem Festland verbindet. Auf diese Weise entstanden die zweite und dritte Landebahn des internationalen Flughafens von Changi und das Gebiet, auf dem die neue Basis der Kriegsmarine entstehen soll. Es handelt sich um eine bedeutende militärische Infrastruktur, die im Übrigen das Gleichgewicht der komplexen geopolitischen Situation dieser Region zu gefährden droht. Der Souveränitätsstreit um die Spratly- und Paracel-Inseln ist nur der sichtbare Ausdruck des Konflikts, der zwischen den Staaten um das Chinesische Meer schwelt, vor allem, da es hier um bedeutende Bodenschätze geht. Außerdem suchen die Amerikaner seit ihrem Rückzug von den Philippinen verzweifelt nach einem Stützpunkt in der Region.

Nachdem die *La Boudeuse* den Äquator und die Javasee überquert hat, geht sie in Jakarta, dem alten Batavia, vor Anker. Gemeinsam mit dem Bordjournalisten Vladimir de Gmeline mache ich mich an die Erkundung dieser Großstadt, die heute zehn Millionen Einwohner zählt. 1619 haben die Holländer die Stadt in einem Sumpfgebiet errichtet, was zur Folge hatte, dass sie trotz des effizienten Drainagesystems (ein Gitternetz von Kanälen nach dem Vorbild Amsterdams) lange eine Brutstätte von Krankheiten blieb. Jakarta hat sich recht planlos um eine Nord-Süd-Achse herum entwickelt und so gut wie möglich versucht, den unablässigen Strom von Immigranten (75 Prozent der Bewohner stammen aus den ländlichen Regionen von Java oder aus dem Süden Sumatras) aufzunehmen. Wir besteigen ein *bemo*, eine Motorradriksha, die nichts anderes ist als die Weiterentwicklung des *betja*, der ehemaligen Fahrradriksha.

Wir fahren Richtung alter Hafen von Sunda Kelapa, der bereits im 12. Jahrhundert im Königreich Pajajaran ein Etappenziel war. Zunächst handelte es sich um einen Versorgungsstützpunkt für die Portugiesen an der Gewürzstraße. Später, bis zum Ende des 14. Jahrhunderts, wurde der Hafen vor allem von holländischen Schiffen angelaufen. Heute liegt der Industriehafen im Osten, der Fischereihafen im Westen. Aber in Sunda Kelapa wird noch immer das Holz gelöscht, das aus Borneo (indonesisch: Kalimantan) kommt. Im Regionalverkehr findet man vor allem *pinisi*, die leicht an ihrem ausladenden Rumpf und ihrem überhöhten Bug zu erkennen sind. Diese Boote werden von den Bugis, einer Ethnie im Süden von Sulawesi, gebaut. Selbst wenn sie noch ihre Segel tragen, fahren sie heute mit Motor. Sie bleiben eine Woche am Kai liegen, um das Bauholz im Laderaum zu löschen, dann fahren sie mit

Zement und anderen Dingen beladen zurück. Das Entladen ist die Arbeit der *kuli*, der Träger, die pro Tag bezahlt werden. Trotz der zunehmenden Abholzung und der Brände, die 1997 auf Sumatra und Borneo 800 000 Hektar Wald vernichtet haben, bleibt Indonesien einer der weltweit wichtigsten Lieferanten für Bauholz.

Wir fahren mit einer kleinen Barke durch den Hafen und erreichen Glodok. Der auf dem Gelände der ehemaligen holländischen Handelsmetropole entstandene Stadtteil ist völlig verfallen und zum Wohnviertel der Chinesen geworden. Rund um den alten, versandeten Hafen stehen Wellblechhütten und Elendsquartiere. Stege verbinden die Pfahlbauten, in denen Handel getrieben wird, solange sie noch stehen. Viele kleine Inseln haben ihre Eigenheiten beibehalten, und die Namen finden sich in der örtlichen Toponymik wieder: Besar Ryumput, der Kräutermarkt; Besar Minggu, der Sonntagsmarkt. Nach wenigen Minuten Fußmarsch durch unbeschreiblichen Dreck gelangen wir nach Kota, dem ehemaligen holländischen Verwaltungsviertel. Von einigen restaurierten Gebäuden abgesehen, hat sich auch dieser Teil in ein Elendsviertel verwandelt. Bleibt uns die »Besichtigung« des arabischen Viertels Krukut und der unzähligen *kamung*, erbärmliche Armenviertel, die von den Immigranten errichtet wurden. In diesen Vierteln, wo jede Familie ihre Hütte oder ihr Haus ihren finanziellen Mitteln entsprechend baut, sind alle architektonischen »Stilrichtungen« vertreten: Mauer- und Ziegelsteine, sowie Wellblech und Palmenblätter, die als Dach dienen. Mit reichlicher Fotoausbeute kehren wir zur *La Boudeuse* zurück, die zum Auslaufen bereit ist.

Nachdem wir die Sundastraße passiert haben, geht die Forschungsreise auf den nordöstlich, gegenüber von Padang, gelegenen Mentawaiinseln weiter. Nach einer Nachtfahrt erreichen wir die Nordküste der Insel Siberut mit der Hauptstadt Muarasiberut, ein winziges Dorf und ein Hafen, der aufgrund seiner geographischen Lage prädestiniert war, zur Anlaufstelle für Besucher dieser Insel zu werden. Während das eine Team zu den Sakuddei aufbricht, nimmt die *La Boudeuse* Kurs auf den nordwestlichen Zipfel der Insel und ankert in einer kleinen Bucht in der Nähe des Dorfes Pokai. Es unterscheidet sich sehr von Muarasiberut und ist ein perfektes Beispiel für die Dörfer, die die indonesische Regierung im Rahmen der Siedlungspolitik in aller Eile aus dem Boden gestampft hat. Indonesien zählt zwar 200 Millionen Einwohner, doch die Bevölkerung ist sehr ungleichmäßig über die 15 000 Inseln verteilt, die das Staatsgebiet ausmachen, das dreieinhalb Mal so groß ist wie Frankreich. Auf den Inseln Java und Bali (7 Prozent der Landesfläche) leben 62 Prozent der Bevölkerung. Dieses Phänomen erklärt sich teilweise durch den äußerst fruchtbaren Boden, den man hier (an den Vulkanhängen) findet. Nach dem Vorbild der »Kolonisatie«, eine von den Holländern eingeführte Politik der Agrarkolonisierung, die ihren Höhepunkt in den dreißiger Jahren erreichte, versuchen die wechselnden Regierungen mehr oder weniger erfolgreich durch Umsiedlungen die Bevölkerungsgeographie zugunsten der fast unbewohnten Landesteile auszugleichen. Hauptziel sind Sumatra, Kalimantan (auf der Insel Borneo), der Sulawesi-Archipel, Irian Jaya und die kleinen Inseln in der Sundastraße. Das Erste, was auffällt, wenn man am Strand von Pokai ankommt, ist, dass man das Dorf nicht sieht, denn es liegt im Dschungel. Die Häuser, alle nach demselben Schema aus Holz gebaut, sind jeweils für eine ganze Familie gedacht. Sie sind gleichmäßig entlang drei »Hauptstraßen« verteilt. Doch von den gut hundert Häusern steht ein großer Teil leer.

Sind die Siedler in die großen Städte zurückgekehrt, weil sie das Leben hier nicht ausgehalten haben? War der politische Plan zu ehrgeizig? Weigern sich die Einheimischen, in diesen Häusern zu leben, die für sie in etwa denselben Charme besitzen wie die Sozialwohnungen aus unverputztem Beton in den besten Jahren der UdSSR? Es gibt viele Gründe für das Scheitern der Siedlungspolitik.

Um den Kontakt nach außen zu sichern, wurde einen Kilometer vom Dorf entfernt, an einer Stelle, wo die Mangroven, die die Küsten der Insel schützen, einen Durchlass mit genügend Tiefe boten, ein kleiner Hafen angelegt. Weil es hier an harten Materialien fehlt, wurde er aus Koralle und eingeführtem Beton gebaut. Natürlich sind Autos hier unbekannt, es gibt nur zwei oder drei kleine Motorräder, auf denen Waren und alte Leute befördert werden.

Noch ungewöhnlicher ist es, dass dieses Dorf keine Geschäfte besitzt, die dieses Namens würdig wären (ausgenommen vielleicht die Bar, die auch Lebensmittelgeschäft, Apotheke, Restaurant und Versammlungsraum ist), dafür aber mehrere konfessionelle Schulen und Kirchen. Die protestantische Kirche liegt am Meer, die Moschee mitten im Dorf und am Waldrand gibt es einen kleinen buddhistischen Tempel. Sie sollen eine Bevölkerung anziehen, in deren Glauben sich monotheistische Religionen und Schamanismus nicht selten vermischen.

Auf der Südseite der Insel liegt das Dorf Sikapokna, das man nur auf einem Einbaum über einen winzigen Küstenfluss erreicht.

Neben besagten Pfahlbauten (die Häuser sind identisch mit denen des vorigen Dorfes) entdecken wir hier eine katholische Mission, die eine Schule, einen Gemüsegarten und eine winzige Krankenstation (etwa so groß wie ein Krankenwagen, nur weniger gut ausgestattet) umfasst, ebenso wie eine hübsche grüne Kirche, die vollständig mit dem Dschungel verschmelzen würde, überragte sie nicht ein gigantisches, viel zu großes Kreuz. Das Bild erinnert unweigerlich an die afrikanischen Kolonien der dreißiger Jahre.

Auch wenn man die ökonomischen Anstrengungen und die Ansiedlung neuer Ethnien in dieser Gegend nicht wirklich als Erfolg bezeichnen kann, ist doch eines sicher: Die Entfaltung der Seele steht hier im Mittelpunkt.

Ziele des geographischen Programms

»Eine bildliche Darstellung der gesamten bis heute bekannten Welt und ihrer verschiedenen Phänomene«, diese Definition gab Ptolemäus im 2. Jahrhundert vor Christus von der Geographie. An Bord der *La Boudeuse*, die im Geist von Bougainville segelt, verfolgt unser Forschungsprogramm das Ziel, ein geofotografisches Inventar der Gegenden zu erstellen, die Patrice Franceschi mit seinem Schiff »erkundet«.

Es soll der Société de Géographie, den Forschungslabors des C.N.R.S. PRODIGE und der geographischen Fakultät der Universität Paris VIII – unterstützt durch Satellitenbilder der Société Spot Image – visuelle Dokumente liefern, die Grundlage für das Verständnis dieser Gegend und ihrer Entwicklung sind. Während der ganzen Reise schaffen wir einen umfangreichen Fundus an geographischen Aufnahmen in unterschiedlichen Bereichen. Er wird lokalisiert (GPS-System) und mit Erklärungen versehen. Mit Hilfe dieses Inventars können wir beispielsweise inoffizielle Elemente der Ökonomie, Formen unkontrollierter Verstädterung und das Ausmaß der ökologischen und menschlichen Katastrophen belegen, die – vor allem in Indonesien – mit der Abholzung der Wälder einhergeht. Damit erfüllen wir die Verpflichtung, Landschaften und menschliche Lebensformen festzuhalten, die unserer Disziplin zugrunde liegt.

Das geofotografische Programm wird von folgenden Institutionen unterstützt:
– Universität Paris VIII (Fakultät Geographie)
– Forschungslabor des C.N.R.S. (UNR 183) PRODIG. Der Pôle de Recherche pour l'Organisation et la Diffusion de l'Information Géographique arbeitet mit den Forschern der Universitäten Paris I, Paris IV, Paris VII und der Ecole Pratique des Hautes Etudes zusammen.
– Société de Géographie
– Société des Explorateurs Français
– Société Spot Images
– Les Expéditions géographiques françaises

ZWEITER TEIL

Borneo: Das Geheimnis des Sungai Bai

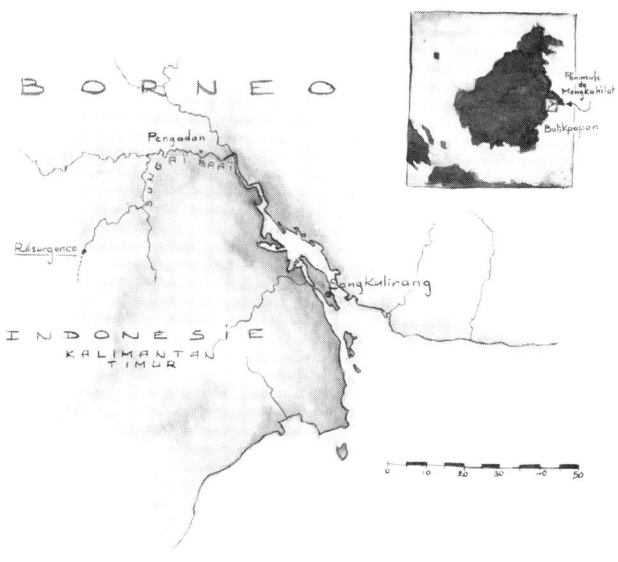

Die Borneo-Expedition

von *Patrice Franceschi*

Für diese Expedition der *La Boudeuse* beschließen wir, uns auf eine Herausforderung besonderer Art einzulassen – die der Erkundung des mysteriösen Flusses Sungai Bai. Irgendwo im Westen der Halbinsel Mangkalihat auf Borneo verschwindet dieser Fluss plötzlich in einem gewaltigen, von dichtem Dschungel überzogenen Bergmassiv, um etwa zwanzig Kilometer weiter wieder aufzutauchen. Niemand kennt seinen genauen unterirdischen Verlauf. Bekannt ist lediglich, dass diese Berge wie natürliche Festungen sind und dass der Sungai Bai sich darin in einem unentwirrbaren Labyrinth von Wasserarmen und Höhlen verlieren muss. Eine zweifellos außergewöhnliche, isolierte und unbekannte Welt. Genau das, was mir für die speläologische Komponente unseres Unternehmens vorschwebt, denn die Höhlenkunde ist eines der letzten großen Forschungsgebiete. Hier gibt es, wie etwa früher bei der historischen Forschung, noch vieles zu entdecken. Nur die Unterwasserforschung bietet noch Vergleichbares. Daher ihre Bedeutung.

1997 macht mich der Speläologe Luc-Henri Fage auf den Sungai Bai aufmerksam. Der große Borneo-Experte Fage, der Borneo seit Jahren vermisst, hat ihn wenige Jahre zuvor auf einer seiner Expeditionen entdeckt. Er hatte damals keine Zeit, seine unterirdischen Verzweigungen genauer zu erkunden, war sich aber ihrer enormen Ausmaße bewusst. Ich schlage ihm vor, sich der Besatzung der *La Boudeuse* anzuschließen und die Unternehmung zu leiten, und so machen wir uns Anfang 1998 an die Planung des Projektes. Wir wollten den Sungai Bai so weit wie möglich mit dem Schiff hinauffahren und dann zu Fuß den unterirdischen Teil des Flusses erforschen.

Da Fage mit anderen Vorhaben zu tun hat, kann er letztlich doch nicht an unserem Projekt teilnehmen. Daher macht er mich mit Georges Robert bekannt, der an seine Stelle treten soll. Robert war einer der allerersten französischen Speläologen gewesen, die sich für den Sungai Bai interessierten. Er hatte dort bereits mehrere Expeditionen geleitet, dabei aber nur den zentralen Teil des Flusses erkunden können, sowie die Stelle seines Verschwindens und Wiederaustretens. Er ist begeistert, sich uns anschließen zu können. Es ist jedoch Frank Tessier, dem ich die Verantwortung für unser Speläologen-Team anvertraue. Der Professor an der Universität von Nizza besitzt die notwendige Erfahrung, Kompetenz, Kaltblütigkeit und Vielseitigkeit.

Im Februar 2000, nach Abschluss unserer Natur-Expedition auf den Philippinen, sind wir an Ort und Stelle.

Jetzt wird es ernst mit uns und dem Sungai Bai.

Samstag, 12. Februar – Borneo

Undurchdringlich. Die dichte Vegetation am Ufer bildet eine grüne Mauer, die den Zugang zur Halbinsel Mangkalihat verhindert. Eine Woche fahren wir jetzt schon an der Ostküste Borneos entlang, und noch immer drängt sich uns dieses Gefühl von einer stillen, verborgenen Natur auf, die sich unseren Blicken entzieht und uns ihre Geheimnisse nicht preisgeben möchte.

Auf der Suche nach der Mündung des Menubar, der sein schlammiges Wasser in die Celebessee ergießt, bewegt sich die *La Boudeuse* im Licht des erwachenden Tages langsam voran. Um acht Uhr brennt die Sonne schon mit all der Kraft, die sie in diesen Breiten entwickelt, erhitzt den schwarzen Rumpf mit den roten Drachen so sehr, dass er glühend heiß wird. Die Augen zusammengekniffen, suchen wir den Saum von Mangroven ab, der beharrlich jede Öffnung kaschiert. Tote Äste und Baumstämme treiben immer zahlreicher im Wasser und deuten auf die Nähe des Flusses hin. Der Ausguck kündigt dem Steuermann die Hindernisse an, kann aber nicht verhindern, dass hin und wieder eines mit einem kurzen, dumpfen Laut gegen den Rumpf knallt.

Endlich kommt die ersehnte Öffnung in Sicht, zu ihrer Rechten ein paar armselige Häuser. Die *La Boudeuse* dreht bei.

Bevor das Schiff in den Menubar einfährt, muss ein Erkundungsteam mit dem Beiboot ausgeschickt werden. Patrice Franceschi, unser Kapitän, und Christophe Kerneau, der Erste Offizier, wollen diese Aufgabe selbst übernehmen. Wir wissen nicht, was uns erwartet in diesem wenig bekannten Gebiet, das man nur auf dem Wasserweg erreicht. Eine alte Seekarte lässt vermuten, dass die Schifffahrt auf dem Menubar kein reines Vergnügen sein wird. Ich war vor kurzem in Balikpapan, der Hauptstadt der Provinz, in Begleitung des slowenischen Fotografen Arne Hodalic, der zum Stammteam der Forschungsreise »Im Geist von Bougainville« gehört. Wenige Monate zuvor haben wir zusammen mit Franceschi und Dominique Martial, dem Kameramann der letzten Expedition, auf den Mentawaiinseln beim Clan der Sakuddei gelebt. Eine außergewöhnliche Erfahrung, die uns einander näher gebracht hat. Diesmal wollen wir die Höhlen ergründen. Unser Forschungsgebiet: der Fluss Sungai Bai.

»Das ist sehr gefährlich... Ein unterirdischer Fluss in den Tropen flößt mir nicht gerade Vertrauen ein«, hat Arne mir in Paris gestanden. »Der Wasserpegel kann blitzschnell steigen, und dann sitzen wir fest wie die Ratten. Ich weiß nicht recht...«

Seit einem Jahr schon höre ich von diesem Fluss – und träume von ihm. Das gewaltige unterirdische Netz des Sungai Bai wurde Anfang der achtziger Jahre von einer französischen Speläologen-Gruppe entdeckt, darunter Georges Robert, der heute zum Team gehört. Der Fluss verliert sich in den Bergen, die das Tal beherrschen, bevor er zwanzig Kilometer weiter im Dschungel wieder zutage tritt. Dazwischen liegt ein Labyrinth. Mehrere französische und englische Expeditionen haben seither stattgefunden. Dank ihrer konnte zwar ein Teil des

Netzes, vor allem im Ein- und Austrittsbereich, topographisch dargestellt werden, der Hauptteil aber bleibt noch zu erforschen. Luc-Henry Fage, ein international anerkannter Speläologe und Kollege von Georges Robert, hat sogar Höhlen mit Felszeichnungen entdeckt. Es ist sehr schwierig, dort unten eine Expedition durchzuführen. Der Zugang zu den Forschungszonen und ein ausreichend langer Aufenthalt darin, erfordern eine ausgefeilte Organisation und Logistik. Die *La Boudeuse* ist unser Trumpf. Mit ihr können wir flussaufwärts, so nah wie möglich an die Karstquelle heranfahren. Die Mannschaften verfügen auf diese Weise in der Nähe der Höhlen über eine ideale Versorgungsbasis. Das ist der Plan für diese Expedition.

Das Speläologen-Team ist zehn Tage vor unserer Ankunft in Balikpapan eingetroffen. So konnte Georges Robert bereits das Terrain erkunden. Er wurde begleitet von Franck Tessier, Professor an der Universität von Nizza, und zwei seiner Studenten, Jean-Baptiste Callais und Niels Dessenant, sowie dem Kameramann Guy Meauxonne – alle sind versierte Speläologen. Anhand der Informationen, die sie für uns zusammengetragen haben, werden wir einen präzisen Plan aufstellen können.

Als die *La Boudeuse* an einem grauen regnerischen Morgen den Treffpunkt erreicht, haben sich die Dinge entscheidend geändert.

Sangkulirang ist ein großer Fischerhafen an der Mündung des Sungai Bai. Abgebrannte Häuser oder das, was von ihnen übrig geblieben ist, säumen den Pier. Nur verkohlte Pfosten – ehemals die Fundamente – ragen noch aus dem Schlamm. Schwer zu sagen, ob es sich hier um eine der zahlreichen Folgen des El Niño handelt oder aber um interethnische oder religiöse Auseinandersetzungen zwischen Moslems und Christen. Man sagt mir, dies seien die Häuser der chinesischen Kaufleute gewesen, die, wie überall, die Reichsten sind, aber auch die Ersten, die davongejagt werden, wenn die Spannungen zunehmen. Der Markt zeugt von Not und Elend trotz der großen Fische, die auf den Holzständen ausliegen, mehr schlecht als recht geschützt von fragwürdigen Plastikplanen. Eine junge Frau stillt ihr Kind am Rand eines Tümpels mit fauligem Wasser. Ich bin fasziniert von der Schönheit und Anmut dieser Frauen, denen die Armut nichts anhaben kann.

Franceschi und Sylvain Gianini, unser Sicherheitsexperte, sind an Land gegangen, um sich mit dem Erkundungsteam an der Bar des Hotels zu treffen, einem bescheidenen einstöckigen Haus mit abgetretenem Linoleumboden. In drei Sätzen fasst Gianini die wenig erfreuliche Bilanz der Unterredung zusammen. Die finstere Miene von Franceschi lässt mich Schlimmstes ahnen. Für Georges Robert ist der Sungai Bai bereits Schnee von gestern.

»Der nicht erforschte Teil ist letzten Endes weniger wichtig, als ich dachte«, sagt er uns. »Wir haben uns vor eurer Ankunft alles angesehen. So großartig ist das nicht...«

Seine Kollegen wissen nicht, was sie davon halten sollen. Sie sind zum ersten Mal hier und haben keine Vergleichsmöglichkeiten mit vorangegangenen Aufenthalten. Sie wirken so enttäuscht wie wir. Die Aussicht auf eine außergewöhnliche Expedition rückt in weite Ferne.

Darüber hinaus scheint jetzt klar, dass die *La Boudeuse* den Sungai Bai nicht weiter hinauffahren kann. In der Pagode zeigt mir Marc Bonguardo, der Erste Leutnant, der seit der ersten Expedition dabei ist, eine Karte von 1956, die er in Balikpapan aufgetrieben hat. Sie spricht für sich.

»Patrice meint, es könnte hinhauen; aber ich glaube es nicht, und wenn doch, dann wird es riskant«, vertraut er mir an. »Hier ist der Fluss eineinhalb Kilometer breit. Später wird er immer schmaler. Auf jeden Fall verliert er an Tiefe, bevor er sich wirklich verengt. Schau…«

In kleinen schwarzen Ziffern erscheinen die schicksalhaften Maße: zweieinhalb Meter, zwei Meter… Die Dschunke kann nicht passieren. Schwer zu akzeptieren, wo wir doch seit Monaten von einer triumphalen Fahrt à la »Fitzcarraldo« träumen.

Das ist bedauerlich, aber die Frage stellt sich nicht wirklich. Wozu sollen wir uns jetzt auf den Sungai Bai begeben? Der Begriff »Erforschung« hat keinen Sinn mehr.

Trotzdem habe ich instinktiv den Eindruck, dass diese Geschichte hier nicht einfach enden kann. Ich kann nicht recht verstehen, wie ein Höhlensystem, das während mehrerer Expeditionen innerhalb von zwanzig Jahren nicht erforscht werden konnte, nun plötzlich so einfach und innerhalb von so kurzer Zeit wie durch Zauberhand erkundet sein sollte.

Die Stimmung ist eher düster, als die Speläologen an Bord kommen. Georges kenne ich schon, ich bin ihm in Paris in der *Société des explorateurs français* begegnet. Tessier habe ich vor knapp einem Jahr nur einmal flüchtig gesehen. Er ist um die Vierzig, groß, schlank, dunkelhaarig, der Typ des durchtrainierten Ausdauersportlers und zugleich Wissenschaftler. Niels und Jean-Baptiste, »J.-B.« genannt, sind uns völlig unbekannt. Die Mannschaft der *La Boudeuse* ist seit Beginn der Forschungsreise ein Team und hat gelernt, gut zusammenzuarbeiten. Jeder kennt die Gewohnheiten und Eigenheiten der anderen, und die Ankunft der Neuen ist immer ein spannender Augenblick, in dem sich Neugier mit einer gewissen

Sorge paart. An Bord gehören alle zur Mannschaft. Es gibt nicht mehrere Gruppen – auf der einen Seite die Seeleute und ständigen Mitarbeiter, wie unsere Ärztin Ségolène Chateau, und auf der anderen Seite die Kameraleute, die Ethnologen, die Taucher, die Männer, die an der Expedition teilnehmen, die Journalisten... Wir haben uns alle in dasselbe Abenteuer gestürzt, streben dasselbe Ziel an, und müssen alle dieselben, manchmal lästigen Aufgaben übernehmen. Den meisten scheint das selbstverständlich, anderen leider nicht.

Bei Niels und J.-B. ergibt sich kein derartiges Problem, im Gegenteil. Jung, begeistert, mehr ans Bergsteigen und Kriechen in Höhlen gewöhnt als ans Stampfen eines dreißig Meter langen Schiffes, passen sie sich doch schnell an.

Der Kameramann Guy Meauxonne begleitet sie. Als alter Hase des Höhlenfilms wird er sich die Arbeit mit Philippe Pothon aufteilen, der mehr auf Unterwasserbilder spezialisiert ist. Die Diskussion ist lebhaft. Kleine Gruppen bilden sich, um die Situation zu kommentieren und den weiteren Verlauf zu besprechen. Außer der Mannschaft sind noch ein Dutzend Jugendliche, von der Stadt Paris geschickt, und vier junge Korsen in Balikpapan an Bord gekommen. Es gibt keinen Platz mehr in den Kabinen; jeder lässt sich nieder, wo es möglich ist – in der Messe oder an Deck –, und bringt sein Gepäck dort unter, wo es am besten geschützt ist.

Schnell wird ein Treffen in der großen Messe organisiert. Franceschi sitzt am Boden, über eine Karte der Region gebeugt. Draußen hat sich der Himmel weiter verdunkelt, und ein tropischer Regen prasselt auf das Deck. Das Summen des Generators erfüllt die feuchte Luft im Raum.

»Also, wie ihr alle wisst, kommt es zu einer kleinen Programmänderung«, verkündet Franceschi. »Die Erkundung hat ergeben, dass ein anderes Terrain vorzuziehen ist. Die Halbinsel Mangkalihat scheint sich anzubieten…«

»Wir sind bis dahin freilich nie vorgedrungen und wissen nicht, ob es dort Höhlen gibt«, fährt Georges rasch fort. »Auf dem Landweg kommen wir nicht dorthin, es gibt keine Straße. Nur einen alten Forstweg, doch wir wissen nicht, wo der aufhört und ob er benutzbar ist. Er soll die Halbinsel von Nord nach Süd durchqueren. Damals wollte ich ihn mit Fage ausprobieren, aber ohne Schiff war es nicht zu machen.«

»Es ist gut möglich, dass wir Höhlen finden«, stimmt Tessier zu. »Die ganze Region besteht aus Karst. Ich sehe keinen Grund, weshalb es auf der Seite des Sungai Höhlen geben soll und dort nicht…«

Franceschi, der sich nie entmutigen lässt und bereit ist, jede Chance beim Schopf zu ergreifen, sieht schließlich große Vorteile bei diesem neuen Projekt:

»Das ist wirklich ein Schritt ins Ungewisse, ins Abenteuer. Diese Gegend ist noch völlig unerforscht, wir haben nicht die geringste Ahnung, was wir dort vorfinden werden. Wir können ebenso gut mit leeren Händen zurückkehren oder die Höhle des Jahrhunderts finden!«

Tessier bedauert dennoch, das Gebiet nicht, wie im Fall des Sungai Bai, vorher mit dem Hubschrauber überflogen zu haben. So hätte man sich vielleicht eine vage Vorstellung davon machen können. Ein Detail auf der Karte weckt seine Aufmerksamkeit.

»Seht ihr diese kleine blaue Linie, die abrupt endet und ein paar Zentimeter weiter wieder einsetzt? Das könnte interessant sein. Vielleicht ist es derselbe Fluss, der da wieder auftaucht, nachdem er unterirdisch weitergeflossen ist.«

Die Vorstellung, sich in der Umgebung dieser plötzlich

Briefing in der großen Messe. Anhand der Informationen des Erkundungsteams legt der Kapitän der *La Boudeuse* den weiteren Verlauf der Expedition fest.

unterbrochenen Linie umzusehen, ist stimulierend. Aus einer Beobachtung wie dieser entwickelte sich die Entdeckung des unterirdischen Flusssystems des Sungai Bai. Es bleibt die Frage, wie wir sie mitten im Dschungel erreichen können…

»Es gibt zwei Möglichkeiten, wie wir die Halbinsel erforschen können, und es sieht übrigens so aus, als müssten wir auf beide zurückgreifen«, sagt Franceschi. »Die Erste besteht darin, dass wir mit der *La Boudeuse,* so weit es geht, den nordwestlich von hier gelegenen Fluss Menubar hinauffahren. Von dem Punkt aus, an dem wir nicht mehr weiterkommen, müssen wir mit dem Schlauchboot fahren, und dabei, sofern möglich, andere Erkundungsgänge auf dem Landweg machen. Wenn wir auf diese Weise nichts erreichen, wenn wir stecken bleiben, können wir immer noch die Halbinsel umschiffen und dann, von Norden her, dasselbe versuchen. In dem Wald wird Holz geschlagen, also muss es Wege geben. Wir brechen morgen früh auf.«

Ich bin unschlüssig. Einerseits erscheint mir das Ganze logisch. Andererseits kann ich nicht einsehen, dass der Sungai Bai bereits alle Geheimnisse enthüllt haben soll. Das erscheint mir absurd, verfrüht, und ich bin sicher, dass wir irgendwie darauf zurückkommen werden.

Samstag, 12. Februar, 17 Uhr

Der Nachmittag geht zu Ende. Franceschi und Kerneau, auf Erkundungsfahrt auf dem Menubar, sind immer noch nicht zurück. Die Hitze und der tiefe Himmel lassen befürchten, dass jeden Augenblick ein Gewitter losgeht. Einige von uns schwimmen. Das Wasser ist trüb, voller Rückstände, die der Fluss mit sich führt. Nach einer Weile fragt mich J.-B. leicht besorgt:

»Glaubst du, es gibt hier Krokos?«

»Durchaus möglich. Die Salzwasser-Krokodile Indonesiens sollen die größten der Welt sein.«

Während ich das sage, wundere ich mich über meinen eigenen Leichtsinn, denn ich weiß genau, dass ich eine ideale Beute wäre, und trotzdem bin ich noch im Wasser. Ich fahre fort:

»Wir sollten lieber wieder an Bord gehen. Wir sind jetzt zwanzig Minuten im Wasser, der Lärm könnte sie anlocken.«

Als unsere Kameraden zurückkommen, bringen sie einen Einheimischen mit, der uns als Lotse auf dem Fluss dienen soll. Wir erfahren, dass wir gut daran getan haben, unser Bad zu beenden. Wir hatten Glück, dass uns nichts passiert ist... Wir

Flussnavigation auf Borneo

Zusätzlich zu den Schwierigkeiten, die mit dieser Navigationsart einhergehen, mussten wir den geographischen Gegebenheiten und den Eigenarten der La Boudeuse Rechnung tragen.

- Bildung einer »Barre« an der Flussmündung, die wegen des Tiefgangs bei Hochwasser überwunden werden muss, was sich bei vielen Flüssen Borneos als problematisch erweist. Die hier üblichen Schiffe haben nur zwei Meter Tiefgang.
- Überall in den Flüssen bilden sich Sand- oder Schlammbänke, vor allem dort, wo die Strömung geringer ist als an der Innenseite von Flussbiegungen. Das erhöht das Risiko aufzulaufen. Daher benötigen wir einen guten Anker und eine Ankerwinde sowie ein Beiboot mit starkem Motor, um uns befreien zu können.
- Die Strömung ist ein wesentliches und permanentes Problem, ob bei unruhigem Wasser oder Hochwasser, beides in Borneo häufig anzutreffen. Die Unterschiede der Wassertiefe zwischen den Trocken- und Regenperioden sowie den Gezeiten sind beachtlich.
- Zahlreiche sichtbare oder überflutete Hindernisse, vor allem Bäume und Astwerk, können die Schraube beschädigen, aber auch die Welle, die Wendevorrichtung, den Rumpf und das Ruder.
- Vorsicht bei geneigten Bäumen am Ufer – ihre Äste können ernsthafte Schäden an der Takelage anrichten.
- Flusswasser, das mit Schlamm, Sand oder Blättern belastet ist, schadet dem Kühlkreislauf des Antriebs, z. B. indem es das Sieb verstopft. Grundsätzlich haben Schiffe, die nur auf Flüssen fahren, ein spezielles Kühlsystem: Der Wärmetauscher des Motors ist an der Außenseite des Unterschiffs angebracht, weshalb kein Flusswasser gepumpt werden muss. Die Filter für sauberes Wasser verschmutzen ebenfalls sehr schnell.
- Das Problem des Schwojens, d. h. des Vor-Anker-Drehens auf einem kleinen Fluss.
- Segeln bei Nacht oder bei Nebel (häufig morgens) sowie bei starkem Regen ist ohne Spezialradar äußerst schwierig.
- Auch Tiere können Probleme bereiten, wie Mücken, die die Mannschaft angreifen, oder Krokodile, die das Schiff behindern.
- Die Feindseligkeit bestimmter Volksgruppen, besonders in Nähe von Holzschlägen, wo der Eindruck entsteht, dass man sich in einer rechtsfreien Zone befindet. Hier herrscht das Gesetz des Stärkeren.

versammeln uns zu einer kurzen Besprechung an Deck. Franceschi ergreift das Wort:

»Wir haben uns bei der Bevölkerung erkundigt. Die Leute hier sprechen von einem Weg quer über die Halbinsel, wissen aber nicht, ob er benutzbar ist. Es ist gut möglich, dass er wieder zugewachsen ist. Es bleibt uns nichts anderes übrig, als uns mit eigenen Augen zu überzeugen.«

Wir warten also auf die Flut am nächsten Morgen, um aufzubrechen.

Sonntag, 13. Februar – Flussmündung des Menubar

Es ist halb sechs Uhr morgens und es wird eben hell an Deck der *La Boudeuse*. Ich wache gleichzeitig mit Arne und Bonguardo auf. Bevor die Dschunke den Anker lichtet, wollen wir fischen gehen – am Horizont, ein paar Meilen weiter südlich, lockt eine kleine Insel im Meer. Gewöhnlich nehmen wir uns nicht die Zeit zum Tauchen und jagen über prächtige Fischgründe hinweg, ohne sie zu sehen. Wir müssen Fristen einhalten, Prioritäten setzen...

Bei der Rückkehr von unserem Morgenausflug bedauern wir, nicht einen Tag mehr Zeit zu haben, um das klare Wasser, das wir dort vorgefunden haben, zu genießen, die Korallen, die bunten Fische und den eindrucksvollen dunkelblauen Saum entlang der Lagune... Arne und ich wissen, dass uns von jetzt an für lange Wochen der Dschungel bevorsteht. Diese Aussicht begeistert meinen Kameraden wenig: So heimisch er sich in Wald und Höhlen auch fühlt, das Leben an Bord ist ihm weitaus lieber. Und so lässt Bonguardo, wenn wir von einer Landexpedition zurückkommen, keine Gelegenheit aus, Arne aufzuziehen, ihm in allen Einzelheiten fantastische

Fischausbeuten zu schildern, die sich natürlich nie wiederholen, und den Armen in tiefe Melancholie zu stürzen.

An Deck herrscht große Aufregung. Eine Gruppe von zehn Männern ist in einem Speed Boat zur Dschunke gekommen, um ihre ungewöhnliche Form und Größe zu bewundern. Einer trägt einen Gibbon auf der Schulter, der ihm entwischt und blitzschnell die Wanten hinaufklettert. Keine Chance, ihn zum Herunterkommen zu bewegen ... Wir werden mit ihm losfahren müssen und hoffen, dass er geneigt ist, zu seinem Herrn zurückzukehren, wenn wir sein Dorf passieren.

Wir sind kaum in der Mündung, als wir schon auf Grund gerieten. Das fängt ja gut an! Bonguardo und ich sind gerade in der Pagode und spüren, wie der Rumpf über den Sand gleitet, bis er festsitzt und sich das Schiff leicht auf die Seite legt. Große Hektik auf dem Achterschiff. Franceschi ist am Ruder und mit Sicherheit nicht willens, sich von der ersten Schwierigkeit entmutigen zu lassen. Übrigens findet die Mehrheit von uns, dass es keine besonders gute Idee ist, den Menubar hinaufzufahren. Unserem Kapitän ist natürlich daran gelegen, uns das Gegenteil zu beweisen. Ich frage mich, ob wir nicht stecken bleiben, bevor wir im Fluss angelangt sind. Wenn das der Fall wäre, müsste unser Erkundungsteam im Dorf an Land gehen und das Unternehmen eigenständig im Speed Boat und zu Fuß abwickeln. Das wäre natürlich weniger reizvoll, für das Schiff jedoch sicher vernünftiger, einfacher, schneller und effizienter. Aber aller Gefahr und gewisser Vorurteile unsererseits zum Trotz meint Franceschi, wir sollten es dennoch versuchen. Und was die praktische Seite angeht, so hat er ein gewichtiges Argument: Wenn es uns gelänge, die *La Boudeuse* möglichst nahe an den Ausgangspunkt des Forschungsunternehmens zu bringen, hätten wir einen erstrangigen Versorgungsstützpunkt.

Winzige Inseln bieten bisweilen eine Atempause. Hier hat man Gelegenheit zu tauchen und Kontakt mit den Einheimischen aufzunehmen, die das große schwarz-rote Schiff bestaunen.

Wir könnten hin- und herpendeln, Material und Proviant holen und uns gegebenenfalls ausruhen. Das Problem ist nur, dass wir diese Möglichkeit nicht nutzen könnten, sollte das Schiff irgendwo mitten im Dschungel auf Grund gehen. Dann stünden wir vor der Schwierigkeit, es von dort wegschleppen zu müssen. Die Aussicht, auf einen Schlepper oder eventuell vorbeikommende Seeleute angewiesen zu sein, will unserem Stolz so gar nicht gefallen. Wir wollen auf keinen Fall, dass diese kühne Fahrt den Menubar hinauf mit diesem Schiff, das die hiesige Bevölkerung so fasziniert, zu einer erbärmlichen Rettungsaktion wird.

Es ist eine Herausforderung. Und Franceschi liebt Herausforderungen, ganz besonders dann, wenn man ihm sagt, er würde scheitern.

Um uns aus dieser misslichen Lage zu befreien, greifen wir auf eine Technik zurück, die uns in den kommenden Wochen immer wieder von großer Hilfe sein wird. Wir lassen das Schlauchboot ins Wasser und bedienen uns seiner, um die *La Boudeuse* mal vorne mal hinten mit voll aufgedrehtem Motor zu schieben. Seine Kraft vervielfacht die Eigenkraft des Schiffsmotors und die durch die Trägheit entstehenden Kräfte des Ruders. Nach zehn Minuten sind wir frei und stoßen in die Mündung des Menubar vor, der nur auf uns zu warten scheint, um ein schwieriges Spiel mit uns zu treiben.

Riesige Palmenhaine erstrecken sich zu beiden Seiten des Flusses. Wir kommen an zwei Dörfern vorbei, dann nur noch an Pfahlhütten auf Wiesen von sehr englischem Grün mit Einfriedungen, in denen sich riesige Büffel tummeln.

Der Fluss wird sehr schnell schmaler. Im Schlauchboot, etwa hundert Meter voraus, loten Arne und Gianini das Fahrwasser und geben uns ihre Resultate per Funk durch. Auf den Vordersteven und in den Fockwanten übernehmen die Ausguckposten die Aufgabe, wenn die Nachricht akustisch nicht zu verstehen ist und das Funkgerät knistert. Im Achterschiff verfolgt die Crew halb bang, halb begeistert, wie die Dschunke sanft das Wasser teilt, auf dem sich die grauen Wolken spiegeln. Stille umgibt uns, nur bisweilen von kreischenden Affen, die in den Bäumen toben, unterbrochen.

Christophe Kerneau steht neben Franceschi. Die Hände auf die Reling gestützt, sieht er ihm unter dem verblichenen Schirm seiner ewig grünen Kappe aufmerksam zu. Manchmal geht er mit seinem unverwechselbaren schwankenden Gang in die Pagode hinunter, um sich zu vergewissern, dass die Werte des Tiefenmessers mit denen übereinstimmen, die die Männer im Schlauchboot melden. Natürlich gibt er sich gelas-

Letzter Moment der Entspannung bevor es mit der *La Boudeuse* in den Dschungel geht.

sen: Er war wie Franceschi damit einverstanden, dieses Wagnis einzugehen.

»Das ist die klassische Flussnavigation; da ist gar nichts Besonderes dabei«, hatte er versichert...

Seine Haltung jedoch zeigt, dass er die Dinge nicht auf die leichte Schulter nimmt. Bonguardo wiederum, der zunächst nicht eben begeistert war, scheint jetzt, da wir die Sache angehen, gewillt zu sein, seine Aufgabe so gut wie möglich zu erledigen. Nach einer Stunde übrigens lässt die Anspannung der Seeleute nach. Die *La Boudeuse* stößt auf kein Hindernis, und der Menubar ist zwar nicht eben breit, wird aber auch nicht schmaler. Nur die besonders engen Flussbiegungen zwingen den Steuermann zu komplizierten Manövern.

Die Sonnenaufgänge in Wolo, einem Dorf am Fluss Menubar, nicht weit von einem Holzschlag entfernt, sind schön, aber die Stimmung ist spannungsgeladen...

Stunden vergehen. Inzwischen brennt die Sonne wieder heiß aufs Deck. Am Nachmittag erreichen wir bei drückender Hitze das Dorf Wolo. Es herrscht dort eine üble Wildwest-Atmosphäre, in der Gauner und Seeleute sich tummeln. Es folgen zwei Tage erfolgloser Kundschaftsgänge und der Nervosität, wie ich sie seit dem Beginn unseres Unternehmens noch nicht erlebt habe.

Ich nehme an keiner der Erkundungen teil, weder auf dem Fluss noch auf dem Landweg. Aus Sicherheitsgründen müssen mehrere von uns auf der *La Boudeuse* bleiben. Den ganzen Tag sind die Seeleute der Schiffe, die sich, jeweils zu mehreren, vertäuen müssen, auf dem Plandeck und schielen den Mädchen nach. Sie zeigen mit den Fingern auf sie, machen schlüpfrige Bemerkungen, kommentieren ihre Vorzüge und lachen albern. Wir sind gezwungen, Polizisten zu spielen und die Leute zur Ordnung zu rufen, die sich gelegentlich, wie durch ein Wunder, an Deck unserer Dschunke befinden. Nachts müssen die Wachen verdoppelt werden. Bis spät abends dröhnt ohrenbetäubend laute Techno-Musik vom Ufer zu uns. Blutjunge Männer mit Gesichtern, die schon vom Alkohol gezeichnet sind, tanzen mit obszönen Bewegungen miteinander, trunken von minderwertigem Bier. Sie werfen aggressive Blicke in unsere Richtung, ziehen nervös an ihren Zigaretten aus Gewürznelken, bevor sie sich mit Pornofilmen, auch die in voller Lautstärke, zu beruhigen suchen... Wir werden Zeugen ungeheurer Frustration, bewirkt durch die Vorschriften des Islam in diesem armseligen Dorf am Ende der Welt, wo der Anblick von ein paar jungen Europäerinnen den Frust auf die Spitze treibt. Auch wenn wir alle Frauen der Crew angewiesen haben, sich möglichst entsprechend den örtlichen Gepflogenheiten zu kleiden, ist die Stimmung nicht weniger abscheulich.

Piraterie

Die Meere, in denen die *La Boudeuse* verkehrt, sind die gefährlichsten der Welt. Die Piraterie gehört zur Geschichte dieser Region und hat sich in den letzten zehn Jahren noch verstärkt. Der dichte Schiffsverkehr, die Gegenwart der Häfen und Handelsplätze wie Singapur und Jakarta, die unzähligen Versteckmöglichkeiten auf den Inseln des indonesischen Archipels machen diese Breiten zu einem bevorzugten Tätigkeitsbereich solcher moderner Freibeuter.

Es gibt drei verschiedene Haupttypen von Seeräuberei:

Die durch Neugier hervorgerufenen bösen Absichten, die junge Leute veranlassen, an Bord zu klettern und einen Teil des Schiffszubehörs zu »stibitzen«.

Die – gelegentliche oder ständige – Piraterie von Fischern, die ihr Einkommen aufbessern wollen.

Und schließlich die organisierte, professionelle Piraterie. Sie wird von gut informierten und bestens ausgerüsteten Banden durchgeführt, die bis an die Zähne bewaffnet sind und nicht zögern, Gewalt anzuwenden. Sie verfügen innerhalb der Häfen über ein ausgeklügeltes Netz, sind auf dem Laufenden, was Verladungen und die Art der Ladung betrifft, und genießen Unterstützung von Armee und Polizei, wenn sich nicht sogar Polizisten selbst in Piraten verwandeln.

Häufig sind es das Geld und die persönlichen Wertgegenstände der Crew, die gestohlen werden, es kommt aber auch vor, dass ganze Schiffsladungen, manchmal mitsamt der Schiffe, geraubt werden.

Allein in den Hoheitsgewässern Indonesiens spielt sich ein Drittel der weltweit registrierten Piraterie ab. Eine der gefährlichsten Zonen ist die Malakkastraße zwischen Malaysia und Nordsumatra. Sie ist die wichtigste Zufahrtsroute nach Singapur. Die Verkehrsdichte zwingt die Schiffe, das Tempo zu drosseln, und macht sie so zu einer leichten Beute.

Eine Woche, bevor die *La Boudeuse* durch die Sundastraße fuhr, wurden uns drei solcher Angriffe gemeldet.

Mehrere Warnungen wurden auch für die Celebessee ausgegeben, bevor die Dschunke schließlich vor der Küste der Halbinsel Mangkalihat angegriffen wurde.

Dieses Phänomen zählt also zu den ständigen Sorgen der Mannschaft der *La Boudeuse*. Sicherheitsvorkehrungen wurden getroffen, um die Risiken zu verringern und die Crew in die Lage zu versetzen, sich im Bedarfsfall zu verteidigen.

Georges, Tessier und Franceschi erkundigen sich beim Leiter einer Schlagstelle nach einem möglichen Landweg. Ergebnis: eine Piste, ein paar Höhlen von wenig Interesse, ein Dschungel, der nach dem großen Brand nachgewachsen ist. Am nächsten Tag werden zwei Teams zusammengestellt. Eines mit Patrice im Schlauchboot, das so weit wie möglich den Fluss hinauffahren soll, das andere mit Tessier, der im Jeep sein Glück auf besagter Piste versucht. Beide scheitern. Patrice kehrt bereits gegen Mittag zurück, nachdem er schon bald auf unpassierbare Stromschnellen gestoßen ist, das zweite Team nach Einbruch der Nacht. Die Bilanz ist nicht gerade glänzend. Die Piste endet bei Kilometer 23, wir aber müssen mindestens vierzig Kilometer weit vordringen. Auch hier ein paar Eingänge, Schwalbennester, nichts Aufregendes. Tessier ist in mehrere Schächte gestiegen, aber nach zehn, zwanzig Metern waren sie versperrt.

Am Abend ist Franceschi mit den Nerven fertig: durch die Erschöpfung, vor allem aber wegen der enormen Verantwortung, die allein auf seinen Schultern lastet. Er hat sich ungeheuer engagiert und muss jetzt einsehen, dass er trotz seines Einsatzes für das Gelingen der Expedition nicht gegen Irrtümer, Unachtsamkeiten und Fehler derjenigen gefeit ist, denen er sein Vertrauen geschenkt hat. Die Leitung eines solchen Unternehmens ist, selbst wenn es positiv verläuft, zu anstrengend, als dass man es mit solchen Unwägbarkeiten belasten dürfte.

Die Nacht ist hereingebrochen. Franceschi schließt sich in seiner Kabine ein und will nicht gestört werden. Tessier, Arne, ein paar andere und ich setzen uns zusammen, um gesondert zu beraten. Wir müssen eine Lösung finden. Tessier, dessen Ruhe und Professionalität Respekt einflößen, ergreift das Wort:

»Es gibt zwei Möglichkeiten. Entweder wir umschiffen die Halbinsel und setzen unsere Forschung von Norden her fort, oder wir kehren auf der Stelle zum Sungai Bai zurück. Auf jeden Fall nutzt es absolut gar nichts hier zu bleiben, da sind wir uns alle einig.«

»Jetzt, da wir angefangen haben, wäre es dumm, nicht weiterzumachen«, sage ich. »Wenn wir eine kleine Mannschaft für drei oder vier Tage dort oben absetzen und sie das Gebiet in alle Richtungen durchkämmen lassen, wissen wir, woran wir sind. Sonst bliebe immer eine Ungewissheit zurück.«

»Mag sein«, meint Arne besorgt. »Aber für unsere Fotos kann das einen Zeitverlust bedeuten, wenn es keine Höhlen gibt. Ich plädiere dafür, sofort auf den Sungai Bai zurückzukehren; dann kann ich wenigstens sicher sein, meine Fotos machen zu können.«

»Es wäre zu blöd, eine Gelegenheit wie diese zu versäumen«, wirft Tessier ein. »In den Norden der Halbinsel kommen wir nur mit der *La Boudeuse*. Entweder finden wir etwas wirklich Tolles, dann hat sich der Umweg gelohnt, oder wir kommen zurück und haben nicht allzu viel Zeit verloren.«

Es ist ohnehin unmöglich, sofort auf den Sungai Bai zurückzukehren. Wir müssen Leute in Balikpapan absetzen, andere abholen. Vor vier Tagen werden wir nicht an Ort und Stelle sein.

»Gut, lasst uns den Vorschlag morgen früh Franceschi unterbreiten«, beschließt Tessier. »Er wird sich inzwischen auch Gedanken gemacht haben…«

Die einen gehen schlafen, die anderen sind zum Wachdienst eingeteilt. Als ich den meinen um zwei Uhr antrete, erfahre ich, dass Georges und Tessier zwei Männer überrascht haben, die gegen Mitternacht unsere beiden Schlauchboote stehlen wollten. Sie hatten sich in ihrem kleinen Einbaum vom anderen Ufer herantreiben lassen und wollten eben die Dschunke entern, als sie entdeckt wurden.

Dienstag, 15. Februar, 7 Uhr – Wolo

Der Tag bricht an, die Nebel lichten sich über dem Menubar. Wir haben mit Franceschi gesprochen. Er ist zum gleichen Ergebnis gekommen wie wir. Wir müssen nach Norden aufbrechen.

Bevor wir ablegen, begleite ich Georges zur Holzfirma, er will den Direktor von unserer Abreise informieren. Es ist noch frisch, und das Schlauchboot gleitet schnell durch das ruhige Wasser, gesäumt von hohen Bäumen, die von den gnadenlosen Sägen noch verschont geblieben sind. Tote Äste, die im Schlamm stecken, ragen hier und da aus dem Wasser und tanzen sanft im Rhythmus der Strömung.

Neben einer Hütte warte ich auf Georges. Holzfäller, die Augen geschwollen vor Müdigkeit, trinken auf der wurmzerfressenen Veranda ihren Kaffee. Mein Kamerad ist hinter gewaltigen am Boden liegenden Stämmen verschwunden, die darauf warten, auf der aufgeweichten Piste zum Meer transportiert zu werden. Ich genieße einen dieser seltenen Augenblicke der Ruhe.

Ich kann es kaum erwarten, in den Dschungel zu kommen, mich in das Abenteuer zu stürzen, das uns auf diese Insel am Ende der Welt gelockt hat. Gianini ist ungeduldig wie ich. Er beginnt sich auf dem Schiff zu langweilen. Er braucht ein Ventil. Wir haben keinen Zweifel daran, dass es sich bald ergeben wird. Gianini ist ein alter Freund, und doch haben wir zum ersten Mal Gelegenheit, gemeinsam an einer Expedition teilzunehmen. Seit unserer ersten Begegnung in einer Schutzhütte in den korsischen Bergen haben sich unsere Wege immer nur gekreuzt. Wir hoffen, dass uns die Aufgabe zufällt, zusammen im Dschungel nach Höhlen zu suchen, die dann die Speläologen erforschen. Ich habe das Glück, mit anerkannten Experten diesen gewaltigen tropischen Urwald kennen zu lernen. Auf unserer ersten Expedition in Siberut hat mich Franceschi mit den Grundelementen des Dschungellebens vertraut gemacht. Das hat er spontan getan, während ich noch zögerte, ihn darum zu bitten. Auch hier gibt es vieles zu entdecken, aber auch vieles zu lernen.

Borneo gilt als eines der schwierigsten Gebiete der Welt… 1988 haben Georges und Luc-Henri Fage die Insel von Ost nach West zu Fuß durchquert. Diese besonders strapaziöse Expedition endete tragisch mit dem Tod eines ihrer Kameraden, Guillaume Arthur du Plessis, der Opfer einer Verbindung von Malaria und Leptospirose wurde. Sie folgten den Spuren des holländischen Forschers A. W. Nieuwenhuis, der 1894 auf einer fünfzehnmonatigen Expedition mit über hundert Trägern als Erster diese Strecke zurückgelegt hatte.

Die *La Boudeuse* wartet nur noch auf uns. Die Fahrt lässt sich schwierig an. Es ist Ebbe und eigentlich noch zu früh für den Aufbruch. Wir riskieren, wenig Tiefe zu haben. Aber wenn wir bessere Bedingungen abwarten würden, stellte sich das Problem in wenigen Stunden stromabwärts erneut. Die Einwohner, ausgenommen natürlich die Kinder, betrachten uns eher gleichgültig. Die Gleichgültigkeit verwandelt sich in Spott, als wir, kaum dass wir gedreht haben, schon festsitzen. Wir stecken in einem Gewirr von unter dem Wasser liegenden, für uns unsichtbaren Baumstämmen und versuchen, eine

Trosse aufs andere Ufer hinter eine Palme zu legen und uns mit Hilfe der Ankerwinde zu befreien. Das erspart uns jedoch nicht, mit aller Kraft zusammen mit Kerneau und Gianini zu ziehen. Doch die Dschunke neigt sich auf die entgegengesetzte Seite, nach Steuerbord. Wir verlagern als Gegengewicht den Großteil der Mannschaft nach Backbord. Vom Ufer her, wo Arne und Bonguardo eben die Trosse anlegen, weisen uns die Einwohner durch Zeichen auf das plötzliche Wiederansteigen des Wassers an einer Stelle hin, die wir später passieren müssen. Haben sich die Dorfbewohner bislang eher über uns mokiert, so zeigen sie sich jetzt aufmerksam. Sie wollen uns helfen. Doch weniger aus Sympathie, wie ich annehme. Sie sind froh, uns von hier verschwinden zu sehen…

Das Manöver scheint zu funktionieren, doch die Trosse ist zu kurz. Sie muss verlängert werden. Kerneau gelingt es, über die Reling zu balancieren und mit einer Hand die erste Trosse an die zweite zu knoten. Sein Einfallsreichtum und sein Geschick verblüffen mich jedes Mal.

Endlich geht es los. Es ist neun Uhr. Um zehn Uhr erneutes Stranden. Eine Biegung, etwas zu großzügig genommen, und das Schiff wird langsamer, steckt schließlich fest und neigt sich gefährlich nach Backbord. Wir sind an solche Situationen langsam gewöhnt, aber diesmal sind wir besonders schlecht dran. Die Ufer sind dicht bewachsen, und es ist schwer, sich festzumachen. Außerdem ist das Schlauchboot wegen der ungünstigen Position der Dschunke kaum manövrierfähig. Während wir uns noch den Kopf zerbrechen, wie wir uns aus der Affäre ziehen können, tauchen Fischer hinter uns auf. Wir lassen sie vorbeifahren. Es wäre etwas peinlich, sie um Hilfe zu bitten, nachdem sie uns kurz zuvor erst haben aufbrechen sehen.

Schon bald aber müssen wir uns den Tatsachen beugen. Wir haben dasselbe Manöver wie zuvor angewandt, also versucht, uns mittels einer Trosse zu befreien. Arne hat sie mit einem gefährlichen akrobatischen Kunststück um einen Baumstamm hinter der Biegung gelegt, aber nichts bewegt sich. Ein anderes Schiff mit Fischern kommt uns entgegen. Wir können ihm eben noch Zeichen geben, das Tempo zu drosseln, um nicht in die Trosse zu geraten. Die Männer erklären sich bereit, uns zu schleppen. Der erste Versuch – von hinten – misslingt. Der zweite – von vorne – ebenfalls. Trotz Georges' intensiver Dolmetschertätigkeit verstehen die Fischer Kerneaus Anweisungen nicht richtig. Mehrere Techniken, mehrere Kombinationen werden erfolglos ausprobiert, und unser Erster Offizier geht schließlich an Bord des indonesischen Schiffes, um den Vorgang zu überwachen. Das Manöver ist riskant, denn da die *La Boudeuse* festliegt und sich der Kraft von außen entgegensetzt, wäre das andere Schiff mehrmals fast dagegengeprallt. Schließlich, nach einer Stunde, sind wir wieder frei. Wir geben der Mannschaft Geld und Zigaretten und nehmen einen von ihnen mit auf unser Schiff. Er wird uns bis zur Mündung führen. Wir haben schon genug Zeit verloren und müssen deshalb Tempo vorlegen.

Ich bin erschöpft. Seit mehreren Tagen bin ich für die Nachtwache von zwei bis fünf Uhr morgens eingeteilt und kann tagsüber nicht gut schlafen. Ich bin nicht der Einzige, dem es so ergeht. Es mag absurd erscheinen, aber ich weiß, dass wir im Dschungel wieder zu Kräften kommen werden. Die Tage sind dort zwar anstrengend, die Nächte dafür umso länger und der Schlaf umso erholsamer.

Dunkelheit senkt sich aufs Meer herab. Wir steuern Batuputi an der Nordküste der Halbinsel Mangkalihat an – ein kleines Dorf, das uns als Basislager dienen soll. Batuputi bedeutet »weißer Kalkstein«. Dieser Hinweis auf die Natur des Felsgesteins ist ein gutes Omen, denn hier ist die Chance am größten, Höhlen zu finden.

Georges schwankt an Deck, er muss sich hinlegen. Er glüht vor Fieber…

Mittwoch, 16. Februar, 11 Uhr – Batuputi

Die Hitze ist schwer zu ertragen. Und wieder ein Holzschlag. Wir sind früh am Morgen auf der Höhe von Batuputi vor Anker gegangen. Das Dorf schmiegt sich in eine Bucht, die, reglos unter der brennenden Sonne, von prächtigen Mangroven gesäumt ist. Das Wasser ist so wunderbar klar, dass man in drei oder vier Metern Tiefe deutlich einen Korallenteppich erkennen kann, der zum Tauchen lockt, für die Dschunke aber höchst gefährlich ist. Wir sind beim Ankern fast aufgelaufen. Also können wir uns mit der *La Boudeuse* nicht weiter der Küste nähern. Anstatt uns direkt ins Dorf zu begeben, suchen wir per Schlauchboot zunächst das Büro der Gesellschaft PT Samarinda auf, wo wir Karten aufzutreiben hoffen. Es befindet sich in einer benachbarten Bucht, drei bis vier Kilometer Luftlinie entfernt. Auch dort gewaltige Baumstämme, die auf den Abtransport warten, Bulldozer und Taljen, die stillstehen, bis die Arbeit bei gemäßigteren Temperaturen wieder aufgenommen wird. Auf dem Weg, der uns zum Büro führt, ist der Schlamm getrocknet und rissig. Zu beiden Seiten schwarze, mit Meerwasser vollgesogene Erde, die mit dichten Büschen bestanden ist.

Der Chef raucht und versucht uns mit wichtiger Miene zu helfen. Wir wissen nicht, ob er versteht, was wir suchen. Dann geht er, steigt in einen Wagen und verschwindet. Eine halbe, eine dreiviertel, eine volle Stunde warten wir. Georges ist nicht in Form. Malaria oder Dengue, Ségolène kann die Art des Fiebers noch nicht genau bestimmen. Ich bewundere ihn, wie er sich trotz seines Zustands auf den Beinen hält. Ich glaube, er weiß, dass wir viel von ihm erwarten. Der Erfolg des Unternehmens hängt fortan wesentlich von seiner Fähigkeit ab, die Verbindung zwischen Team und Einheimischen herzustellen.

Als der Bürochef zurückkommt, breitet er eine große Karte auf seinem Schreibtisch aus. Es ist schwer auszumachen, wie genau sie ist, denn manchmal handelt es sich beim Maßstab 1:25 000 bestenfalls um vergrößerte Kopien von 1:50 000. Doch wie wir bereits festgestellt haben, gibt es tatsächlich einen Fluss, der an einem bestimmten Punkt im Dschungel plötzlich zu enden scheint, um sehr viel weiter unten auf der Halbinsel wieder aufzutauchen. Ist es derselbe? Das ist schwer zu sagen. Das Relief der Region scheint nicht sonderlich bewegt, jedenfalls ist es keine Gegend mit Bergmassiven wie die des Sungai Bai, und ein ruhiges Relief bietet einem Fluss weniger Möglichkeiten für unterirdische Durchgänge. Wir müssen uns vergewissern. Zunächst wollen wir den Bereich um Batuputi durchforsten.

Jetzt müssen wir mit dem Schlauchboot ins Dorf fahren, um ein »Guest House« zu finden, das uns als Basislager dienen kann. Rechts und links von einer breiten Brackwasser-Straße stehen Pfahlbauten, die meisten mit riesigen Parabolantennen bestückt. Hier zählen Fernsehen und Karaoke zu den bevorzugten Freizeitbeschäftigungen. Man nennt uns ein kleines Hotel, gute zwanzig Minuten Fußmarsch entfernt, am Waldrand gelegen. Die Besitzer sind erfreut, für ein paar Tage Europäer beherbergen zu dürfen. Hier übernachten sonst nur Holzfäller und durchreisende Vertreter. Das Haus ist eingeschossig, hat zehn Zimmer, eine breite Veranda und ein großes Esszimmer. Im Gespräch mit unserem Wirt erfahren wir, dass ein alter Mann, der Schwalbennester sucht, die Höhlen der Umgebung gut kennt und sicher bereit ist, uns hinzuführen. Er und der Fahrer des Lastwagens, den wir benötigen, werden am Abend da sein.

Wieder auf der *La Boudeuse*, entscheiden wir, wer von uns in den drei Tagen, während das Schiff nach Balikpapan fährt und wieder zurückkommt, hier bleiben soll: unsere Speläologen Tessier, Niels und J.-B.; Georges, der trotz des Fiebers, das ihm körperliche Anstrengung verbietet, unentbehrlich für die Suche nach Informationen ist; Meauxonne fürs Filmen; Ségolène, die vor allem Georges zu betreuen und die Speläologen im Fall von Verletzungen zu versorgen hat; Kerneau, der von Franceschi zum Leiter der Expedition bestimmt worden ist. Er selbst fährt das Schiff, zusammen mit der restlichen Crew, nach Balikpapan.

Diesmal begleite ich das Festland-Team. Ich will unbedingt über diese wichtige, vielleicht entscheidende Phase der Expedition berichten können.

Drei Stunden später sind unsere Rucksäcke und die Ausrüstung fertig gepackt. Wir können von Bord gehen. Wohl ein wenig enttäuscht, nicht mit von der Partie zu sein, bringt uns Gianini mit dem Schlauchboot ans Ufer. Die Fahrt dauert gute zwanzig Minuten und muss wiederholt werden. Die Ausrüstung der Speläologen ist sehr sperrig. In voller Fahrt schlägt das Boot hart auf den Wellen auf, so dass wir uns festhalten müssen. Bald ist die Dschunke nur noch ein kleiner schwarzer Punkt am Horizont, schließlich von der kleinen Insel verdeckt, die am Eingang der Bucht Wache hält.

Der Transport unserer Ausrüstung bis zum Guest House erweist sich als beschwerlich, wir müssen jeder zwei bis drei Gepäckstücke tragen. Niels und ich schleppen mühsam unsere Last, als plötzlich J.-B. an uns vorbeijagt, und zwar auf einem derart überladenen Motorrad, dass wir uns fragen, wie der Fahrer das Gleichgewicht halten kann. Schnell wird ein Pendeldienst organisiert, und bis zum Nachmittag sind wir fertig eingerichtet. Die Veranda ist voll mit Seilen, Karabinerhaken, wasserdichten Taschen. Ségolène überprüft ihren Erste-Hilfe-Koffer, die Zimmer sind verteilt, die Moskitonetze aufgehängt, und mit einer gewissen Ungeduld warten wir auf den nächsten Tag.

Wir sind allein in dem großen Esszimmer, das von einer Neonlampe erleuchtet wird. Auf dem langen Tisch mit der Wachstuchdecke stehen Schüsseln mit Reis, Platten mit gebratenem Fisch in allen Größen, mit Kalamari und Gurken, alles scharf gewürzt. Als Getränk wird Coca-Cola gereicht. J.-B. und Niels essen mit beeindruckendem Heißhunger. Da wir bisher noch keine wirkliche Kraftprobe haben bestehen müssen, wage ich nicht mir vorzustellen, was die nächsten Tage bringen werden. Ich hoffe nur, dass die beiden ohne zu große Schwierigkeiten damit fertig werden, wenn wir »à la Franceschi« – das heißt mit dreihundert Gramm Reis pro Kopf und pro Tag – im Dschungel auf uns allein gestellt sind…

Gegen zwanzig Uhr, als es schon lange dunkel ist, treffen unser Schwalbennest-Sammler und der Fahrer ein. Ersterer ist ein kleiner Mann von mindestens sechzig Jahren, sehr hager, nur Sehnen und Muskeln, mit dünnem Schnauzbart und verschmitztem Blick. Er scheint hoch erfreut, dass seine Kenntnisse gefragt sind. Er erzählt von einem Ort, etwa zwanzig Kilometer entfernt, mit einem »interessanten Loch«. Fragt sich nur, was dieser Mann unter interessant versteht.

Der Fahrer muss um die Vierzig sein. Auch er ist offen und fröhlich, weniger faltenzerfurcht als der Nestsammler, aber ein wenig schlaff wegen seines naturfernen Lebens.

Ohne Schwierigkeiten handelt Kerneau die Bezahlung für sie aus. Einstweilen lässt sich unser kurzer Aufenthalt im Dschungel gut an: Alle sind bereit, mit uns zu arbeiten und uns zu begleiten, wohin wir wollen. Die größte Sorge bereitet uns der Regen. Wenn der Wasserstand in einer Höhle steigt, muss die Erforschung aufgeschoben werden, doch unsere Zeit ist begrenzt. Das käme uns äußerst ungelegen.

**Donnerstag,
17. Februar, 8 Uhr – Beginn des Forschungsunternehmens**

Der Lastwagen holpert über die breite Piste, die wichtigste der Region. Wir sitzen eng gedrängt auf den Bänken, die der Fahrer unbedingt für uns auf die Ladefläche stellen wollte. Ich war zunächst misstrauisch, doch sie erweisen sich als stabil und ersparen es uns, die ganze Fahrt über zu stehen. Unser Führer trägt eine Tarnjacke aus Drillich, Gummistiefel und am Gürtel ein wunderschönes Buschmesser in einer Scheide aus geschnitztem Holz.

Der Tropenwald ist hier noch intakt. Die Bäume sind gewaltig, aus den Baumkronen rieselt der Morgentau. Affen springen von Ast zu Ast, jagen einander und verschwinden im Gewirr der Blätter und Zweige. Georges und Tessier sitzen vorne in der Kabine neben dem Fahrer. Plötzlich steht unser Führer auf und schlägt mit der Faust aufs Dach, damit der Wagen anhält. Wir sind bei Kilometer 11.

Expeditionsausrüstung

Die *La Boudeuse* dient als Stützpunkt für die Land-Expeditionen. Während der Forschungsreise lösen sich die Teams im Abstand von etwa zwei Monaten ab. Jeder hat sein Spezialgebiet, aber die Grundausrüstung – für die Gruppe und für den Einzelnen – sowie die wichtigsten Mitglieder der Crew bleiben die gleichen. Leben und Fortbewegung im Dschungel erfordern gleichzeitig Autonomie und möglichst wenig Gewicht, ein schwer zu verwirklichender Kompromiss.

Individuelle Ausrüstung

Eine große Tasche (80 l), zwei Hosen, zwei Hemden, drei Paar Wollsocken, warme Unterwäsche für die Nacht, ein Paar Wanderschuhe und ein Paar leichte Schuhe, Regencape, wasserdichte Tüten (Mülltüten und kleine Gefrierbeutel), Kanister, Essgeschirr, Besteck, Multifunktionsmesser, Stirnlampe, Hängematte und Moskitonetz, Schlafsack, Plastikplane (3x4 m), Schnur, Kompass, Reisenecessaire, Handtuch.

Gemeinschaftsausrüstung

Arzneimittel, Kochgeschirr, Plastikplane zum Schutz der Taschen und Kisten mit Foto- und Videoausrüstung, Feuerzeuge, Angelhaken, Mückenschutz, Vermessungsmaterial, Kompass, GPS, Fernglas, Kletterausrüstung (Seil, Karabinerhaken), Geschenke (Tabak, Zigaretten, Perlen je nach Region).

Die Ausrüstung muss der Art des Terrains, der Dauer der Expedition und ihrem Zweck angepasst sein. Man wird einen längeren Aufenthalt an einem festen Ort zur Untersuchung der Fauna anders planen als eine Expedition zur Höhlenforschung. Aber die obige Liste ist nur eine Basisliste für einen Tag im Dschungel. Die *La Boudeuse* verfügt zusätzlich zu der Gemeinschaftsausrüstung über eine individuelle Ersatzausrüstung.

»Er sagt, es gäbe hier eine Höhle und etwas weiter oben eine Karstquelle«, übersetzt uns Georges.

»Das fängt gut an«, freut sich Tessier. »Es wird nichts Großartiges sein, doch so können wir uns einen Eindruck verschaffen.«

Nur zwanzig Meter von der Straße entfernt stoßen wir auf eine kleine Öffnung im Hang. Fünf Meter breit und drei Meter hoch, gut die Hälfte unterirdisch. Am Grund glasklares Wasser. J.-B., Niels und ich rüsten uns mit Helmen und Karbidlampen aus und steigen hinab. Die anderen sehen sich oben um, folgen dem Flussbett zur Karstquelle. Am Eingang tanzt das Sonnenlicht noch auf den Wänden. Kaum haben wir den Fuß ins Wasser gesetzt und unsere Lampen angezündet, flattert in Panik und wildem Durcheinander ein Dutzend Fledermäuse auf. Wir dringen weiter vor. Schnell vermindert sich die Deckenhöhe, so dass wir uns immer mehr bücken müssen. Wir kommen noch ein Stück weiter voran und winden uns zwischen den Stalaktiten hindurch. Dann aber endet die Höhle.

»Finito!«, verkündet Niels, der vorangeht – ein Ruf, den ich immer wieder hören werde.

»Genau der Ort, den man meiden muss, wenn es regnet«, bemerkt J.-B.

Wir begegnen noch einem Krebs und mehreren Welsen, dann holt Niels Topofil (Fadenmessgerät) und Notizblock aus dem Lastwagen, um die Höhle zu vermessen. Das ist für mich die Gelegenheit, die Geheimnisse der Topographie, eines der Hauptziele der Höhlenforschung, zu erlernen. Nach mehreren hundert Metern treffen wir wieder auf den Rest der Mannschaft. Wir folgen dem Lauf des Flüsschens, das bei schlechtem Wetter ein reißender Strom sein muss. Tessier erklärt mir, wie man bei genauer Beobachtung von Gestein und Wasser mögliche Höhlen in der Nähe ausmachen kann.

Die Öffnung, zu der wir nach einer Weile gelangen, ist größer und tiefer als die erste. Aber die Untersuchung ergibt nichts. In etwa fünfzig Meter Entfernung sprudelt der Fluss wieder hervor.

Der Lastwagen fährt weiter, der Tropenwald wird immer dichter. Er öffnet sich plötzlich zu einem großen Feld, dessen Zugang durch eine kleine Schranke und eine Bretterbude versperrt ist. Die Wächter lassen uns passieren, und wir kommen zu einem Holzschlag, der in vielerlei Hinsicht einem Schlachtfeld ähnelt. Ausgefahrene Pisten, die in alle Richtungen führen, aufgewühlte Erde, ausgerissene Pflanzen, Fahrzeuge in erbärmlichem Zustand. Von unserer Ladefläche aus überblicken wir ein merkwürdiges und doch so typisches Schauspiel. Auf einem großen Areal rings um einen Rasen mit einem Volleyballfeld – Sinnbild der Arbeit christlicher und islamischer Missionare – stehen Dutzende von Hütten für die Holzfäller, die hier, abgeschnitten von der Welt und abgespeist mit einem Hungerlohn, für lange Wochen arbeiten müssen. Eine Kirche und eine Moschee überragen die Dächer der Hütten. In Lumpen gekleidete Männer schlendern über die Wege, lungern auf den Treppen, reparieren die uralten Lastwagen; andere brechen zur Arbeit auf, dicht auf einer Ladefläche wie der unseren gedrängt. Ein paar Häuser, in etwas besserem Zustand als der Rest, beherbergen die Direktion und die Krankenstation. Einen Arzt gibt es allerdings nicht. Ich stelle mir lieber nicht vor, wie es hier zugehen mag bei einem schweren Unfall, der nicht allzu selten vorkommen dürfte, da die Arbeit gefährlich ist und die Sicherheitsvorkehrungen gewiss unzureichend sind.

Wir hofften, interessante Karten zu finden, doch sie erweisen sich als ungenau. Am meisten erfahren wir immer noch durch unseren Nestsammler-Führer.

Ein alter Mann hat Ségolène auf Englisch angesprochen. Wie oft in solchen Fällen kennt er nur ein paar Worte, versteht nichts von dem, was man ihm antwortet, schwätzt aber ener-

Niels Dessenante im Eingang einer für diese Region typischen Höhle aus weißem Karst.

gisch weiter, entzückt, sich in den Augen seiner Gefährten aufgewertet zu sehen, die ihn wohl für einen alten Narren zu halten scheinen. Er rächt sich, indem er demonstriert, dass er nicht so verrückt ist, wie sie denken. Er scheint erklären zu wollen, dass er unter einer chronischen Allergie oder einer hartnäckigen Malaria leidet. Trotzdem schnappen wir ein paar Informationsfetzen über die Gegend auf, doch sie sind nicht klar genug. Als Georges aus dem Direktionsbüro zurückkommt, bestätigt unser Mann nur die Informationen, die der Nestjäger über den Ort gemacht hat, an den er uns heute führen will. Der hält sich, auf den Fersen hockend, ein wenig abseits, raucht eine Zigarette, ein kleines nachsichtiges Lächeln um die Lippen. Er weiß, dass wir unsere Zeit vergeuden, wenn wir hier nach Auskünften suchen. Wir sollten uns besser ganz ihm anvertrauen.

Wir machen uns wieder auf den Weg. Die Piste wird immer holpriger und schlammiger, die Vegetation immer dichter und unberührter, und der Lastwagen kommt immer schwerer die Hänge hinauf. Der Fahrer gibt nicht genügend Gas, der Motor quält sich, die profillosen Reifen drehen durch, das Getriebe ächzt, und wir hüpfen auf der Ladefläche, damit sich der Lastwagen nicht im Schlamm festfährt. Doch die zögerliche Fahrweise hat zur Folge, dass wir nach weiteren schwierigen Passagen unten an einem Hang stecken bleiben. An ein Weiterkommen ist nicht zu denken. Wir legen die vier Kilometer, die uns noch vom Ziel trennen, zu Fuß zurück.

Nach einer Stunde erreichen wir auf einer Anhöhe das Haus von Nestsammlern. Hier also irgendwo soll es sein. Wir stärken uns im Schatten und füllen unsere Feldflaschen mit Wasser aus einer Quelle auf. Es ist Mittag. Hühner kommen in unsere Nähe, um zu picken. Wir haben Rationsdosen vom Militär dabei, von denen wir auf der Dschunke größere Vorräte haben. Sie sind ideal für kurze Expeditionen, wenn man etwas mehr Gewicht tragen kann. Alle, die sie noch nicht kennen, sind erstaunt und begeistert von der Vielfalt der Gerichte, wie man sie hinter dieser Bezeichnung nicht vermutet hätte. Niels isst alles, was die anderen verschmähen. Die Nestsammler beobachten uns wohlwollend, unser Führer hatte sie »vorgewarnt«. Der lehnt lachend das Essen ab, das wir ihm anbieten. Er hat sein eigenes dabei. Reis, nichts als Reis, der Rest ist nichts für ihn.

Die Piste geht hinter dem Haus weiter, einen grasbewachsenen Hang entlang, der bis zu einem kleinen Talweg abfällt. Ganz offensichtlich blicken wir auf einen Talgrund, der durch Bäume verdeckt ist. Dieses leicht wellige Relief sagt uns, dass wir hier Höhlen finden könnten, eher jedenfalls als in ebenem Terrain.

Das Einstiegsloch aber, dessentwegen wir gekommen sind, liegt hinter uns, in einer kleinen Schlucht, die von Farn verdeckt ist. Die Nestsammler, denen wir Zigaretten gegeben haben, begleiten uns bis an den Rand. Sie steigen gewöhnlich mit einem System von Strickleitern und Kisten hinab, allerdings nie weiter als bis zu den Stellen, die sie interessieren, das heißt, wo sich die Nester befinden. Tessier wirft einen Stein hinab, um die Tiefe abschätzen zu können – etwa fünfzehn Meter –, und bereitet zusammen mit Jean-Baptiste die Ausrüstung vor, während Niels sein Mittagessen beendet…

Ich würde liebend gern mit ihnen hinabsteigen, würde dabei aber sicher mehr stören als nützlich sein. Und im Augenblick dürfen wir unter keinen Umständen Zeit verlieren.

Kerneau beobachtet, wie sie ihre Ausrüstung anlegen. Ich bin sicher, er hat das ganze System bereits begriffen. Alles was mit Knoten zu tun hat, begreift er sofort, er ist der reinste Computer. Tessier steigt als Erster hinunter, dann ist J.-B. an der Reihe. Unser Führer sieht aus gebührendem Abstand zu. Niels legt seelenruhig seine Ausrüstung an und verschwindet nun auch in dem dunklen Loch. Meauxonne steigt nicht mit ab. Das will er erst, wenn er sicher ist, dass sich unten das Filmen lohnt.

Wir warten im Schatten einer Hütte, die mit blauer Plane abgedeckt ist. Georges und Meauxonne schlafen. Die Zeit vergeht.

Nach eineinhalb Stunden sehen wir sie wieder aufsteigen – außer Atem, verdreckt, aber zufrieden.

»Finito nach achtzig Metern«, verkündet Niels. »Ein schöner Höhlenraum, aber das ist auch alles, er führt nicht weiter.«

Jean-Baptiste Callais und Niels Dessenant kommen eben aus der Höhle, deren Eingang links im Bild zu erkennen ist. 15 Meter Tiefe, dann ein Gang von 80 Metern, bis es nicht mehr weitergeht.

»Wir haben einen herrlichen Höhlenfisch gesehen. Wir hätten ihn eigentlich als Muster für unsere Dokumentation mitnehmen sollen, aber ich habe es nicht übers Herz gebracht, ihn zu fangen. Auf jeden Fall ist es ein gutes Zeichen. Unser Mann hat verstanden, was wir wollen, und für den ersten Tag ist das gar nicht übel. Es gibt noch eine andere Höhle etwas weiter, doch ich fürchte, wir haben nicht genug Zeit, wenn wir vor Einbruch der Dunkelheit zurück sein wollen. Außerdem ziehen Wolken auf, es gibt vielleicht Regen«, fügt Tessier hinzu.

Gleichsam als Bestätigung seiner Vermutung fallen die ersten Tropfen. Jetzt muss schnell alles eingepackt werden.

»Was die zweite Höhle angeht«, meint Georges, »braucht es

uns nicht Leid zu tun, dass wir sie heute nicht sehen. Unser Mann hat mich eben aufgeklärt, dass sie zwei Stunden Fußmarsch von hier entfernt ist!«

Es ist typisch für Indonesien, dass die Informationen nur scheibchenweise erfolgen und sich im letzten Augenblick widersprechen. Das hier ist nur der Anfang, diesmal allerdings ohne Folgen.

Ich helfe den anderen, die Säcke zu verstauen. Kerneau, Georges, Meauxonne und der Führer sind schon vorausgegangen. Inzwischen regnet es richtig. Wir werden völlig durchnässt sein, bis wir beim Lastwagen angelangt sind.

Der Weg ist lang, abschüssig, morastig, aber er ist sehr viel angenehmer zu gehen als heute Morgen. Die Luft ist frisch. Der Wald hallt wider von den Tropfen, die geräuschvoll auf das Laubdach prasseln, unter das sich die Tiere geflüchtet haben. Die Erde verströmt einen würzigen Duft, und das Wasser bildet Rinnsale, die Kieselsteine und winzige Insekten auf Aststücken mitführen.

Ich habe mich zu Niels gesellt. Wir überholen unseren Vordermann. Bald stoßen Tessier und J.-B. im Laufschritt zu uns und ermuntern uns, sie zu begleiten, doch wir lehnen freundlich ab und sehen sie bald weit vorne verschwinden.

Dem Fahrer ist es inzwischen gelungen, den Lastwagen zu wenden. Als wir eintreffen, hat es aufgehört zu regnen, und unsere Kameraden sind in trockene Sachen geschlüpft. Leider setzt gleich wieder Regen ein, diesmal sintflutartig. Wir flüchten uns unter den Lastwagen, wollen warten, bis es aufgehört hat, doch das ist sinnlos, der Regen scheint anzudauern. Die Rückfahrt wird abenteuerlich. Der Lastwagen springt zwar an, bleibt aber mehrmals stecken. Um Haaresbreite wären wir endgültig hängen geblieben – am Ende der Welt und bald von der Dunkelheit überrascht. Wir laufen Gefahr, in den Graben zu kippen, springen von der Ladefläche, müssen schieben, der Wagen kommt nur im Schneckentempo voran, rutscht, macht gefährliche Schlenker. Wir haben keinen Halt, unsere Füße rutschen ebenfalls weg, der Boden gibt nach, und wir können uns kaum verständigen.

Zwei Stunden lang regnet es ununterbrochen mit unverminderter Heftigkeit weiter. Als der Regen nachlässt, haben wir das Gefühl, er schöpft nur Atem, um danach um so stärker loszulegen. Wir durchqueren eine große Lichtung, die zu dem Holzschlag gehört, mit riesigen gefällten Bäumen und leichten Anhöhen, auf denen noch ein paar Waldreste übrig geblieben sind. Eine apokalyptische Landschaft.

Am Abend sind alle völlig erschöpft. Das Denguefieber von Georges lässt nicht nach. Ségolène ist davon überzeugt, dass es sich um diese Krankheit handeln muss, über die sie ihre Doktorarbeit geschrieben hat. Sie beobachtet die Reaktionen von Georges, der tapfer behauptet, alles sei in Ordnung. Doch er befindet sich in einer kritischen Phase, in der die Leber angegriffen werden könnte. Wenn er sie ohne Schwierigkeiten überwindet, besteht keine allzu große Gefahr mehr. Diese Viren sind allerdings unberechenbar. Und Menschen wie Georges werden wegen ihres langen Aufenthalts in den Tropen nicht resistenter, sondern eher anfälliger dafür.

Tessier gibt die heute gesammelten Daten in seinen Computer ein. Im fahlen Licht des sogenannten Salons in unserem Guest House zeichnen sich auf dem bläulichen Bildschirm dreidimensional die Konturen der Höhlen ab. Auf dem Sofa sitzend, hört der Teamchef nicht auf, ehe alle Angaben verarbeitet sind.

In dem Zimmer, das ich mit Georges teile, habe ich meine Hängematte zwischen zwei Balken angebracht. Georges hat immer noch hohes Fieber, trieft vor Schweiß und muss literweise Wasser trinken, um nicht auszutrocknen.

Freitag, 18. Februar

Ein Mann, den Ségolène gestern wegen schwerer Malaria behandelte, hat uns von Höhlen, genauer gesagt, von Schächten erzählt, in die man fünf Stunden hinabsteigen muss. Das heißt, dass sie tief sein müssen und deshalb für uns interessant sein könnten. Wir nehmen die Information mit gewisser Skepsis auf, sind aber dennoch aufs Höchste gespannt.

Unsere Speläologen ergehen sich in Vermutungen über die Topographie der Region. Sie glauben, dass wir gestern ganz nahe bei dem Fluss waren, den wir vor mehreren Tagen nördlich des Menubar gesucht hatten. Aber die Karten sind einfach zu ungenau.

Sobald die Speläologen an der angegebenen Stelle angelangt sind, kundschaften sie die Gegend aus. Mich fährt der Lastwagen ein Stück weiter. Wir haben gestern ohne anzuhalten einen größeren Fluss überquert, der unter der Straße hindurchfließt.

»Du musst nur so weit wie möglich am Flusslauf entlanggehen«, hat Tessier zu mir gesagt. »Vielleicht findest du etwas, man kann nie wissen, wir müssen alles ausprobieren.«

Die Einwohner der Gegend interessieren sich nur für Orte, an denen sie sicher sein können, Schwalbennester zu finden, die von Generation zu Generation weiter genutzt werden. Der Rest ist ihnen gleichgültig, und so suchen sie auch nicht an anderen Stellen. Wir sind hier gegen dreizehn Uhr verabredet.

Sollte ich nicht zurückgekehrt sein, habe ich entweder etwas gefunden oder es gibt ein Problem.

»Keine unnötigen Risiken…«, warnt mich Tessier.

Der Fluss ist etwa zehn Meter breit. Ich erkenne sofort, dass mich ernsthafte Schwierigkeiten erwarten. Es gibt Wasserlöcher, Mulden, Anschwemmungen, und das Ufer ist nicht begehbar. Ich muss mir, um dem Flusslauf zu folgen, einen Weg durch den Wald bahnen. Etwas weiter flussaufwärts teilt sich der Wasserlauf in zwei Arme. Es ist bestimmt ein und derselbe Fluss, der sich gabeln musste, um natürliche Hindernisse zu umgehen. Ich trete in den Dschungel. Totales Fiasko. Ich komme kaum von der Stelle, strauchele, stehe wieder auf, bleibe in einem Gewirr von Lianen stecken. Ohne Buschmesser ein völlig hoffnungsloses Unternehmen. Ich versuche es trotzdem im Fluss, doch das ist noch schlimmer. Zu tief, zu uneben, zu starke Strömung und dazu die Gefahr, sollte ich fallen, mich im Geäst zu verfangen. Mein Abenteuer im Alleingang ist nicht gerade glänzend verlaufen. Als ich wieder bei dem Fahrer auftauche, gibt er mir mitfühlend zu verstehen, dass ich gut daran getan hätte, zurückzukehren:

»*Banyak buaya!*« – Viele Krokodile!

Er begleitet seine Worte mit einer Mimik und mit Gesten, die besagen wollen »zu gefährlich – da sollte man nicht hingehen«. Ich bin vorübergehend sprachlos, da mir diese Warnung arg spät zu kommen scheint. Wenn der Fluss wirklich von Krokodilen wimmelt, hätte er es mir schließlich sagen können, bevor ich mich auf den Weg gemacht habe.

Wir kehren zu unserem Ausgangspunkt zurück. Es ist noch früh, und ich versuche, die Spuren meiner Kameraden im Wald wiederzufinden. Doch nach einem Kilometer werden sie

Höhlenforscher müssen immer auch gute Schwimmer sein. Sie müssen jederzeit bereit sein, ins Wasser zu springen, um weiterzukommen. Auf dem Bild: Jean-Baptist Callais und Franck Tessier.

immer undeutlicher. Ich probiere mehrere Möglichkeiten aus und merke, dass ich im Begriff bin, mich zu verirren. Ich habe keinen Kompass dabei. Wenn ich so weitermache, kann ich die Nacht hier verbringen. Ich kehre um.

Es dauert noch zwei Stunden, bis die anderen zurückkommen. Ich nutze die Zeit, um mir vom Fahrer ein paar Brocken Indonesisch beibringen zu lassen. Ich schreibe sie in mein Notizheft, fest entschlossen, sie auswendig zu lernen. Der Fahrer hat eine der Bänke am Straßenrand in den Schatten gestellt, der aber bald verschwunden ist. Die Piste strahlt die Hitze zurück, und wir flüchten uns an den Waldrand.

Niels und J.-B. erscheinen zur vereinbarten Stunde, ihre Ausrüstung ist schlammverschmiert.

»Wir haben uns in der ersten Höhle herumgetummelt«, sagt J.-B., »die anderen sind zur nächsten aufgebrochen. Wir nehmen dich später mit. Doch wir müssen auf Guy zum Filmen warten.«

Während wir zu Mittag essen, taucht das andere Team auf. Tessier ist wenig begeistert von der Idee, mich mitzunehmen. Die zweite Höhle, die sie erkundet haben, ist eher uninteressant, und in der ersten, in der sie filmen wollen, sind mehrere gefährliche Stellen.

»Der Regen gestern hat den Wasserspiegel ansteigen lassen. Die Strömung ist enorm. Wir müssen wirklich Acht geben, dass keiner hinfällt. Wenn du mitkommen willst, darfst du über einen gewissen Punkt nicht hinaus.«

Wie auch immer, der Abstieg hat keine fünf Stunden gedauert, wie unsere Informanten geschätzt hatten. Es ist nicht das letzte Mal, dass wir eine Diskrepanz zwischen der Beschreibung der Einwohner und der Wirklichkeit feststellen können.

Um sechzehn Uhr machen wir uns in Begleitung unseres Nestsammlers auf den Weg. Abseits des Pfades deutet eine kleine Senke zwischen abgestorbenen Bäumen und größeren Steinen auf den Eingang zur Höhle hin. Wir legen unsere Ausrüstung an und entzünden die Karbidlampen. Ich hatte gedacht, wir würden uns abseilen, doch die Öffnung führt schräg unter die Erde, so dass wir keine Seile anbringen müssen. Man muss lediglich in gebeugter Haltung gehen, sich mit den Händen abstützen und aufpassen, dass sich keine Steine lösen und auf den Vordermann fallen. Liegende Stämme verengen den Durchgang. Das Tageslicht, das anfangs noch durch das Blätterdach gefiltert zu uns vordrang, verschwindet bald völlig.

Wir gelangen in eine Halle, die mir sehr groß erscheint und in der sogleich Hunderte von Fledermäusen aufflattern. Wir steigen weiter hinab, auf Bergen von feuchtem Geröll balancierend. Der Nestsammler ist oben geblieben, er will nicht weiter gehen. Er hat Angst vor den Fledermäusen.

Meauxonne hat sein Material und seine Scheinwerfer hervorgeholt und leuchtet die Halle aus. Sie ist tatsächlich gewaltig und sehr breit. An der Wand uns gegenüber ein unterirdischer Wasserlauf. Er tritt aus einem Tunnel, der nicht vollständig überflutet ist, fließt immer schneller nach links, macht eine Biegung und verschwindet unter einem zweiten Gewölbe. Über diese Stelle hinaus hatte Tessier mich nicht vordringen lassen wollen, aber der Pegel ist heute Morgen gesunken, und ich werde sie vielleicht doch begleiten können. Meauxonne dreht mehrere Sequenzen und fordert uns auf, immer schneller vor der Kamera hin und her zu laufen, damit ein Eindruck von Dynamik entsteht, was zu mehreren denkwürdigen Stürzen meinerseits führt. Als alles im Kasten ist, wollen J.-B., Tessier und ich schwimmend erkunden, wie weit wir flussaufwärts gelangen. Sehr bald schon können wir nicht mehr stehen. Wir dringen immer weiter in dem von unseren Lampen angestrahlten Gewölbe vor, auf dessen Wänden unsere Schatten tanzen. Der Fluss ist so schmal, dass einer gerade eben Platz zum Schwimmen hat – zwei nebeneinander können nicht passieren.

»Keine Dummheiten«, sagt Tessier zu J.-B., der die Führung übernommen hat. »Ich will dich heil wieder mit raufnehmen.«

Stalaktiten hängen von der Decke bis ins Wasser hinein und blockieren den Weg. Von Tessier gehalten taucht J.-B. weiter.

»Finito! Weiter kommen wir nicht. Der Gang ist nicht passierbar.«

Die restliche Höhle ist überflutet, ohne Tauchausrüstung kommen wir nicht weiter. Wir kehren um und dringen in die Halle gegenüber ein. Eine Kaskade stürzt zwischen den Wänden hinunter, aber sie ist nicht sehr tief. Wir überwinden sie, indem wir uns rechts und links mit Händen und Füßen abstützen. Dieser Engpass öffnet sich auf einen breiten Korridor mit schwacher Neigung, in dem die Strömung nachlässt. Knietief im Wasser arbeiten wir uns weiter vor. Der Durchgang wird schmaler, wir verlassen den Raum und befinden uns zwischen zwei hohen Wänden in einer Art Durchbruch, der in einer Biegung nach links führt. Tessier, der vorangeht, macht uns ein Zeichen, das Tempo zu verlangsamen. Zu unseren Füßen schnellt ein regelrechter Wasserfall dahin und verschwindet nach einer scharfen Kurve in der Tiefe. Meine Kameraden legen ihre Ausrüstung an, um herauszufinden, wie er weiter verläuft. Jeder von ihnen versucht sein Glück, doch es ist unmöglich durchzukommen, die Wassermengen sind zu groß, das Unternehmen zu gefährlich. Tessier beschließt, es direkt gegenüber zu versuchen: Die Höhle scheint dort weiterzugehen, aber auch hier ist die Passage zu riskant. Wir sehen ihn hinter einem gewaltigen Felsblock verschwinden. Jetzt arbeitet sich J.-B. zu ihm vor. Ich kann ihre Lichtkegel noch einen Augenblick sehen, dann sind sie gänzlich verschwunden. Nach circa zehn Minuten taucht J.-B. wieder auf. Dahinter liegt eine weitere Halle und ein weiterer Tunnel. Er benötigt das Vermessungsmaterial. Ich reiche ihm das Topofil, indem ich es an dem Seil, an dem er gesichert ist, herunterlasse.

»Wenn wir in einer Stunde nicht zurück sind, gibst du den anderen Bescheid«, bittet er mich und kehrt um.

Eine lange Wartezeit beginnt. Ich bleibe allein im ohrenbetäubenden Getöse des Wassers zurück und halte mich im Gleichgewicht, indem ich den Rücken an die eine, die Füße an die andere Wand stemme. In regelmäßigen Abständen prüfe ich den Wasserstand, der zum Glück nicht steigt. Alles geht gut.

Nach einer Dreiviertelstunde sind die zwei wieder zurück. Sie haben einen Tunnel und eine Halle, mehrere Dutzend Meter entfernt, vermessen. Aber es sind keine gewaltigen Ausmaße. Tessier und J.-B. beenden ihre Aufzeichnungen in der Haupthalle, während ich ins Freie klettere, um den anderen Bescheid zu geben.

Niemand da. Der Dschungel ist in Halbdunkel getaucht. Die anderen müssen zum Lastwagen zurückgekehrt sein, weil sie glaubten, wir hätten nichts Neues in der Höhle entdeckt und uns deshalb schon auf den Weg gemacht. Ich sehe ein kleines Licht näher kommen. Es ist Niels, der sich Sorgen macht, wo wir bleiben. Ich erzähle ihm, was sich ereignet hat.

Als wir wieder im Guest House sind, ziehen wir Zwischenbilanz. Diese Entdeckung hat unser Interesse für dieses Gebiet neu geweckt, und man beginnt uns mit Informationen zu beliefern. Etwas zu eifrig übrigens. Macht unsere Anwesenheit und unser Geld die Leute hier nicht etwas gesprächiger als nötig?

Der folgende Tag bestätigt unsere Bedenken. Junge Führer haben den alten Nestsammler abgelöst. Sie nehmen uns auf einem Boot mit. Falsche, widersprüchliche Informationen. Niels und J.-B. sind gereizt. Ich ebenfalls... Es regnet pausenlos. Eingänge in enttäuschende Höhlen. Unsere Geduld ist erschöpft.

»Der Kerl sagt, in drei Kilometern Entfernung gibt es eine

Endlich zerteilt die *La Boudeuse* die Fluten des Sungai Bai. Es stand sicher irgendwo geschrieben, dass sie zurückkommen würde, dass sie gar nicht anders konnte …

Karstquelle«, verkündet uns Georges Robert in regelmäßigen Abständen.

Wir lachen nur noch.

Aber man kann nie wissen… Ein kleiner See hinter einem Dorf lässt uns wieder ein wenig Hoffnung schöpfen. Es ist nicht auszuschließen, dass er mit einem Fluss verbunden ist, der etwas weiter entfernt fließt. Vielleicht finden wir eine Öffnung oder einen Verbindungsgang. Die Sonne scheint, das Wasser ist kristallklar.

Der See ist sieben bis acht Meter tief, wir wollen den Grund absuchen. Tessier – exzellenter Taucher – inspiziert, was inspiziert werden kann, manche Bereiche aber sind einfach zu dunkel, um eventuelle Spalte erkennen zu lassen. Gefahr geht auch von den toten Bäumen mit ihrem Gewirr von Zweigen aus, die am Grund liegen und in denen wir uns unter Wasser verfangen können. Ohne Sauerstoffflaschen, ohne Taucherbrillen ist das Unternehmen recht beschwerlich.

Wenn wir überhaupt eine Chance haben wollen, etwas zu finden, müssen wir sehr viel länger als geplant in der Gegend bleiben. Heute Abend muss eine Entscheidung getroffen werden: entweder hier bleiben und unsere Erkundung fortsetzen oder zum Sungai Bai zurückkehren. Um ehrlich zu sein, sind unsere Erfolge eher bescheiden, und wir müssen fürchten, dass es dabei bleibt. Nur ein Glückstreffer, vielleicht…

Im Lauf der Gespräche mit den anderen wird mir allmählich klar, was sich vor unserer Ankunft in Sangkulirang ereignet hat. Die Komplexität des Flussnetzes und die ungenauen Karten sind ohne Frage die Ursache für all die Irrtümer und Fehlschlüsse, die uns daran gehindert haben, die Situation richtig einzuschätzen.

Unser Erkundungsteam ist in ein Gebiet gekommen, das vor mehreren Jahren bereits vermessen wurde. Auf dem karstigen Hochplateau, wo der Fluss verschwindet, haben unsere Speläologen über mehrere Tage Vermessungsarbeiten ausgeführt, die sie für völlig neu hielten, bis ihnen die Ähnlichkeit mit schon existierenden Daten auffiel. Die Enttäuschung war groß. Die gewaltigen Ausmaße, die riesigen Hallen, die enorme Wasserführung hatten alle begeistert, die zum ersten Mal hier waren und glaubten, »Neuland« zu erforschen. Eine Begeisterung, die schon bald einen Dämpfer erhalten hatte durch Georges' Zweifel, der die Höhlen schließlich wiedererkannte, sie dann nicht mehr wiedererkannte, sich erinnerte, nicht mehr wusste, zweifelte…

Auch wenn sich bei der Erkundung ein paar Ergänzungen

ergeben haben, ist sie doch im Wesentlichen ein Fehlschlag gewesen.

So bleibt uns denn nichts anderes übrig, als zum Sungai Bai zurückzukehren, wo noch vieles zu erforschen ist. In dieses Gebiet, das anfänglich hätte erkundet werden sollen, war das Team nicht vorgedrungen. Dahin müssen wir nun zurück. Es ist eine tragische Wahl, da wir den besagten Punkt auf der Karte nicht haben erforschen können, an dem der Fluss – unweit der Hütte der Nestsammler – verschwindet. Aber der Sungai Bai hat Vorrang, und nichts wird uns daran hindern, später auf einer weiteren Expedition hierher zurückzukehren.

Sonntag, 20. Februar, 17 Uhr – Unterwegs zum Sungai Bai

Die *La Boudeuse* hat uns abgeholt. Es hat den ganzen Tag geregnet. Großer Abschied am Kai von dem Fahrer, der mir Indonesisch-Unterricht erteilt und mich zu den Krokodilen geschickt hat. So ist das nun mal auf solchen Abenteuerreisen: viele Freundschaften mit Menschen, die man wiederzusehen hofft und die man doch höchstwahrscheinlich nie wiedersehen wird. Wir haben nur drei Tage in Batuputi verbracht, doch es waren drei ereignisreiche Tage. Wenig Entdeckungen, aber ein viel versprechendes Terrain. Sympathische Menschen, aber auch Filous. Und dennoch starke Emotionen und eine Nähe, die nur diese nutzlose Jagd, die Entdeckerfreude und die Nähe zu den Elementen ermöglicht.

Auf dem Schiff ist es leerer geworden. Zehn Personen sind in Balikpapan von Bord gegangen, andere sind dazugekommen.

Bernard Wolfrom zum Beispiel. Katzenaugen. Ein echter Abenteurer, der Franceschi schon mehrmals begleitet hat, in

Afghanistan, in Neuguinea ... Gutmütig, ruhig, besonnen, unerbittlich. Seit Beginn der Forschungsreise kümmert er sich von Paris aus um die Logistik des Unternehmens. Er gehört zu jenen tatkräftigen Männern, die Eindruck machen, die, nachdem sie die Welt durchreist haben, Familienväter geworden sind, in klassischen Berufen arbeiten und ein »geregeltes« Leben führen und dann, kaum dass sie in Stürme geraten sind, wieder zu dem werden, was sie im Grunde ihres Herzens nie aufgehört haben zu sein. Die »echten«, wie Franceschi es von seinem Freund Philippe de Dieuleveut geschrieben hat.

Ich werde mich vor Ort sehr schnell davon überzeugen können ... Am übernächsten Tag, dem 22. Februar, sind wir wieder in Sangkulirang, an der Mündung des Sungai Bai. Die Fahrt flussaufwärts erweist sich als ähnlich kompliziert wie die auf dem Menubar. Nur dass sie sehr viel länger dauert. Wir nutzen die Flut früh am Morgen, um die besonders heikle und flache Stelle zu passieren, die mir Bonguardo genannt hat, doch die *La Boudeuse* kann sie überwinden.

Eingekeilt zwischen den gewaltigen Bäumen des Tropenwaldes, wird der Sungai Bai nach und nach schmaler. Das Wasser ist grün, der Dschungel allgegenwärtig, der Himmel grau. Erschwerend zur Enge des Flusses kommen die Untiefen hinzu und die vielen Windungen, weit zahlreicher als die des Menubar. Vor uns loten die beiden Schlauchboote die Untiefen. Die Atmosphäre ist drückend, und wir sind hin- und hergerissen zwischen der Faszination, die von der geheimnisvollen Schönheit der Natur ausgeht, und der Angst, auf Grund zu laufen. Die Flut hilft uns immer wieder, doch die Zeit drängt. Wir müssen so schnell wie möglich unser Ziel, das Dorf Pengadan, erreichen und dürfen unterwegs nicht irgendwo stecken bleiben. Die Manöver werden immer komplizierter.

Franceschi und Kerneau wechseln sich am Ruder ab. An jeder Biegung ist die Anspannung spürbar. Der Steuermann muss vorausdenken, muss seinen Weg genau berechnen, weil das schwerfällige Schiff erst so spät auf die Ruderbewegung reagiert und sich extrem schwer manövrieren lässt. Wir atmen jedes Mal auf, wenn die Dschunke wieder in die richtige Bahn kommt und ihren Weg fortsetzen kann.

Die Dunkelheit naht, die Nacht der Tropen, die immer schon sehr früh, etwa gegen achtzehn Uhr, hereinbricht. Bald ist der Dschungel von einem tintenschwarzen Schleier verhüllt, der das schlammige Ufer kaum erkennen lässt. Franceschi braucht absolut sichere Informationen, ob er nach rechts oder nach links zu steuern hat. Er steht in Funkkontakt mit Gianini, der sich in einem der aneinander gebundenen Beiboote befindet. Aber das reicht nicht aus. Er benötigt Anweisungen vom Ausguck vorne, doch der sieht nichts. Bonguardo ersetzt ihn und schreit plötzlich, dass die nächste Biegung nach links geht. Er müsse weit ausholen. Ohne es zu ahnen, steuert Franceschi die *La Boudeuse* blindlings auf die Schlauchboote zu, die sich im dichten Astwerk verfangen haben und sich nicht befreien können. Über Funk kann Gianini noch laut brüllen, als er die gewaltige Masse auf sein erbärmliches Schlauchboot zukommen sieht, doch die *La Boudeuse* ist nicht zu stoppen. Sofort nach links steuern? Zu spät... Die Dschunke kann ohnehin nicht mehr ausweichen und würde nur gegen die Böschung prallen. Franceschi schaltet abrupt den Rückwärtsgang ein. In einem Getöse von brechenden Ästen, die auf das Deck krachen, kann er den Unfall eben noch verhindern. Der Fockmast der *La Boudeuse* hat sich in den Baumkronen am linken Ufer verfangen. Das war die einzige Lösung.

Keine Schäden zu vermelden, aber die Zeit drängt.

Endlich kommen die ärmlichen, dicht gedrängten Hütten von Pengadan in Sicht. Auf seiner hölzernen Anlegestelle wimmelt es von aufgeregten Kindern. Unsere Ankunft löst großen Trubel aus. Das ganze Dorf ist am Kai versammelt, und jeder meint, gute Ratschläge zum sicheren Festmachen erteilen zu müssen. Wir verlassen uns aber lieber auf unser eigenes Gespür. Die Indonesier raten uns, am anderen Ufer zu ankern, weil der Grund dort tiefer sei. Wir vergewissern uns, doch es stimmt nicht. Kerneau schlägt vor, nicht am Holzponton festzumachen, sondern die Dschunke mit Hilfe von Trossen an beiden Ufern zu sichern. So kann das Schiff die Anlegestelle nicht beschädigen, wenn der Wasserstand sinkt.

Weiter flussaufwärts können wir nicht fahren. Die Expedition, die uns zur Karstquelle führt, soll von hier aus zu Lande organisiert werden. Morgen müssen wir etwa fünfzehn Träger anwerben, einen Lastwagen auftreiben, der uns bis zum Rand des Dschungels fährt, den Fluss mit dem Beiboot erkunden und Nachschub und Verpflegung vorbereiten.

Die Schwierigkeiten fangen gerade erst an…

Donnerstag, 24. Februar, 9 Uhr – Pengadan

Wir sind bereit zum Aufbruch. Unsere Träger sind da. Der Lastwagen auch. Es ist sehr heiß. Wir packen die ganze Ausrüstung auf die Ladefläche – Taschen, Seile, Sauerstoffflaschen – und finden selbst kaum noch dazwischen Platz. Auf dem Schiff bleiben lediglich Kerneau, Bonguardo, Gégé, der Bordmechaniker, Wolfrom und Romy.

Diesmal haben wir offenbar einen Verrückten am Steuer, der nur das Gaspedal kennt. Wir fahren auf einer Straße, die

Wir sind mit dem Lastwagen bei Kilometer 37 angelangt. Die Taschen werden verteilt, bevor es auf ungewissen Pfaden in den Dschungel geht…

vor wenigen Jahren von einer nicht mehr existierenden Holzfirma angelegt wurde und landeinwärts führt. Wir müssen bei Kilometer 36 halten. Von dort geht es zu Fuß in den Dschungel zur Karstquelle.

In jeder Kurve fürchten wir, dass sich der Lastwagen überschlägt. Unsere Träger scheinen an diese sportliche Fahrweise, die uns keinen Augenblick der Ruhe lässt, gewöhnt zu sein. Auf einer Anhöhe sehen wir plötzlich die Berge, die sich im Osten schwach gegen den Horizont abzeichnen. Sie verschwinden fast augenblicklich, als wir den Sungai Bai erneut auf einer Brücke überqueren. Die heiße Luft vermischt sich mit dem von der Piste aufwirbelnden Staub, der sich wie eine trockene Maske auf uns legt. Trotzdem gelingt es einigen zu schlafen.

Als wir eintreffen, ist es Mittag, und die Sonne steht im Zenit.

Die Lasten werden verteilt. Das ist immer eine Gelegenheit, die Gewieften zu erkennen, die es fertig bringen, die leichteste Last zu ergattern. Obwohl wir um gleichmäßiges Gewicht bemüht waren, sind manche Taschen schwerer als andere, und die Jungen geben sie schamlos an die Alten weiter. Unsere Träger sind alles andere als organisiert, auch wenn einer von ihnen der Chef sein soll. Sie waren vorgewarnt, dass wir nicht essen, ehe wir nicht am Ziel angelangt sind, tun aber dennoch erstaunt, dass wir nicht gleich im einladenden Schatten der Bäume unseren Reis kochen. Doch wenn wir uns nicht sofort auf den Weg machen, sind wir vielleicht nicht vor Einbruch der Dunkelheit am Ziel. Georges Robert kennt den Weg, aber seine letzte Expedition liegt mehrere Jahre zurück, und die Gegend kann sich seither verändert haben. Die Sammler von Schwalbennestern unter den Trägern, die ihr Lager in regelmäßigen Abständen an der Karstquelle errichten, kennen den Weg ebenfalls, doch wir sind uns ihrer nicht ganz so sicher…

Außerdem sind sie nicht zahlreich genug, um alles auf einmal mitzunehmen, und so müssen wir mehrere Taschen, bewacht von Gianini und Gérard Maury, dem Zweiten Leutnant, am Straßenrand verstecken. Schließlich setzt sich die Kolonne in Bewegung und dringt in den Dschungel vor. Ein schmaler Pfad führt unter einem Blätterdach bergab. Wir haben uns in zwei Gruppen aufgeteilt, damit der Aufbruch geordneter ist. Eine Viertelstunde später gelangen wir an einen Tümpel mit stehendem Wasser. Erstaunt stellen wir fest, dass die Träger schon erschöpft sind… Einige sitzen keuchend am Boden, klagen über das Gewicht, wollen nicht wieder aufstehen. Dabei tragen sie nicht schwerer als wir. Nach mehreren Minuten Pause erteilen wir den Befehl zum Weitermarsch.

»Vlad, du kommst zu mir ans Ende der Kolonne«, beschließt Franceschi. »Ich fürchte, wir müssen sie antreiben.«

Aber bald bleiben einige der Träger am Wegesrand stehen.

»Djalan! Djalan!« – Vorwärts!

Einer lässt seine Last einfach fallen. Wir stolpern fast über die Tasche mit Meauxonnes Beleuchtungsmaterial. Mir bleibt nichts anderes übrig, als sie an mich zu nehmen. Die doppelte Last ist äußerst unangenehm, und ich kann es kaum erwarten, sie bei der nächsten Pause ihrem Besitzer zurückzugeben. Wir bewegen uns durch einen Teil des Waldes, der diesen Namen nicht verdient. Von Feuersbrünsten verwüstet und nur noch spärlich bewachsen, spendet er keinen Schatten. Manchmal durchqueren wir Bambusfelder, durch die Niels und J.-B. vor uns mit dem Buschmesser eine Bresche geschlagen haben. Ich finde meinen Burschen wieder, der sich, wie vorauszusehen, ziemlich gerissen verhält. Wir stellen fest, dass derjenige, der die schwerste Last trägt, geistig etwas beschränkt ist. Offensichtlich nehmen es ihm die anderen übel, dass er seine Arbeit gut macht, tun nichts, um seine Last zu verringern, und halten ihn von uns fern. Fast alle sind im besten Mannesalter, aber absolut willensschwach. Erstaunlich. Bei den Dayak wären wir nicht auf solche Probleme gestoßen. Die Mitglieder dieser Stämme sind noch daran gewöhnt, Lasten zu tragen und zu laufen …

Je mehr Zeit verstreicht, desto unerträglicher wird die Situation. Das Terrain ist feucht und rutschig, riesige schwarze und rote Spinnen weben ihre Netze quer über die Wege, und die Träger halten alle hundert Meter an. Das ist kräftezehrend, wir können unseren Rhythmus nicht finden und vergeu-

Vor zwei Stunden hat der Ernst begonnen. Die Riemen der Rucksäcke schneiden sich in unsere Schultern, wo keine Bäume sind, brennt die Sonne gnadenlos auf uns herunter. In den Wasserläufen saugen sich Blutegel heimtückisch an unseren Waden fest.

den unsere Zeit damit, die Nachzügler anzutreiben. Um die Kolonne nicht noch weiter aufzuhalten, bin ich gezwungen, die Tasche mit dem Beleuchtungsmaterial wieder an mich zu nehmen. Ich bin wütend und frage mich, ob sich die Produktionsfirma, die uns ein so schweres Gerät lieferte, bewusst war, dass wir zu einer Expedition in den Tropen starten und nicht eine Reportage in der Metro drehen wollten.

Schließlich gelangen wir zu einer Lichtung, und unser Blick fällt auf tropische Karstberge, die sich gegen den Horizont abheben. Wir atmen auf. Vor uns fängt erneut der Wald an und fällt in eine große Schlucht ab, an deren Grund der Fluss verlaufen muss. Auf der gegenüberliegenden Seite, angeordnet wie eine Ziehharmonika, eine Kette von gezackten Bergen, deren Hänge von einer dichten und dunklen Vegetation überzogen sind. Das Flussnetz im Südwesten des Bergmassivs, das wir erkunden wollen – diese Folge von Ein- und Wiederaustritten des Flusses, von unterirdischen Gängen und Schächten –, ist durchlöchert wie ein Schweizer Käse, in dem es schwer sein wird, sich zu orientieren. Und das umso mehr, als wir über keine Vermessungen verfügen. Georges Robert wird sie uns schicken – bei der Rückkehr von der Expedition. Das heißt, dass unsere einzigen Orientierungspunkte mündliche Angaben sind. Aber die Wege ähneln sich, und das Gedächtnis kann versagen.

Im Augenblick jedoch, und allen Schwierigkeiten zum Trotz, genießen wir diesen herrlichen Anblick, der uns zugleich einen Eindruck von dem Relief des Terrains vermittelt, im dem wir uns aufhalten werden. Wir gelangen bald an eine kleine Lichtung. Niemand hat eine Ahnung, wo wir uns befinden, weder Georges noch die Träger. Jeder bringt eine Hypothese vor. Ich wünschte, sie würden sich bald einigen, denn

Mehrere solcher überfluteten Nebenflüsse machen »feuchte« Überquerungen nötig. Im Vordergrund Sylvain Gianini, verantwortlich für die Sicherheit, dahinter Gérard Maury, der Zweite Leutnant.

Franceschi und ich, noch immer am Ende der Kolonne, sind todmüde vom ständigen Zurechtweisen und Antreiben der Träger, denen wir manchmal auch noch helfen müssen.

Wir entscheiden uns schließlich für die Richtung, die am logischsten erscheint, d. h. nach Osten, den Wald hinunter. Vom Abbremsen auf den aufgeweichten, rutschigen Hängen bekommen wir Muskelkater in Schenkeln und Waden. Immer wieder liegt einer von uns der Länge nach am Boden, und die stacheligen Lianen sind nicht gerade hilfreich, um sich wieder aufzurappeln.

Plötzlich ertönt ein Schmerzensschrei, er stammt von Tessier, der zusammen mit Niels und J.-B. die Kolonne anführt. Ich denke sofort an einen Schlangenbiss, einen Knochenbruch – doch dann stellt sich heraus, dass wir unter einem

Baumstamm weiterkriechen müssen, der ein Nest mit riesigen Wespen beherbergt. Ihre Stiche sind zwar schmerzhaft, aber nicht gefährlich. Wir machen uns Tessiers Erfahrung zunutze und achten darauf, den Baumstamm nicht zu berühren. Im Tal angelangt, durchqueren wir das steinige, ausgetrocknete Bett eines kleinen Wasserlaufs, der wohl einer der zahlreichen Zuflüsse des Sungai Bai ist. Immer öfter versperren uns Bäume den Weg, die auf die schwärzlichen, gezackten Kalkfelsen gestürzt sind – der Beweis dafür, dass wir in das Bergmassiv eingedrungen sind. Mehrfach müssen wir sumpfige, von den letzten Regenfällen aufgefüllte Tümpel durchqueren; am Grund lauern Fallen in Form von Ästen und Wurzeln, in denen sich der Fuß leicht verfängt. Wir sind völlig durchnässt, aber das Wasser erfrischt unsere erschöpften und überhitzten Körper.

Nun fängt es an zu regnen, ein feiner, gleichmäßiger Regen. Nachdem ich Meauxonnes Beleuchtungsgeräte wieder losgeworden bin, habe ich einen Kamerafuß übernommen, der weniger schwer und besser zu tragen ist. Mein Glück, denn ich fing schon an, Sterne zu sehen. Die Träger haben endlich einen halbwegs akzeptablen Rhythmus gefunden. Sie scheinen »Stallgeruch« zu wittern und wissen, das Ziel ist nicht mehr fern. Auch das ein Glück. Ihre Inkompetenz und Böswilligkeit haben uns mindestens vier Stunden gekostet. Wenn wir auf sie gehört hätten, wären wir niemals rechtzeitig am Lager angekommen.

Dann noch zwanzig anstrengende Minuten. Nicht weit, hinter einem Vorhang von Bäumen, vermute ich den Fluss. Ich kann ihn noch nicht sehen, aber seine Präsenz ist so stark, dass man ihn erahnen und sich vorstellen kann, wie er schlammiges Wasser zwischen steilen Böschungen mit sich führt. Da endlich ist er! Er ist so angeschwollen, dass sein Ufer überschwemmt und der Boden vollgesogen ist wie ein Schwamm. Baumstämme, die sich immer wieder um die eigene Achse drehen, treiben mit erstaunlichem Tempo in der Strömung. Wir setzen uns für ein paar Minuten hin, obwohl der Regen an Stärke zunimmt. Geradezu beschwingt, lächelnd und begeistert von der Aussicht, endlich ein Feuer machen und kochen zu können, laufen die Träger an uns vorbei…

Das Eindrucksvollste aber erleben wir, als die Karstquelle endlich sichtbar wird. Ein gewaltiges Portal in der Felswand, die den Dschungel überragt. Düster, etwa zwanzig Meter hoch, spannt sich das Gewölbe über den Fluss, der den Eingeweiden der Erde entströmt. Arne geht vor mir her. Ich rufe:

»Sieh dir das an! Allein wegen dieses Anblicks hat sich die ganze Sache schon gelohnt!«

»Es ist grandios! Aber leicht wird das hier nicht…«

Die Hügel oberhalb der Karstquelle sind schön, deuten aber in der Tat auf ein sehr zerklüftetes Gelände hin. Unter dem Portal befindet sich ein größeres regengeschütztes Areal, wo wir bequem ein Biwak aufschlagen können. Ehrlich gesagt, ist ein Teil der Arbeit bereits erledigt, denn seit seiner Entdeckung 1982 wird dieses Areal von Nestsammlern aufgesucht, die hier ein kleines Lager eingerichtet haben. Ein Mann ist schon da. Am Ende dieses von einigen Felsen gesäumten Areals fällt das Terrain auf einem recht steilen und rutschigen Hang zum Fluss ab. Dort können wir uns waschen und unser Geschirr spülen. Dabei müssen wir allerdings vorsichtig sein: Dies ist ein ideales Terrain für Krokodile, denn sie bevorzugen eher flaches Wasser, um sich beim Angriff leichter am Grund abstützen und ihre Beute anschließend in das Versteck abschleppen zu können, das ihnen als »Speisekammer« dient. Die Träger sind ungeduldig. Sie haben Hunger.

»Reis! Reis!«, rufen sie und führen die Hand zum Mund.

Keine Chance ... Wie sehr wir auch in unseren Vorräten suchen – kein Reis. Kekse, Saucen, ja, aber weder Reis noch Nudeln. Die Lage ist bedrohlich, da sich zwischen uns und den Trägern bereits eine Spannung aufgebaut hat. Sie hassen es, angetrieben zu werden. Für einen Indonesier gibt es nichts Schlimmeres, als das Gesicht zu verlieren. Was tun? Sie haben die Situation, in der wir uns befinden, noch nicht ganz begriffen. Der Reis ist mit Sicherheit in den Taschen, die wir haben zurücklassen müssen, vor morgen kommen wir nicht dran. Wir müssen bei der Verteilung der Lasten zwei identisch aussehende Taschen verwechselt haben. Wir müssen mit ernsten Problemen rechnen, mit Aufruhr und Meuterei. Die einzige Lösung: ihnen die Schuld in die Schuhe schieben ... Wir haben keine andere Wahl. Zum Abenteuer gehört eben auch ein wenig Hinterlist, wenn es sein muss. Es gilt also unsere schauspielerischen Talente zu testen. Wir wühlen weiter in den Taschen, mimen Ungläubigkeit, Zorn, werden immer lauter. Die Träger sehen, dass irgendetwas nicht stimmt, und ihr Chef erkundigt sich. Wir erklären ihm, einer seiner Männer habe die Taschen verwechselt, was durchaus plausibel ist, weil ihnen jede Organisation fehlt. Grimassen, Jammern, die Pille ist bitter, aber sie wird geschluckt.

Heute Abend begnügen wir uns also mit Keksen.

Einige von uns schlafen direkt auf dem Boden, andere, wie Arne, befestigen ihre Hängematte an einem Felsen. Ich selbst entferne mich lieber ein wenig und richte mein Lager am Waldrand ein.

Meauxonne wirft den Generator an, damit wir abends Licht haben. Wir gewöhnen uns schnell an das Geräusch, das er verursacht. Mit einem von Stöcken gehaltenen Plastikmüllsack fangen wir Regenwasser auf, wie durch einen Trichter fließt das Wasser in einen großen Topf.

Dutzende von Wespen kreisen am Ufer, aber sie scheinen sich nicht für uns zu interessieren. Sie graben kleine Löcher in den Sand, in denen sie verschwinden. Tessier bringt Markierungen am Rand des Flusses an. Bis morgen muss der Pegel gesunken sein, wenn wir die Schlauchboote benutzen wollen. Der Tunnel, der von der Karstquelle aus zu einer Doline führt, befindet sich, laut Georges, circa hundert Meter entfernt. Was mich betrifft, so weiß ich schon, dass ich am Morgen zusammen mit Georges nach Pendagan zurückkehren muss. Die Träger fordern eine Entlohnung, die doppelt so hoch ist wie vereinbart, so dass wir erneut mit dem Dorfvorsteher verhandeln müssen.

Die Erklärungen von Georges sind so verwirrend, dass wir uns nur schwer eine Vorstellung davon machen können, wie wir diese Phase der Expedition angehen sollen. Wir haben noch keinen Plan, wie wir uns zurechtfinden sollen. Wir müssen zunächst die gesamte Zone zwischen Karstquelle und dem Teil flussaufwärts absuchen, der bereits 1996 von dem englischen Team erforscht wurde. Wir haben nur zwölf Tage Zeit, denn dann muss das Schiff in Banjarmasin in Südborneo sein, um neu kalfatert zu werden. Das lässt uns wenig Handlungsspielraum und zwingt uns, ununterbrochen zu arbeiten.

Freitag, 25. Februar

Ich kehre mit Georges, Meauxonne, Niels und J.-B. zu unserem Ausgangspunkt zurück. Die Träger sind schon vor uns aufgebrochen. Wir behalten für die gesamte Dauer der Expedition nur drei von ihnen bei uns. Gianini und Maury haben abseits der Piste, verdeckt von Büschen, ein Behelfslager aufgeschlagen. Als sich kurz darauf die anderen auf den Rückweg zum Lager machen, ziehen schwarze Wolken auf, und es fängt heftig an zu regnen. Wir haben mehrere Taschen, die sie nicht haben tragen können, versteckt, Georges und ich werden sie mitnehmen, wenn wir nach unserem Besuch im Dorf ebenfalls zurückgehen.

Die Unterredung mit dem Dorfvorsteher bestärkt meinen Eindruck von Konfusion, und wir verlassen das Dorf am nächsten Tag mit dem Versprechen auf eine Regelung, die mir äußerst vage vorkommt. Dieser hochmütige und herablassende Mann nahm seine Mitbürger zunächst in Schutz, um sich dann selbst aus der ganzen Sache rauszuhalten. Hinter all dem scheint der Eigentümer der Transportfirma (ein Lastwagen und ein Jeep…) zu stecken, der mauschelt und Anteile vom ausgezahlten Lohn einkassiert. Er hat sich erst vor fünf Jahren hier niedergelassen und ist schon reich geworden.

Unser Rückweg gestaltet sich schwierig. Auf dem ganzen Fußmarsch schleppe ich einen Kanister mit Reis, so schwer, dass ich nur in gebeugter Haltung gehen kann. Jedes Mal wenn ich über einen umgestürzten Baum, der uns den Weg blockiert, klettern oder unter ihm durchkriechen muss, verliere ich fast das Gleichgewicht, und die Metallhalterung schneidet mir in den Rücken. In den wenigen Pausen, die der immer noch kranke Georges und ich uns gönnen, unterhalten wir uns, doch ich kann nicht ermessen, ob ihm unsere Situation klarer ist als den anderen.

Gestern haben unsere Kameraden Trockenhöhlen rund um die Karstquelle erkundet. Ihr Interesse aber hält sich in Grenzen, weil sie zu einem bereits vermessenen Teil des Höhlensystems gehören. Was uns interessiert, befindet sich jenseits da-

Ein Schwindel erregender Abstieg in einer fantastischen Umgebung...
Die Speläologen gleiten hinunter zum Fluss, der am Grund der Doline zu erkennen ist.

von. Deshalb haben sie sich in die Doline abgeseilt, die vorerst mit dem Schlauchboot nicht zu erreichen ist, der Gang, der vom Portal zu ihr führt, ist überschwemmt, da der Regen den Pegel weiter hat ansteigen lassen. Ich sehe mir die Bilder dieses Abstiegs bei Franceschis und Pothons täglicher Videokontrolle an. Ein gewaltiger Schacht von dreihundert Meter Durchmesser und fünfzig Meter Höhe, am Grunde dessen der Fluss fließt. Das Abseilen fand völlig freihängend statt in einem atemberaubenden Rahmen zwischen ausgebuchteten Felswänden, die am oberen Rand von üppiger Vegetation umgeben sind, in die man eine Schneise hat schlagen müssen, und endet auf einem kleinen baumbestandenen, von Wasser umgebenen Felsen. Der Aufstieg dürfte erst recht nicht leicht gewesen sein. Die Speläologen mussten in manchen Höhlengängen, in denen das Durchkommen schwierig und gefährlich war, Sicherungen anbringen. Sie haben versucht, den Fluss hinaufzuschwimmen, doch er verschwindet erneut unter einem Felsen. Morgen werden Tessier und Arne versuchen, von der Karstquelle aus zu tauchen. Ihr Ziel ist es, das Flusssystem jenseits der Doline möglichst weit zu erkunden, den Teil also, der bislang unbekannt ist.

Ich bin etwas enttäuscht, dass ich nicht habe mitkommen können, Niels aber beruhigt mich: Die Sicherungen müssen am Ende der Expedition aus den Höhlengängen wieder entfernt werden; dann will er mich mitnehmen.

Sonntag, 27. Februar – Basislager

Heute Morgen installiert Gianini ein kleines Schutzdach für unser Satellitentelefon. Als er sein Buschmesser wieder an sich nehmen will, spürt er einen heftigen Schmerz im Zeige-

Der Mensch erscheint oft winzig in solchen gewaltigen Dimensionen.

finger. Ein Skorpion hat ihn gestochen. Etwas blass, aber immer noch auf den Beinen, ruhig und bei klarem Verstand, kommt er zurück. Er zündet sich eine Zigarette an und führt die vom Stich gerötete Fingerspitze an die Glut.

»Das Gift ist thermolabil, die Hitze zerstört es zum Teil«, erklärt Patrice.

Gianini erweckt den Eindruck, als hätte er nur einen einfachen Wespenstich abgekriegt. Ein paar Schweißtropfen perlen von seiner Stirn. Das ist alles. Ziemlich baff flüstert mir Tessier zu, der sich mit giftigen Insekten auskennt:

»Ganz schön robust, der Bursche, er lässt sich nichts anmerken.«

Und Gianini raucht seine Zigarette zu Ende und geht wieder seinen Beschäftigungen nach.

Tessier entnimmt Insektenproben. Die Schlauchboote sind

alle aufgepumpt. Eines davon, das älteste, scheint am strapazierfähigsten zu sein. Es ist dasjenige, das Franceschi bei seiner »papuanischen Wildwasserfahrt« gedient hatte. Mit ihm war er 1989 nach einer strapaziösen Durchquerung Irian Jayas von Nord nach Süd bis zu den ersten Missionarsdörfern gelangt. Von Irian Jaya erzählt Franceschi noch oft. Dieses Land hat ihn geprägt, wie vorher schon Afghanistan. Eine gefährliche Verbindung von Dschungel und Bergen, die ihm die schönste Belohnung beschert hat, von der ein Forscher träumen kann: den 4. Juli 1994, den Tag, als bei der Expedition Wapoga die Entdeckung eines noch unbekannten papuanischen Stammes gelang.

Der Pegelstand ist noch immer zu hoch, um das Schlauchboot zu benutzen. Am frühen Nachmittag beschließen Tessier und Arne zu tauchen – zunächst zur Doline, von wo aus sie die eigentliche Erkundung beginnen wollen. So müssen sie sich nicht mit der ganzen Taucherausrüstung im Schacht abseilen und können bei der Gelegenheit testen, wie gut sie vorankommen.

Ich sehe bewundernd zu, wie sie ihre Ausrüstung anlegen. Es bedarf schon großen Mutes und langer Erfahrung, ehe man sich auf ein solches Unterwasser-Abenteuer einlässt, das große Risiken birgt. Ihren Gesichtern sind Konzentration und Anspannung anzumerken. Beide sind mit jeweils zwei Flaschen ausgerüstet. Das Wasser ist braun, die Strömung scheint stark, der Pegelstand ist acht Meter über normal, die Wasserführung also beachtlich. Wir sehen sie zur Wand zu ihrer Rechten gleiten. Sie haben beschlossen, ihr zu folgen, wohl in der Annahme, dass die Strömung hier schwächer ist als in der Hauptrinne. Arne ist vorne und wickelt die Reepschnur ab, die Tessier als Führungsleine dienen soll. Sie bewegen sich tastend

Frank Tessier in einem der trockenen Gänge, die von der Doline ausgehen. Sie wurden vor Tausenden von Jahren vom Fluss ausgehöhlt.

und noch immer an der Oberfläche voran, verschwinden dann aus unserem Blickfeld, als sie in den Höhlengang eindringen. Um sie fotografieren zu können, springt Georges ins Wasser und postiert sich am anderen Ufer. Kräftige Kraulbewegungen trotz seines Fiebers! Als das Echo ihrer Stimmen nicht mehr zu hören ist, wissen wir, dass die beiden mit dem Tauchen begonnen haben. Bange Minuten verstreichen. Schließlich sehen wir Arne und kurz darauf auch Tessier wieder auftauchen. Sie hatten den Kontakt verloren. Sie sind beide stark beeindruckt und dabei doch skeptisch, was ihr Vorankommen angeht, beschließen aber, nach einer kurzen Verschnaufpause einen zweiten Versuch zu wagen. Diesmal kommen sie bis zur Doline, sehen aber davon ab, weiter vorzudringen. Die Bedingungen sind zu extrem. Tessier berichtet uns ausführlich von den Umständen dieser Erkundung.

»Wir hatten Schwierigkeiten, die ersten fünfzig Meter zu überwinden. Wir mussten die Mitte meiden, weil wir sonst wie die Verrückten mit den Flossen gegen die Strömung hätten ankämpfen müssen. Beim Tauchen mussten wir dann feststellen, dass die Sichtweite gleich Null ist, als wären wir in Milchkaffee eingetaucht. Unmöglich, die Instrumente abzulesen und sich zu orientieren. Ich bin gegen eine Wand gestoßen und habe weiter versucht, der von Arne gezogenen Führungsleine zu folgen. Irgendwann muss wohl eine Biegung gewesen sein, die ich aber nicht bemerkt habe. Ich wollte der angegebenen Richtung folgen, aber das wurde immer schwieriger. Dann fiel mir auf, dass die Leine nicht mehr gespannt war. Arne war längst umgekehrt, aber wir konnten uns nicht sehen. Während ich versuchte, mich wieder zu orientieren, bin ich unmerklich immer tiefer getaucht, bis zum Grund, etwa sechs oder sieben Meter tief. Das wurde mir klar, als meine Flossen an Äste stießen.

Die Piraten greifen an

Am Samstag, den 26. Februar 2002 gegen 8.30 Uhr, fährt die *La Boudeuse* die Halbinsel Mangkalihat an der Ostküste von Borneo hinunter. Sie soll den Ethnologen des Pariser Musée de l'Homme Antonio Guerreiro auf der kleinen Insel Maratua absetzen.

Bernard Wolfrom steht am Ruder, Marc Bonguardo ist sein Wachoffizier. An Bord befinden sich außerdem Christophe Kerneau, Gérard Bordeleau und Romy Whitbrood.

Als die Dschunke in zwei Seemeilen Entfernung an der Südwestküste der kleinen Insel vorbeifährt, folgt ihr ein Fischerboot steuerbords im Abstand von fünfhundert Metern. Es ist grau mit einem Dach, ungefähr zehn Meter lang und fährt unter Motor.

Bonguardo beobachtet es mit dem Fernglas.

»Dieses Boot ist mir irgendwie nicht geheuer«, gesteht er Wolfrom leicht beunruhigt.

Seine Befürchtung soll sich fünf Minuten später durch eine erste Detonation bestätigen. Ungläubig hören die Seeleute gleich darauf eine zweite, die eindeutig von dem kleinen Boot ausgeht. Und das Feuer ist zweifelsohne auf die *La Boudeuse* gerichtet. Wolfrom nimmt am Ruder augenblicklich eine gebückte Haltung ein, und Bonguardo rennt unter Deck, um Alarm zu geben. Er kommt zum Ruderstand zurück und zieht das Fischernetz ein, damit es beim Manövrieren nicht in die Schraube kommen kann.

Die einzige Möglichkeit ist, mit Volldampf direkt auf den Angreifer zuzusteuern und ihn durch Feuern von Seenotraketen abzuschrecken. Das übernehmen Kerneau und Bordeleau, während Bonguardo jetzt steuert und den Motor hochfährt. Wolfrom ist hinten in der Messe und beobachtet das Fischerboot, das weitere Schüsse abgibt. An Bord sind fünf oder sechs Personen, eine davon steht auf dem Heck und zielt mit einer Waffe auf die Dschunke. Man hört deutlich, wie die Geschosse auf den Rumpf prallen. Kerneau und Bordeleau schießen mehrere Raketen ab. Die ersten zeigen keine Wirkung. Die zweite Serie scheint ihren Zweck zu erfüllen: Das Boot der Angreifer dreht bei.

Wolfrom sieht die »Piratenfischer« mit Kappen und Reusen winken zum Zeichen, dass sie aufgeben. Wir wissen nicht, was genau passiert ist, nur, dass wir in diesem Gebiet nicht bleiben sollten. Die Dschunke umrundet das nördliche Kap der Insel, um aufs offene Meer zu kommen und nach Süden in Richtung Sungai Bai zu fahren. Wir denken an die Möglichkeit eines Hinterhalts. Das Material, das wir transportieren, weckt sicher Begehrlichkeiten.

Daraufhin habe ich kehrt gemacht und Arne wiedergefunden. Wir haben beschlossen, es noch einmal zu versuchen, diesmal aber geradewegs gegen die Strömung. Das war hart, aber wenigstens wussten wir, in welche Richtung wir uns bewegten. Schließlich haben wir es bis zur Doline geschafft, doch es war sinnlos, auf der anderen Seite weiter zu schwimmen. Die Bedingungen waren viel zu schlecht, viel zu gefährlich…«

Während wir noch über weitere Erkundungsmöglichkeiten beraten, sehen wir Franceschi in einem ungewohnt erregten Zustand herbeieilen. Er hat soeben das tägliche Telefonat mit der Dschunke geführt.

»Jetzt haben wir die Bescherung, die *La Boudeuse* wurde heute Morgen angegriffen!«

Ja, jetzt haben wir die Bescherung – es klingt wie eine Selbstverständlichkeit in unseren Ohren, wie die Bestätigung von etwas Unausweichlichem. Früher oder später musste es ja passieren. Obwohl wir uns so gut wie möglich informiert haben, in ständigem Kontakt mit dem Zentrum zur Überwachung der Piraterie in Kuala Lumpur, Malaysia, stehen und alle möglichen Vorsichtsmaßnahmen getroffen haben, hat ein Überfall stattgefunden. Seit Beginn unserer Forschungsreise hören wir von Journalisten, von Neugierigen und von Freunden immer wieder die Frage: »Und die Piraten?« Dieser Teil der Welt ist von Piraten geradezu verseucht – ein Beweis dafür ist die bald darauf erfolgte Geiselnahme auf Jojo – in demselben Gebiet wie der Angriff auf die *La Boudeuse* –, die dann weltweit Schlagzeilen machte. Doch dass Banditen in diesen schwer zu überwachenden Gewässern Seeräuberei betreiben, und dass diejenigen, die sie kontrollieren sollen, manchmal selbst Piraten sind, wird uns nicht davon abhalten, herzukommen, uns nicht daran hindern, uns in solch fantastische Abenteuer zu stürzen. Und, seien wir ehrlich, der Risikofaktor verleiht unseren Expeditionen eine zusätzliche Abenteuernote, was manch einem unter uns nicht missfallen dürfte… »Abenteuer ist Abenteuer…« Ich bin immer wieder überrascht von den Reaktionen mancher Gesprächspartner oder Gäste auf unserem Schiff, die sich der Risiken nicht bewusst sind und nicht so recht an sie glauben wollen. Als würde die Möglichkeit, Gefahren »virtuell« über den Fernsehbildschirm, durch TV-Nachrichten oder Videofilme zu erleben, die Fähigkeit einschränken, reale Gefahren als solche wahrzunehmen. Die zweifelnden Mienen mancher beim Thema Gefahr macht mich jedes Mal sprachlos. Diese Neigung, sich zu sehr in Sicherheit zu wiegen, hat oft schlimme Folgen und bewirkt vor allem eine stark verringerte Widerstandskraft in gravierenden Stresssituationen. Und das ist oft viel gefährlicher als die eigentliche Gefahr.

Bis jetzt haben wir nur wenig Informationen über den Angriff auf unser Schiff. Alles, was wir wissen, ist, dass niemand von uns verletzt ist und dass auch die Dschunke – bis auf ein paar Einschläge von MG-Kugeln am Rumpf – keinen ernsthaften Schaden genommen hat. Alles ging blitzschnell, früh am Morgen, als die *La Boudeuse* Antonio Guerreiro, den Ethnologen vom Musée de L'Homme, auf der kleinen Insel Maratua absetzen sollte. Wir werden weiteres erfahren, wenn wir wieder auf der Dschunke sind. Diese Nachricht löst natürlich große Aufregung in unserem Lager aus und gibt Anlass zu zahlreichen Kommentaren. Auf jeden Fall ist Guerrero nicht an Land gegangen, und die *La Boudeuse* ist wieder in Pengadan.

Das trifft sich gut, da mich Franceschi mit einer neuen Mission betrauen will. Ich soll noch einmal ins Dorf zurückkehren. Wir wollen zum Ende der Expedition auf die Träger verzichten. Sie sind teuer, unzuverlässig und eher hinderlich, ausgenommen die paar, die wir behalten haben und die passabel sind – vor allem ihr Chef und ein älterer Mann, der uns sehr sympathisch ist und den wir nicht gern allzu Schweres tragen sehen. Manchmal können wir nicht anders, als ihm etwas von seiner Last abzunehmen, was paradox erscheinen mag. Wir möchten zum Rücktransport unseres Materials nicht wieder Männer von ihm anheuern müssen.

»Du kommst mit den beiden Schlauchbooten zurück«, sagt Franceschi zu mir. »Sobald wir sie hier haben, geht alles sehr viel leichter. Wir brauchen nur unser Material aufzuladen und den Fluss damit runterzufahren. Wir benötigen den Vier-PS- und den Neun-PS-Motor, für jeden zwei, oder wenn möglich drei Kanister Benzin und einen mit Öl. Maury begleitet dich, und ihr kommt zusammen mit Kerneau und Wolfrom zurück. Vergesst nicht, Axt und Buschmesser mitzunehmen; es gibt sicher Hindernisse unterwegs. Und denkt an Zelte für den Fall, dass ihr es nicht an einem Tag schafft. Wenn es zu schwierig wird, kehrt bitte um. Starrsinn bringt uns nicht weiter. Sinn und Zweck des Unternehmens ist, die Sache zu erleichtern und nicht, sie zu erschweren.«

Gianini kommt auch mit. Als Verantwortlicher für die Sicherheit ist es unter den gegebenen Umständen wichtig, dass er sich auf dem Schiff aufhält. Als weiteres Problem kommt hinzu, dass ein Teil des Speläologen-Teams zurückreisen muss. Tessier und J.-B. werden an der Universität erwartet, und bald werden uns auch Georges Robert und Meauxonne verlassen müssen. Die Schwierigkeiten, mit denen wir in den vergangenen Wochen zu kämpfen hatten, haben zu Verzögerungen geführt, und unsere Zeit ist begrenzt. Bald bleiben uns nur noch Niels und Arne als Spezialisten in Sachen Höhlenkunde. Und Arne muss sich zudem auf seine Arbeit als Fotograf konzentrieren. Schließlich und endlich kommt noch hinzu, dass die Angaben von Georges nach wie vor unklar sind. Ich muss zugeben, dass ich im Augenblick etwas ratlos bin und nicht recht verstehe, was wir eigentlich machen und was weiterhin zu geschehen hat. Tessier und Franceschi lassen nicht locker und versuchen, nützliche Informationen zu sammeln. Als wir am nächsten Tag nachmittags das Lager verlassen, machen sich zwei getrennte Gruppen auf den Weg, um an verschiedenen Stellen auf Erkundung zu gehen. Hoffen wir, dass uns das Glück zu Hilfe kommt.

Dienstag, 29. Februar

Es ist sieben Uhr morgens, und alles ist bereit zum Aufbruch. Die Schlauchboote sind fertig ausgerüstet, und wir überprüfen noch einmal sorgfältig jedes Detail. Die Stimmung auf der *La Boudeuse* ist sonderbar ruhig, fast beschaulich, verglichen mit der Aufregung, die in letzter Zeit an Bord herrschte. Fast alle sind im Dschungel, und die wenigen, die an Bord geblieben sind, leben in einem Rhythmus, der so ganz anders ist als der unsere – regelmäßiger Wachdienst, kleine Reparaturen am Schiff, Wäschewaschen, Besuch der Dorfkinder, die die Dschunke bestaunen. Der Tagesrhythmus der Crew ist ein anderer. Kerneau und Bonguardo, die zuverlässigen und aufmerksamen Hüter der *La Boudeuse*, auf der sie seit fast einem Jahr leben, wachen wie grimmige Zerberusse über das Schiff. Der Maschinenraum von Gégé gleicht einem blitzblanken Badezimmer, und Romy überwacht die Vorratskammer mit unerbittlicher Strenge, die die versuchten Beutezüge unseres Bordmechanikers zu verhindern weiß…

In einem Bild vereint, die *La Boudeuse* und das Bergmassiv von Borneo, das der Sungai Bai in kilometerlangen unterirdischen Mäandern durchfließt.

Gianini hat uns einen Plan für unsere Route gemacht. Er gehörte zu dem Team, das am Tag vor unserem Aufbruch in den Dschungel auf dem Fluss auf Erkundung gegangen ist. Seine Zeichnung weist auf einige Zuflüsse hin, die uns irreleiten könnten. Danach geht es immer nur geradeaus bis zur Karstquelle – so Gott will. Wir wissen, dass wir mit Hindernissen rechnen müssen, zumal die Regenfälle der letzten Tage die Strömung des Sungai Bai verstärkt haben und mit Sicherheit viele tote Bäume im Wasser treiben. Mit viel Glück können wir unser Ziel am späten Nachmittag erreichen. Sonst morgen.

Als wir aufbrechen, scheint die Sonne. Wir sind guter Dinge, und unsere Schlauchboote gleiten ruhig zwischen den noch baumlosen Ufern dahin. Nach mehreren hundert Metern flussaufwärts treffen wir auf eine Schute, die eine gewaltige Ladung mit Baumstämmen schleppt. Etwas weiter, ein riesiger Felsen mit einer dunklen Öffnung, die an einen Ausguck von Freibeutern erinnert. Unbeschwert plaudern wir von diesem und jenem, freuen uns über diesen improvisierten Ausflug. Wir sitzen zu dritt in einem Schlauchboot und ziehen das andere, in dem unser vierter Mann sitzt, hinter uns her. Zwei Stunden lang verläuft alles ohne Zwischenfälle. Gianinis Zeichnung führt uns problemlos bis zu einem Dorf, hinter dem sich die letzte Abzweigung befindet. Von da ab, das wissen wir, wird es ernst.

Der Fluss ist plötzlich nur noch halb so breit, und wir dringen ins Innere des Dschungels vor. Der Abstand zwischen den jetzt dicht bewachsenen Ufern beträgt nur noch etwa fünfzehn Meter, doch das Sonnenlicht rieselt noch durch die Baumkronen. Auf dem Mississippi träumten die Figuren Mark Twains von Abenteuern in wunderlichen und unbekannten Gefilden, ähnlich denen, die wir gerade durchleben. Unsere Kindheit war erfüllt von diesen Helden, und durch eine wunderbare Umkehrung der Dinge – als wäre das Abenteuer eigentlich nur die Fortsetzung unserer Kindheitsträume – identifiziere ich mich derzeit mit ihnen. Als würde man seine Träume nur verwirklichen, um wieder das Kind sein zu können, das man einst war. Das ist sicher einer der Gründe, weshalb mir Franceschi mit seinen fünfundvierzig Jahren manchmal vorkommt, als wäre er fünfzehn…

Kaum sind wir in diesen Engpass eingefahren, stoßen wir auf die erste Sperre. Sie ist nicht sehr breit. Wir schneiden, was wir schneiden können, um uns eine Passage zu bahnen, und stützen uns auf dem Gewirr von Stämmen und Zweigen ab, das unter unseren Füßen nachgibt. Wir haben die Schlauchboote am Ufer festgemacht und beginnen gerade mit der Arbeit, als ich ein lautes »Platsch« vernehme und Wolfrom im Wasser verschwinden sehe – nur sein Stoffhut schwimmt auf der Oberfläche. Doch kein Grund zur Sorge, er taucht augenblicklich wieder auf, und macht sich, erfrischt durch das unerwartete Bad, erneut wie ein Wilder ans Werk. Wir haben uns für die linke Seite entschieden. Als das Gewirr lichter wird, schalten wir die Motoren wieder an, um durch die sich öffnende Lücke zu stoßen, während Wolfrom auf einem Baum die letzten Schläge mit dem Buschmesser vornimmt. Besagter Baum aber, der weit über den Fluss geneigt ist, wird, was wir nicht wissen, von der Sperre nach unten gezogen. In dem Augenblick, als der letzte Ast nachgibt, wird Wolfrom durch die Federkraft nach hinten geschleudert. Zum Glück hat er sich rechtzeitig festklammern können und bleibt unverletzt. Ich muss zugeben, dass ich ihm, wenngleich ich seine Vergangenheit kenne, solche Gelenkigkeit und Dynamik nicht zugetraut hätte. Es ist schon lange her, dass er das letzte Mal im Dschungel war, aber er hat nichts verlernt! Wir lesen ihn also wieder auf und setzen unseren tückenreichen Weg fort.

Über mehrere Stunden treffen wir auf mehr oder weniger leicht zu überwindende Hindernisse, und vor jeder Flussbiegung fragen wir uns, was uns dahinter erwarten mag. Wenn wir Pech haben und eine Barriere vorfinden, nehmen wir sie, um möglichst wenig Zeit zu verlieren, so schnell wie möglich in Angriff. Mit der Erfahrung, die wir dabei sammeln, werden wir immer geschickter und einfallsreicher.

Gegen Mittag aber stoßen wir auf ein Hindernis, das sich als unüberwindbar herausstellt. Es ist an die zwanzig Meter breit – ein kompaktes Gewirr aus dicken Stämmen und verfaulter Vegetation, die an den Wurzeln hängen geblieben ist.

Wir reagieren eher erstaunt als entmutigt, mit so etwas haben wir nicht gerechnet. Unsere Buschmesser brauchen wir gar nicht erst zu zücken, es ist hoffnungslos. Was tun? Die Schlauchboote, die Ausrüstung und die Motoren darüber hinwegtragen? Völlig undenkbar und viel zu riskant für uns und für das, was wir tragen müssen. Die einzige Lösung wäre, es am Ufer zu versuchen. Wolfrom will sich umsehen.

»Wenn wir uns einen Weg freischlagen, könnte es funktionieren. Aber leicht wird es nicht sein«, verkündet er uns.

»Den Weg freizuschlagen, ist noch nicht das Schlimmste«, meint Kerneau. »Aber wir müssen die Motoren abmontieren, sie die Böschung hochbekommen, sie die zwanzig Meter schleppen und auf der anderen Seite wieder am Boot anbringen. Das Vierzig-PS-Teil wiegt an die hundert Kilo.«

Eine knappe Viertelstunde überlegen wir hin und her. Die Böschung ist steil und rutschig. Nicht nur Körperkraft, sondern ebenso viel Geschick und Einfallsreichtum sind erforderlich, wenn dieses Unternehmen gelingen soll. Wir zögern, weil niemand wissen kann, ob uns zweihundert Meter weiter nicht die gleiche Situation erwartet. Nach unserer Karte zu urteilen, haben wir nicht einmal ein Viertel der Strecke zurückgelegt.

»Wir werden später bereuen, es nicht zumindest probiert zu haben«, sage ich. »Kommt gleich das nächste Hindernis, geben wir auf, aber so wäre es einfach zu ärgerlich.«

Alle sind einverstanden, und so machen wir uns daran, mit unseren Buschmessern eine Bresche durch das dornige Dickicht zu schlagen. Sobald der Weg frei ist, schleppen wir die Motoren die Böschung hinauf. Der Neun-PS-Motor ist ein

Durch eine Sperre im Fluss blockiert, muss sich die kleine von Kerneau angeführte Gruppe eine Bresche durch den Dschungel schlagen, die Motoren abmontieren und die Schlauchboote aus dem Wasser holen, um das Hindernis zu umgehen.

Kinderspiel. Mit dem Vierziger haben wir allerdings ein ernsthaftes Problem. Unmöglich, ihn das Ufer hinaufzuschleppen. Zu hoch, zu steil, zu rutschig und zu riskant, dass er uns dabei ins Wasser fällt. Als erfahrene Seeleute studieren Maury und Kerneau die Möglichkeiten. Mit Hilfe eines an einem Baum befestigten Seils und eines ausgeklügelten Hebelsystems gelingt die Operation schließlich. Dennoch ist die Anstrengung gewaltig. Die Schlauchboote kommen uns danach geradezu federleicht vor. Wir stärken uns schnell, denn wir brauchen all unsere Kraft, um die zwanzig Meter bis zur anderen Seite der Barriere mit unserem Material zu überwinden. Mit Hilfe eines Baumstamms fertigen wir einen Lattenrost für den Motor an. Das Holz schneidet uns in die Schultern, und die hundert Kilo Gewicht drücken uns zu Boden. Wir bewegen uns im Gänsemarsch voran, setzen einen Fuß vor den anderen, wie Roboter. Das schwierigste ist, den Motor wieder am Boot zu befestigen.

Zwei Stunden später setzen wir unseren Weg fort, heilfroh, das Hindernis doch noch genommen zu haben, und zugleich besorgt, angesichts dessen, was uns möglicherweise noch bevorsteht. Der Nachmittag hält weitere Barrieren für uns bereit, die wir aber ohne große Schwierigkeiten überwinden, aber auch längere ruhige Navigationsphasen. Streckenweise fahren die beiden Boote sogar getrennt und mit relativ hoher Geschwindigkeit. Aber wir sind immer noch weit von der Brücke entfernt, die wir vor einigen Tagen mit dem Lastwagen passiert haben, und das bedeutet, dass wir auf keinen Fall vor morgen Abend am Ziel sein können.

Es ist sechzehn Uhr dreißig, der Fluss wird immer schmaler und gewundener. Überall treiben einzelne Äste im Wasser. Maury fährt allein im Schlauchboot vor uns her. Der Wulst,

Sturm auf dem Fluss

Hier der Bericht von Marc Bonguardo, Erster Leutnant auf der *La Boudeuse*, über eine abenteuerliche Flussfahrt, die schlecht hätte ausgehen können:

»Es gibt nur wenige Möglichkeiten, der Schute bei ihrer Fahrt flussabwärts auszuweichen. Bleiben wir an derselben Stelle liegen, kann sie nicht an uns vorbei. Wir können auch nicht weiter flussaufwärts vor Anker gehen, denn auch dort ist der Fluss zu schmal, als dass sie passieren könnte. Anderswo ankern? Unmöglich, es gibt kein Anderswo!

Die einzige Möglichkeit: Wir müssen etwa zwanzig Kilometer flussabwärts zu einer Stelle fahren, wo sich der Fluss durch eine Einmündung verbreitert, die Schute vorbeilassen und wieder flussaufwärts an unseren Ausgangspunkt zurückkehren. Die indonesischen Schauerleute wollen uns informieren, sobald sie startbereit sind. Das Warten beginnt.

Ich fahre in regelmäßigen Abständen mit dem Schlauchboot hin, um nachzusehen, wie weit sie mit dem Laden der Baumstämme sind. Schließlich ist es soweit. Zwei Indonesier in einem Einbaum kommen, um uns Bescheid zu geben.

Sobald die Anker gelichtet sind, dreht sich die Dschunke schnell in der Strömung, der Bug liegt in der richtigen Richtung. Die Fahrt flussabwärts beginnt an einem ruhigen, sonnigen Spätnachmittag. Als wir die Mündung erreicht haben, wird es langsam dunkel. Wir gehen vor Anker. Die Schute wird genügend Platz haben, um an uns vorbeizufahren, ohne uns zu streifen. Stunden vergehen, wir nehmen unser Abendessen ein, lauschen den Schreien der kleinen, unsichtbaren Tiere und dem Rauschen der Palmen, das in die Messe dringt.

Der Himmel bezieht sich eigenartig. Gegen Mitternacht endlich kommt die Schute. Aus dem Nichts aufgetaucht, gleitet eine Masse schwimmenden Holzes an uns vorbei. Angesichts der Ausmaße ihrer Ladung mache ich dem Kapitän des kleinen Schleppers ein anerkennendes Zeichen. Die Gefahr ist vorüber.

Wir beschließen, nicht hier zu bleiben, sondern an unseren Ausgangspunkt zurückzukehren, denn wir haben keine Lust, uns an diesem recht unsicheren Ankerplatz auf dem breiten Fluss hin- und herschaukeln zu lassen.

Aber wie sollen wir in stockfinsterer Nacht den Flusslauf erkennen? Doch wir haben nicht die Genialität unseres Bordmechanikers Gégé bedacht. Am Bug der *La Boudeuse* werden zwei Halogen-Scheinwerfer angebracht, die Fluss und Dschungel erhellen. Eine absolut fantastische Sicht! Der Anker

Um dieser riesigen Schute auszuweichen, muss die La Boudeuse *etliche Flusskilometer abwärts fahren.*

wird eilig eingeholt, und das Schiff setzt sich in Bewegung. Die Ufer werden auf unserer Fahrt in helles Licht getaucht. Jetzt hat die *La Boudeuse* richtige Scheinwerfer und schiebt sich durch die Dunkelheit…
Aber wir müssen gegen eine starke Strömung ansteuern. Die Wolken, die sich aufgetürmt haben, beginnen sich Tropfen für Tropfen zu entleeren. Wir decken die Scheinwerfer mit einer Schutzplane ab. Die ersten Flussbiegungen. Die Strömung ist wirklich stark, und das Steuern wird immer schwieriger. Der Regen schlägt jetzt heftig auf die Brücke, die Sicht wird schlechter und die Navigation komplizierter.
Wind kommt auf, und ich bin tropfnass unter der Plane, die den Ruderstand schützen soll. Wir beten, dass die Scheinwerfer keinen Kurzschluss bekommen. Blätter tanzen durch die Luft, bald sind es Hunderte, die von den immer heftigeren Windböen losgerissen wurden.

Dreißig, dann vierzig Knoten… vielleicht sogar fünfzig oder sechzig Knoten Windgeschwindigkeit, und das mitten im Dschungel! Ich sehe nur noch eine weiße Tropfenwand vor dem Bug. Die Ufer an beiden Seiten sind nicht mehr auszumachen. Ich weiß, dass eine Biegung vor uns liegt, aber ich darf nicht sofort einschlagen. Zunächst muss ich das Schiff in dieser Position gegen die Strömung stabilisieren, indem ich mit dem Gashebel spiele.
Ich segne einen senkrecht herabhängenden Zweig, der sich vor dem Unwetter festgezwickt hat. Er ist mein einziger Orientierungspunkt, sonst wären wir mit Sicherheit auf Grund gelaufen. Die Zeit scheint stehen zu bleiben, und ich höre auf nachzudenken, bin nur noch Konzentration… Dreieinhalb Stunden später haben wir unseren ursprünglichen Liegeplatz wieder erreicht – zerschlagen, aber heil und gesund. Die ganze Nacht über prasselt der Regen auf den Sungai Bai.

Noch mal Glück gehabt. Franceschis Sturz hätte auch böse enden können. Dank seiner Judo-Reflexe ist er nicht in den Abgrund gestürzt, aber er hat Verletzungen an Arm und Rücken davongetragen. Ségolène muss an mehreren Stellen nähen.

auf dem ich sitze, verliert Luft. Ich stehe auf, um die Pumpe aus dem wasserdichten Sack im Bug zu holen, als ich vor uns einen verräterischen Ast entdecke, der kaum aus dem Wasser ragt. Zu spät. Kerneau konnte ihn nicht sehen, der Zweig gerät in die Schraube, stoppt das Schlauchboot. Durch den entstandenen Ruck verliere ich das Gleichgewicht, werde nach vorne katapultiert und falle ins Wasser. Genau vor das Schlauchboot, das – nur kurz durch den Ast blockiert – seinen Weg fortsetzt. Ich realisiere, dass die Schraube direkt auf mich zukommt. Ich tauche auf, sehe den Bug dicht vor mir und rette mich durch eine jähe, reflexartige Bewegung zur Seite. Das muss ganz schön komisch ausgesehen haben.

»Keine Bange, nichts passiert!«, ruft Wolfrom und schnappt mich am Kragen, um mich an Bord zu ziehen.

Im selben Augenblick packt mich Kerneau am Gürtel. Er hat, als er mich ins Wasser fallen sah, sofort ausgekuppelt. Ohne die Geistesgegenwart und Schnelligkeit meiner Kameraden hätte das Ganze ziemlich böse ausgehen können…

Von jetzt an zögere ich nicht mehr, ins Wasser zu springen, um den Weg freizumachen. Wir müssen uns beeilen.

Maury und ich sind eben dabei, am Rand einer recht beachtlichen Barriere einen Baum zu zerteilen. Wir schlagen auf den Stamm ein, während Kerneau und Wolfrom, jeweils in einem Schlauchboot, warten, um, sobald der Weg frei ist, möglichst schnell hindurchzufahren und uns weiter oben wieder aufzulesen. Endlich gibt er nach. Dann aber müssen wir fassungslos und ohnmächtig mit ansehen, wie sich plötzlich die ganze Barriere löst und von der Strömung auf unsere Kameraden zugetrieben wird, die nichts anderes tun können, als die Flucht vor dieser Masse zu ergreifen, die sie gnadenlos zum Kentern bringen oder zermalmen würde. Ungläubig sehen wir sie verschwinden…

»Das darf nicht wahr sein«, sage ich und weiß nicht, ob ich lachen oder weinen soll. »Und was machen wir jetzt?«

»Wir können nur hoffen, dass sich das Holz weiter unten nicht wieder staut. Sonst sitzen sie wieder fest, und wir können die Nacht hier verbringen«, erwidert Maury.

»Hier biwakieren, na großartig, durchnässt, wie wir sind, und mit nur einem Buschmesser.«

Unsere Kameraden sind schon weit entfernt. Die Motorengeräusche werden immer leiser. Dann nichts mehr. Wir warten resigniert.

Trotz seiner Verletzungen nimmt Franceschi an den Höhlenexpeditionen teil.

Eine Viertelstunde später tauchen sie wieder auf. Sie sind durchgekommen. Aber das Glück ist uns nicht hold; es wird bald dunkel, und wir stoßen erneut auf ein Hindernis. Wieder müssten wir unsere Ausrüstung hinübertragen. Doch für heute ist es zu spät, wir müssen ans Biwakieren denken. Und überhaupt, lohnt sich der ganze Aufwand noch?

»Wir dürfen nicht vergessen, dass es Sinn und Zweck des Unternehmens ist, unser Material leichter zurücktransportieren zu können«, sagt Wolfrom. »Wenn wir aber jetzt schon vor derartigen Schwierigkeiten stehen, wie soll das dann funktionieren, wenn wir die Ausrüstung geladen haben? Was wir dann tragen müssen, ist dreimal so schwer und sperrig wie unser Zeug heute.«

»Und alles, was wir schneiden, staut sich weiter flussabwärts wieder an; da könnt ihr Gift drauf nehmen«, meint Kerneau. »Wenn wir uns in die Sache verbeißen, bekommen wir nur neue Schwierigkeiten.«

Dabei haben wir noch nicht mal die Brücke erreicht ... Nur Maury zögert noch. Als wir die Boote am Ufer festmachen, um unser Lager aufzuschlagen, stellen wir fest, dass die Halterung des 9-PS-Motors gebrochen ist. Wir laufen also Gefahr, unterwegs den Motor zu verlieren. Damit wäre das Problem geregelt.

Nachts regnet es immer wieder. Die Rückfahrt am nächsten Tag hat es wieder mal in sich. Der Wasserstand ist gestiegen, und die Strömung stärker geworden. Es haben sich erneut Sperren gebildet, und diesmal müssen wir Acht geben, nicht darauf zu prallen oder uns umkippen zu lassen, wenn wir einen Durchlass gefunden haben. Fast jedes Mal bricht das Hindernis auseinander, und die beiden Boote müssen sich eines nach dem anderen im Slalom einen Weg bahnen, ohne sich dabei zu trennen, was trotzdem mehrmals passiert. Man muss vorausdenken, beim Steuern die Strömung berücksichtigen. Kein leichtes Spiel, aber ein faszinierendes. Den krönenden Abschluss liefert uns Wolfrom, als er, mit dem Buschmesser bewaffnet, auf zwei Stämmen balanciert und riskiert, sich ein Bein dazwischen zu zerquetschen – und plötzlich entdeckt er eine Tarantel auf seinem Knie. Im Eifer des Gefechts hat er sie nicht bemerkt. Er kann sie abschütteln, doch sie geht erneut zum Angriff über. Am Ende zieht sie den Kürzeren und ertrinkt ...

Donnerstag, 2. März – Rückkehr zum Basislager

Allmählich kenne ich den Weg… Kerneau, Maury und ich brechen zusammen zur Karstquelle auf. Wolfrom fliegt nach Frankreich zurück. Unser Erster Offizier freut sich zwar über den Dschungelausflug, sieht sich aber gezwungen, Bonguardo allein mit einer Mission zurückzulassen, bei der er ihm zweifellos gerne zur Seite gestanden wäre. In drei Tagen wird die Schute, die sich jetzt noch flussaufwärts von der *La Boudeuse* befindet, den Sungai Bai hinunterfahren. Sie ist mit fünftausend Tonnen Holz beladen, und sie darf auf keinen Fall die Dschunke rammen. Das Problem ist schnell erklärt.

An der Stelle, wo die *La Boudeuse* vor Anker liegt, hat der Fluss ungefähr siebenunddreißig Meter Breite. Unser Schiff ist siebeneinhalb Meter breit. Die Breite der Schute beträgt siebenundzwanzig Meter. Bleiben also viereinhalb Meter. Das ist zu wenig, vor allem weil die Strömung am Ende der Biegung den Holzberg direkt in Richtung der *La Boudeuse* drücken wird.

Bonguardo weiß, genauso wie wir, dass ihm die schwierigsten Augenblicke der Expedition bevorstehen.

Was uns betrifft, so warten gute und schlechte Nachrichten auf uns. Als wir zum Lager kommen, ist nur Ségolène da, die Wachdienst hat. Kurz darauf sehen wir unsere Kameraden den steilen Hang herunterlaufen, der zum Bergmassiv führt. Auch sie wirken abgespannt. Franceschi scheint begeistert, was uns aber vor allem auffällt, ist der dicke Verband, den er um Hand und Unterarm trägt. Arne wiederum humpelt stark.

Bei Franceschi war es ein Sturz, der sehr böse hätte ausgehen können. Ein Felsstück hat gestern unter seinem Fuß nachgegeben, und es war das reinste Wunder, dass er sich an dem scharfen Gestein, auf das er gefallen ist, nicht mehr verletzt

Nach und nach gibt das Bergmassiv einige seiner Geheimnisse preis. Wir klettern, kriechen, erforschen alles, was erforscht werden kann. Vladimir de Gmeline, Bordschriftsteller, beim Abseilen.

hat. Der äußerst raue Kalkstein hat ihm Rücken und Arm aufgeritzt und ihm ein Stück Fleisch von der Handfläche weggerissen. Ségolène hatte sich zunächst vor allem Sorgen um seine Wirbelsäule gemacht, die aber zum Glück nichts abbekommen hat. Die Wunde am Rücken hat sie mit sechs Stichen nähen müssen, die verletzte Hand konnte sie nur mit einem dicken Verband umwickeln. Arne wiederum ist in einer Höhle ausgerutscht und hat sich das Schienbein aufgestoßen. Er bekam einen leuchtend grünen Verband verpasst, der viel hermacht, doch es ist noch nicht klar, ob der Knochen in Mitleidenschaft gezogen ist oder nicht. Dieser Unfall hat sich heute in einer Höhle ereignet, die als »jungfräulich« gilt. Mit anderen Worten eine Neuentdeckung, eine Höhle, die noch nicht vermessen und in der noch nie jemand gewesen ist, außer vielleicht ein paar Nestsucher. Denn hier ist man nie der Erste...

»Die Höhle ist einfach fantastisch«, schwärmt Franceschi, »es gibt tausend Dinge zu sehen. Eine völlig unerforschte Zone, die Georges noch nicht kennt. Keine der früheren Expeditionen hat sich mit ihr befasst.«

Es scheint sich um eine trockene Höhlenpassage zu handeln und um einen Fluss, der einen Teil des episodisch aktiven Systems ausmacht. Der Sungai Bai fließt darunter her. Der Höhlenraum, in dem Arne gestürzt ist, gehört zu diesem Gesamtsystem. Kurz, wir haben gefunden, was wir gesucht haben, und die Vermessungen, die wir vornehmen wollen, werden es bestätigen. Leider ist die Zeit schon ziemlich vorangeschritten, und wir müssen uns beeilen.

»Georges und Meauxonne verlassen uns morgen«, fährt Franceschi fort, »und ich fürchte, Arne ist im Moment nur beschränkt einsatzfähig. Das Team schrumpft... Wir müssen uns also in der Zeit, die uns noch bleibt, auf diese Zone beschränken.«

Niels und ich brechen am folgenden Morgen in aller Herrgottsfrühe auf. Die anderen bleiben zunächst noch im Lager, um ein paar Szenen zu drehen, und folgen uns gegen Mittag. Niels hat mich gewarnt, der Weg dorthin würde kein Spaziergang sein. Er hat Recht. Es gibt keinen richtigen Pfad, und man kann sich leicht verirren. Es geht rauf und runter, und man muss ständig über irgendwelche Felsen klettern, die zur Falle werden können. Unsere Schuhsohlen nutzen sich unglaublich schnell ab. Das Dunkel des Waldes schützt uns gegen die gnadenlose Sonne. Schließlich gelangen wir an eine kleine Öff-

Unsere Mühen werden endlich belohnt. Niels Dessenante über dem Abgrund.

nung, und wir blicken erneut auf diese herrlichen Berge im Osten, wo Franceschi so gerne geforscht hätte.

Wir kommen an einer Doline vorbei, sehen ein oder zwei Höhleneingänge von eher bescheidenen Ausmaßen, die wir heute oder morgen auf dem Rückweg erkunden wollen. Dann noch ein paar Auf- und Abstiege, die unseren Fußmarsch zu Gymnastik ausarten lassen.

Nach etwa einer Stunde gelangen wir in einen gewaltigen Felskessel. Äußerst beeindruckend. Die immer häufiger auftretenden Karstformationen auf unserem Weg deuteten schon auf seine Existenz hin. Er muss einen Kilometer Durchmesser haben. Weiß, grau, hart. In unzugänglichen Spalten und Klüften eine spärliche Vegetation. Das Geräusch des Flusses ganz unten ist ein Knurren und Murmeln. Eine karge, raue Schönheit, umgeben von üppigem Dschungel... Niels erklärt mir das geologische Phänomen, das dieser Formation zugrunde liegt:

»Der Wasserlauf hat den Boden im Innern des Berges ausgehöhlt und sich in zwei Arme aufgeteilt. Irgendwann sind die Hohlräume zusammengebrochen, und so ist dieser Kessel entstanden.«

Wir gehen an einer Felswand entlang, um zu einer Höhle zu gelangen, die Niels gestern erkundet hat. Wir müssen sie weiter erforschen und dann so weit wie möglich die Vermessungen vornehmen. Der Weg ist sehr abschüssig, und wir müssen stellenweise klettern. Ein Fehltritt kann fatale Folgen haben. Als wir eine horizontale Öffnung passieren, verspüre ich einen starken Luftzug. Das ist die Höhle, in der sich Arne verletzt hat. Niels und er haben sie durchquert und auf der anderen Seite eine Öffnung gefunden, die ebenfalls in einen Felskessel mündet. Nach seiner Beschreibung ist sie sehr groß und voll imposanter Sinterbildungen.

Die prächtigen Tropfsteine vermitteln einen Eindruck von der Größe dieser Halle.

Der Weg wird immer beschwerlicher, je mehr wir uns unserem Ziel nähern. An manchen Stellen können wir uns nicht am Fels, sondern nur an Büschen festklammern. Wir klettern ein paar Meter einen Fels hinunter und sehen eine große Öffnung in der Steilwand. Etwa fünfzehn Meter weiter unten ein fast trockenes Flussbett, das im Berg verschwindet.

Von einem Felsbrocken zum nächsten kletternd, dringen wir in ein riesiges Portal ein. Wir steigen weiter hinab und kommen zu einer großen Felszunge, die mit Sand bedeckt ist und die Mitte des Ganzen bildet. Unter uns liegt der Punkt, an dem sich der Fluss in drei verschiedene Arme gabelt. Heute ist er nur ein Rinnsal, an gewissen Tagen aber muss er sehr viel mehr Wasser führen, wovon die ausgewaschenen Felswände und Anschwemmungen zeugen. Einer dieser Arme führt nach Süden, wohl durch den Grund des Kessels, der zweite nach Norden, in einen Tunnel, der sich zu unseren Füßen gegraben hat, und der dritte nach Westen aus dem Massiv heraus. Alle kommen aus einem Hauptgang im Süden, den wir heute Morgen erforschen wollen.

Am Fuß der Felszunge, genau in der Mitte des Laufs der drei Flussarme, an der Stelle, bevor sich ihre Wege trennen, befindet sich ein imposanter Felsen von drei oder vier Meter Höhe. Das Wasser und die Jahre haben ihn ausgehöhlt und poliert und ihm eine schöne gerundete Form gegeben.

Wir steigen weiter ab und durchqueren die Halle, um in den anderen Kessel zu gelangen, wo sich, fern von jedem menschlichen Eingriff, die wildeste und üppigste Vegetation hat ent-

Im Schlauchboot oder kriechend – der Speläologe wird auf eine harte Probe gestellt. Höhlenforschung ist ein Allroundsport.

wickeln können. Wir betreten erneut die »Unterwelt«, verlassen sie nach etwa hundert Metern wieder, um schließlich in eine Halle zu gelangen, die kleiner und fast vollständig überspült ist. Das Wasser sammelt sich hier und läuft bei geringer Wasserführung wie heute nur in einem kleinen Rinnsal ab. Wir verbringen den Morgen damit, die Höhle zu vermessen, und erkunden danach alles, was nach einer Öffnung aussehen könnte. Auch wenn wir uns in großen Räumen problemloser bewegen können, sind wir doch eher auf der Suche nach engen Gängen, die uns zu wichtigen Entdeckungen führen könnten. Leider müssen wir immer wieder auf diesen berühmten Ausdruck »Finito!« zurückgreifen. Wie wir auch, die Nase im Schlamm, kriechen und uns verrenken – meist stranden wir doch schon nach zwanzig Metern, weil die Decke so niedrig wird, dass kein Durchkommen möglich ist. Und alle Gänge verlaufen horizontal, obwohl wir doch so gerne wüssten, was sich weiter unten abspielt.

Am frühen Nachmittag stößt der Rest der Mannschaft zu uns, und wir vermessen weiter. Nur das Vorlegen von wissenschaftlichen Beweisen – das hat Tessier seinen eifrigen Schülern immer wieder eingebläut – rechtfertigt speläologische Unternehmungen.

Als wir uns für den Rückweg zum Basiscamp rüsten, fällt uns eine portalähnliche Öffnung ganz am Ende des Flussarms auf, der in Richtung Westen verläuft. Wir haben die Vermessungsarbeiten in der unmittelbaren Nähe der großen Halle beendet und beschließen, die Erkundung dieses Teils auf morgen zu verlegen. Es ist spät, und der Weg zum Lager ist weit.

Aber am nächsten Morgen sieht alles ganz anders aus. Die nächtlichen Wolkenbrüche haben die Beschaffenheit der

Höhle völlig verändert. An der Stelle des kleinen Rinnsals fließt jetzt ein Fluss mit gewaltigen Wassermengen. Die Strömung ist mit dem bloßen Auge zu erkennen. Wir können uns unmöglich so wie gestern fortbewegen. Der Wasserspiegel ist um mehr als drei Meter gestiegen. Uns in die Strömung vorzuwagen, wäre äußerst riskant, denn wir würden Gefahr laufen, mitgerissen zu werden. Der Fels in der Mitte der Halle ragt immer noch heraus, aber was uns gestern noch als ästhetisches Naturphänomen erschienen ist, zeigt sich jetzt in seiner ganzen heimtückischen Nacktheit:

»Das ist ein Saugstrudel«, erklärt Niels. »Da gibt's keine Rettung. Du wirst zwangsläufig von der Strömung gegen dieses Hindernis geschleudert und von dem Sog unter Wasser gezogen. Keine Chance, dich daraus zu befreien ...«

Wir kommen also nicht zu unserem Portal, das gestern noch leicht zu erreichen gewesen wäre.

»Wir müssen versuchen, einen anderen Weg zu finden«, meint Franceschi zu mir.

»Vielleicht könnten wir oberirdisch einen anderen Zugang finden.«

»Gut, versuchen wir's«, antwortet er. »Kerneau und ich steigen zum Grund des Kessels ab, um zu erkunden, wie der Fluss dort verläuft. Vielleicht finden wir ja etwas Interessantes.«

»Oberirdisch« ist nur Karst. Es empfiehlt sich nicht, darauf zu fallen oder mit dem Fuß in einer Spalte stecken zu bleiben. Wir bahnen uns einen Weg mit dem Buschmesser durch den Bambus, der den Gipfel bedeckt, und gelangen schließlich in ein Areal mit nur spärlicher Vegetation. Das Portal ist noch weit entfernt und ohne Abseilmaterial nicht zugänglich. Vielleicht sollten wir das ganze Bergmassiv umrunden, in der

Hoffnung, eine andere Passage zu finden. Das kann Stunden, ja den ganzen Tag in Anspruch nehmen. Wir suchen noch eine Weile und beschließen dann umzukehren und schwimmend unser Glück zu versuchen. Wenn wir die Sache genau berechnen, gelingt es uns vielleicht, die beiden Flussarme zu durchqueren und zu einem noch freien Ufer zu gelangen. Von dem Arm an der Südwestachse scheint der Zugang zum Portal am leichtesten zu sein.

Aber dort müssen wir erst mal hinkommen… Wir treffen Arne und Ségolène auf der Felszunge an. Arne hat sich hierher geschleppt, um Fotos zu machen, aber sein verletztes Bein macht ihm sehr zu schaffen. Ségolène passt auf ihn auf. Maury ist es unterdessen leid, für die Bewachung des Lagers verantwortlich zu sein.

Ich muss zugeben, dass ich Bedenken habe, ins Wasser zu gehen. Ich bin es nicht gewohnt, in fließenden Gewässern zu schwimmen, und das Risiko ist immerhin existent. Niels und Arne versuchen mich zu beruhigen und zeigen mir, dass die Strömung im ersten Flussarm recht schwach ist. Sie erklären mir, wie ich schwimmen muss, um nicht abgetrieben und von dem Siphon, fünfzig Meter flussabwärts, angezogen zu werden.

»Du visierst einen Punkt vor dir an. Um ihn zu erreichen, musst du gegen die Strömung anschwimmen«, sagt Niels. »Das ist ganz einfach. Auf jeden Fall darf man nie zu mehreren gleichzeitig schwimmen. Erst ich, und dann bist du an der Reihe, aber erst, wenn ich am anderen Ufer angekommen bin. Man muss sich gegenseitig überwachen.«

»Keine Angst«, meint auch Arne, »das schaffst du problemlos…«

Medizin und Abenteuer

von Ségolène Chateau, Bordärztin

Den Arztberuf auf einer Dschunke in Südostasien, weit entfernt von den keimfreien Wänden einer Praxis, auszuüben, ist eine erhebende und zugleich verwirrende Erfahrung. Man steht den Problemen allein gegenüber, ohne auf zusätzliche Untersuchungen oder Diagnosen von Spezialisten zurückgreifen, ohne den Patienten in ein Krankenhaus einweisen zu können, wenn es sein Zustand verlangt. Aber man ist nicht nur vor Ort mit den verschiedensten tropischen Krankheiten konfrontiert. Schon im Vorfeld stellt sich eine schwierige Frage: Was soll man mitnehmen und in welchen Mengen (eine Nachbestückung unterwegs ist nicht einfach)? Die Vorbereitung ist zeitaufwändig und muss wohlüberlegt sein. Ich bekomme Unterstützung von Patrick Mir, dem Gesundheitsexperten der Expedition, und Bernard Audema, meinem Vorgänger in Kambodscha. Brauchen wir eine Ausrüstung für Intubationen? Ist es möglich, die Sonde, wenn sie einmal gelegt ist (ein Unterfangen, das auf einem schaukelnden Schiff nicht einfach ist), stundenlang manuell zu belüften? Kann das nicht gefährliche neurologische Spätfolgen haben? Wie sollen die Instrumente sterilisiert, wie das Wasser behandelt werden?

Die Liste der Fragen ist lang. Hinzu kommen all jene Probleme, mit denen wir in Frankreich nicht gerechnet hatten, die aber vor Ort auftreten. Zum Beispiel brauchen wir ein Gerät, um den Kohlenmonoxid-Austritt zu messen, weil häufig Rauch aus dem Maschinenraum in die Kabinen dringt. Das unsere war nicht meerwasserbeständig und funktionierte schon bald nicht mehr. Jedem Teilnehmer der Expedition wurden vorher medizinische Ratschläge erteilt: Ein guter Allgemeinzustand und aufgefrischte Schutzimpfungen sind Voraussetzung dafür, dass das Abenteuer nicht zum Alptraum wird.

Während der Navigationsphasen stellt sich vor allem das Problem der Seekrankheit. So habe ich Gelegenheit, ein altbewährtes Mittel mit wenig Nebenwirkungen zu testen. Auch Klaustrophobie kann zu ernsthaften Störungen führen: Nicht jeder ist in der Lage, in einem abgeschlossenen, stetig schwankenden Milieu mit ständigem Maschinenlärm zu leben, noch dazu mit Menschen, die man sich nicht ausgesucht hat.

Manchmal finden mehrere Expeditionen gleichzeitig statt. Also muss man für jede Gruppe einen Erste-Hilfe-Koffer vorbereiten und ihr alle möglichen Ratschläge und Erklärungen mit auf den Weg geben. Diese individuelle Ausrüstung muss auf die jeweilige Expedition und die Anzahl der Teilnehmer abgestimmt sein.

Eines der Hauptprobleme sind die Moskitos. Sie können verschiedene, teilweise tödliche Krankheiten auf den Menschen übertragen – die gängigste ist Malaria. Moskitos stellen eine größere Gefahr für uns dar als Skorpione und Schlangen. Es geht also vor allem darum, sich nicht stechen zu lassen, weshalb wir große Mengen an Schutzmitteln verbrauchen. Doch es gibt weniger Moskitos auf Borneo, als man annehmen würde. (Haben sich die verheerenden Waldbrände auf die Moskitopopulationen ausgewirkt?) Trotzdem erkrankt einer in unserer Mannschaft an Denguefieber*, wenn auch Gott sei Dank die hämorhagischen Symptome gering sind und sich der Verlauf der Krankheit positiv gestaltet.

Das Trinkwasser bleibt ein Hauptproblem. Im Basislager am Sungai Bai müssen wir Wasser auffangen, das durch die Felsen rinnt, und es mit desinfizierenden Zusätzen versehen oder abkochen.

Glücklicherweise kommt es nur selten zu Magen-Darm-Infektionen. Der Fluss ist schlammig und von undurchsichtig brauner Farbe. Unmöglich, eventuelle Krokodile zu erkennen – immerhin haben wir weiter flussaufwärts mehrere gesehen. Dennoch waschen wir uns jeden Tag in diesem Wasser, vermeiden es allerdings, uns zu lange dort aufzuhalten. Ist das vielleicht der Grund dafür, dass einer von uns an Leptospirose** erkrankt ist? Wir werden es nie erfahren…

Es kommt auch häufig zu traumatologischen Problemen. Das Gelände ist unwegsam und hat nichts mit unseren ausgeschilderten Wandergebieten gemein.

---

* *Denguefieber:* Arbo-Virus, das durch den Stich der weiblichen Moskitos übertragen wird und ein Grippalsyndrom auslöst, das zu tödlichen Blutungen oder Schockzuständen führen kann. Es gibt keine Schutzimpfung, behandelt werden nur die Symptome.

** *Leptospirose:* Diese Krankheit wird zumeist von befallenen Nagetieren übertragen, entweder direkt durch einen Biss oder durch den Kontakt mit Wasser, das vom Urin der erkrankten Tiere verschmutzt ist. Die klassische Form ist die Weil-Krankheit (Fieber, Gelbsucht, Meningitis-Syndrom, Nierenschädigungen, Blutungen…). Es gibt Schutzimpfungen, bei Ausbruch der Krankheit wird mit Antibiotika behandelt.

> Man muss die Wege teilweise mit dem Buschmesser freischlagen (ohne sich zu schneiden), muss stundenlang schwere Lasten tragen (ohne sich den Knöchel zu verstauchen oder sich mitten im Dschungel den Ischiasnerv einzuklemmen), und das alles in einem feuchtheißen Klima (das Entzündungen der geringsten Wunde begünstigt). Man muss an brüchigen Felsen hochklettern (ohne zu stürzen) und in die Höhlen absteigen, ganz zu schweigen vom Tauchen mit Sauerstoffflaschen…
>
> Wir verfügen zwar über den Luxus eines Satellitentelefons, doch wer würde in diesem Gebiet einen Traumageschädigten abholen kommen? Eine Evakuierung würde mehrere Tage dauern und das unter abenteuerlichen Bedingungen. Totz einiger Schreckensmomente erweisen sich die verschiedenen Verletzungen als nicht schwerwiegend. Einige Wunden werden direkt vor Ort genäht. Aber wie soll man es anstellen, dass ein Verletzter während einer mehrwöchigen Expedition still liegt und sich ausruht? Sie klagen nur selten und halten Schmerz relativ gut aus.
>
> Im Gegensatz zu den Schiffsärzten des 18. Jahrhunderts bin ich nicht mit Skorbut konfrontiert. Und das trotz unserer wenig ausgeglichenen Ernährung – »Reis und Nudeln«, »Nudeln und Reis« und ein bisschen köstlichen Fruchtgummi – was zu Mangelerscheinungen hätte führen können.

Die haben gut reden, mir ist trotzdem mulmig zumute. Sie sind beide erfahrener und kräftiger als ich. Außerdem scheinen mir die »Jungle Boots«, die ich trage, für diese Art von Unternehmen nicht eben besonders geeignet zu sein. Ein bisschen zu schwer, doch das ist vielleicht nur eine Ausrede, die ich für mich suche…

»Okay, los geht's«, sage ich.

Wenn ich meinen Zielpunkt gut anvisiere, müsste ich, selbst wenn ich ein Stück abgetrieben würde, noch die kleine freie Stelle gegenüber erreichen, bevor die Wand kommt, an der ich keinen Halt mehr finde.

Niels macht also den Anfang. Es scheint nicht allzu schwer

Kerneau stellt ein beachtliches Ansteigen des Wasserstandes fest, was uns seit zwei Tagen in unserer Arbeit behindert.

zu sein. Nun springe ich ins Wasser. Doch obwohl ich mit aller Kraft schwimme, lande ich zwei Meter weiter unten als er. Wir steigen eine Schräge hinauf und gelangen auf ein großes Plateau. Jetzt sind wir am zweiten Flussarm. Das ist schon etwas anderes. Die Strömung ist sehr stark, der Fluss viel breiter, und es gibt keinen Zugang zum Ufer. Man muss mehrere Meter in die Tiefe springen. Bis man wieder aus dem Wasser auftaucht, ist man schon abgetrieben und hat die Wahl zwischen der Felszunge und dem Siphon dahinter. Um ans andere Ufer zu gelangen, müsste man so weit flussaufwärts wie möglich gehen, genau seine Bahn berechnen, nicht nur ein guter, sondern ein exzellenter Schwimmer sein und dazu noch Glück haben. Vom Rückweg ganz zu schweigen… Denn wenn wir zurückkommen, müssen wir einen Halt finden, um wieder aus dem Wasser herauszuklettern. Und das sind für meinen Ge-

Briefing im Basislager. Von links nach rechts: Niels Dessenante, Vladimir de Gmeline, Patrice Franceschi.

schmack ein paar Unbekannte zu viel. Niels zögert. Er leugnet nicht die Gefahr, schwankt aber trotzdem. Ich versuche ihm abzuraten, fühle mich mitverantwortlich, obwohl er sich natürlich viel besser auskennt als ich. Aber ich bin älter und vielleicht auch vernünftiger. Für mich weiß ich, dass ich wenig Chancen habe durchzukommen. Aber ich glaube, dasselbe gilt auch für Niels. Ich erinnere mich an den Rat von Tessier am Tag seiner Abreise: »Vor allem keine unnötigen Risiken.« In meinen Augen ist dieses eins.

Wir kehren um. Franceschi und Kerneau erwarten uns. Sie kommen eben vom Grund des Kessels zurück. Niels macht wieder den Anfang. Diesmal lasse ich mich zu weit abtreiben. Ich schwimme nicht genug gegen die Strömung an. Franceschi ruft mich besorgt. Aus den Augenwinkeln sehe ich ihn den Hang herunterstürzen, um mir zu Hilfe zu kommen. Niels ist nicht mehr in meinem Blickfeld, aber ich spüre so etwas wie Spannung in der Atmosphäre. Ich lege einen Sprint vor, um doch noch ans rettende Ufer zu gelangen.

Glück gehabt. Das war knapp…

Wir beschließen, am nächsten Tag ein Drahtseil über den Fluss zu spannen, das dürfte die Lösung sein. Einer von uns überquert, gesichert, den Fluss, und die anderen können folgen. Schließlich aber entscheiden wir uns für eine andere Lösung, die uns noch einfacher erscheint: Wir wollen zu dem Punkt oberhalb des Portals zurückkehren, wo wir heute Nachmittag waren, und uns dort abseilen.

Sonntag, 5. März

Unsere Kräfte lassen allmählich nach. Der Weg, den wir zweimal täglich zurücklegen, ist strapaziös, wir essen wenig, Verletzungen und kleinere Blessuren aller Art verheilen schlecht in der feuchten Luft. Maury wird trotz des Ruhetages immer schwächer. Er hat abgenommen, sein Gesicht ist ausgemergelt und sehr blass.

Zum Glück regnet es nur abends oder nachts, so dass wir uns tagsüber ungehindert bewegen können.

Bevor wir heute Morgen in das Niveau des episodisch aktiven Systems vordringen, wollen wir uns in einer Höhle umsehen, die wir unterwegs entdeckt haben und die uns vielversprechend erscheint. Wir werden enttäuscht.

Eine Stunde später befestigen wir das Abseilmaterial etwa hundertfünfzig Meter vom Portal entfernt inmitten von Dornengestrüpp und zerklüftetem Karst. Wir mussten den Ausgangspunkt erst einmal frei machen, und Niels musste Spits in das Felsgestein setzen. Die Bäume sind nicht stabil genug

Lager am Oberlauf des Sungai Bai (Ost-Kalimantan)

von Franck Tessier, Speläologe,
außerordentlicher Professor an der Universität Nizza

Im ersten Lager am Oberlauf des Sungai Bai waren fünf Mitglieder der Forschungsreise untergebracht:
G. Robert, N. Dessenante, J.-B. Callais, G. Meauxonne und F. Tessier

Der erste Teil der Expedition konzentrierte sich auf die weitere Erkundung des Oberlaufs des Sungai Bai. Diese Region, die seit Jahren bekannt ist und in der schon mehrere Expeditionen stattgefunden haben (siehe Artikel von G. Robert in »Spelunca« Nr. 36) zeichnet sich durch eine Karstlandschaft aus mit turmartigen Tropfsteinen, die zu den schönsten der Welt gehören. Trotz des geologischen Interesses, das man an solchen Formationen hegen kann, stellten sie für unser Team eher ein Hindernis dar. Unterirdisch kamen wir also schneller voran.

Unser Lager befand sich im Innern des trockenen Teils der Gua-Kepayang-Höhle, von dem aus wir all unsere Forschungsprojekte durchführen konnten. Das Gua-Kepayang-Höhlensystem umfasst einen trockenen Teil, in dem wir neue Gänge entdeckt haben, die sich mit dem schon bekannten Netz überschnitten, und einen aktiven Höhlenteil, das heißt den unterirdischen Armen des Sungai Bai. Durch die Begehung der Gua-Kepayang-Höhle konnten wir die Existenz einer großen unterirdischen Halle nachweisen, die vom eindrucksvollen Wirken des Wassers zeugt und dem Einbrechen solcher Hohlräume, das hier stattgefunden hat.

Mehrmals waren wir gezwungen, uns schwimmend fortzubewegen, um den Verlauf des Sungai Bai besser zu verstehen. Diese Erkundungen waren die Highlights unseres Aufenthalts in der »Unterwelt«, denn wir mussten an Passagen, so tief, dass wir nicht stehen konnten, und ohne rettendes Ufer gegen die starke Strömung anschwimmen. Zudem konnten wir nie sicher sein, dass nicht durch plötzliche Wolkenbrüche der Pegel schnell anstieg und die Strömung Baumstämme mitführte. Hier kam uns die enorme Kraft des hydrogeologischen Systems des Sungai Bai zum Bewusstsein, die typisch ist für tropische Wasserhöhlen. Die Suche nach unterirdischen Flusssystemen in diesem Gebiet hat nicht zu großartigen Entdeckungen geführt, da wir aufgrund der Schwierigkeiten, uns oberirdisch zu bewegen, nicht alle Höhleneingänge, die

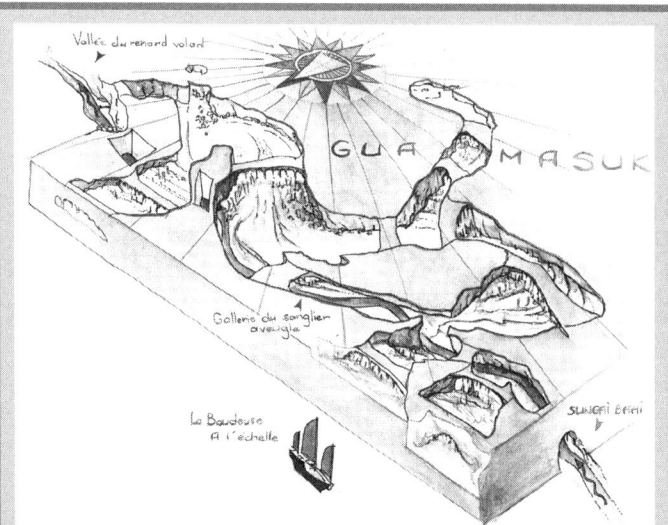

wir vom Hubschrauber aus gesichtet hatten, erreichen konnten. In biospeläologischer Hinsicht war die Ausbeute größer, so konnten mehrere Arten von Höhleninsekten gesammelt und dem Pariser Naturkundemuseum übergeben werden.

Diese erste Expedition am Oberlauf des Sungai Bai hat im Sinne der Höhlenforschung keine spektakulären Ergebnisse gebracht. Trotzdem sollte dieses Gebiet weiter erkundet, vor allem oberirdisch weiter durchforstet werden. Denn es ist davon auszugehen, dass sich weitere Höhleneingänge unter der Vegetationsdecke verbergen…

Zwei Faktoren sind bei der weiteren Erforschung zu berücksichtigen: zunächst die raschen Veränderungen der Wasserführung, auf die schon bei vorangegangenen Expeditionen hingewiesen wurde und die die Erkundung des aktiven Systems bisweilen gefährlich werden lassen. Außerdem die Unsicherheit, ob man sich wirklich in »Neuland« befindet oder ob längst Pläne von der aufgesuchten Höhle existieren…

Dank der Arbeit verschiedener Expeditionen innerhalb dieses Bergmassivs enthüllt der Sungai Bai nach und nach seine Geheimnisse, doch es bleiben weitere Entdeckungen zu machen, vor allem in den Gebieten weiter im Norden, die wir dank der Unterstützung der TotalFinaElf mit dem Hubschrauber überfliegen durften.

und eignen sich nicht zum Verankern. Niels und ich seilen uns schnell ab. Franceschi kann wegen seiner Handverletzung und seinem angegriffenen Rücken leider nicht viel machen. Er wartet oben mit Kerneau und einem Träger.

Wir sind nicht besonders optimistisch. Wir fürchten, erneut auf einen Siphon zu treffen, wie schon an so vielen anderen Stellen.

Auf einem schmalen Vorsprung oberhalb des Flusses bewegen wir uns die Felswand entlang. Trotz der Bäume, die uns den Blick versperren, erkennen wir schon beim Näherkommen, dass es sich um gewaltige Ausmaße handeln muss. Wir dringen zunächst in eine Halle vor, die sehr weitläufig und nach außen geöffnet ist. Ihr Boden ist mit Lehm und grauen Pfützen bedeckt, die Wände sind grau und schwarz. Auf der gegenüberliegenden Seite erkennen wir einen Eingang, der sich zum Kessel öffnet.

Und, endlich, das Portal!

Der Lärm ist ohrenbetäubend, ja, höllisch... Ich kann die Stimme von Niels, der, wie ich, fasziniert ist von der Wassermenge, nicht hören. Das macht nichts, ich weiß, was er mir sagen will, genauso wie er meine Gedanken in diesem besonderen Augenblick kennt. Seit drei Tagen suchen wir den Zugang zu dieser Höhle, und die ganze Zeit über stellt die Natur uns unentwegt Hindernisse in den Weg. Und jetzt sind wir endlich am Ziel... Überall verstreut große feuchte und rutschige Steinblöcke, bedeckt mit einer Mischung aus Schlamm und Moos. Um weiter vorzudringen, müssen wir von einem zum anderen springen. Lianen, Blätter, Wurzeln, die aus dem Gestein hervortreten, bilden üppige Fransen am Eingang zu dieser fantastischen Bühne. Ich fühle mich an einen Theatervorhang erinnert, der sich endlich für uns gehoben hat. Das

Höhlenportal ist etwa zwanzig Meter hoch und zweihundert Meter breit. In seiner Mitte ergießt sich der Fluss tosend in die Eingeweide des Dschungels und bildet einen Siphon, den wir nicht passieren können. Das Wasser wird in heftigen Strudeln davon angesogen, brodelt, kreist und ergießt sich in finstere Tiefen. Es poliert das Gestein, wo die Biegung beginnt, in dieser beängstigenden Verengung, die den Eindruck erweckt, als wolle sie alles verschlingen. Der Schaum zeichnet sich weiß gegen das dunkle Felsgestein ab. Die Wände des gewaltigen Portals werfen das Tosen ins Unendliche zurück.

Im Süden finden wir noch einen dritten Eingang. Wir suchen eine Öffnung im Felsen, die uns irgendwohin führen könnte. Schon bald fällt uns ein vertikaler Riss im Gestein auf. Ohne uns allzu große Illusionen zu machen, zwängen wir uns hindurch. Wir können uns die ersten zehn Meter nur seitlich vorwärtsbewegen, dann wird der Gang breiter. Aber auch hier wird die Decke allmählich niedriger und scheint jeden Durchgang zu blockieren. Schade, es wäre auch zu schön gewesen.

Als wir schon beschlossen haben umzukehren, sehen wir uns ein letztes Mal, wie vom Instinkt getrieben, genauer um. Ein leichter Felsüberhang verdeckt einen neuen Eingang… In geduckter Haltung stoßen wir zu einem weiteren Gang vor, der anfangs schmal ist und nach und nach breiter wird. Wir können uns jetzt aufrecht und völlig problemlos vorwärts bewegen. Die Decke ist hoch, und das Rauschen des Flusses dringt von der anderen Seite der Felswand zu uns. Klopfenden Herzens setzen wir unseren Weg fort. Der Tunnel führt weiter. In der Ferne wird ein vager Schimmer sichtbar. Schließlich, nach vierhundert Metern, gelangen wir zu einem kleinen grü-

Die Heimkehr auf die *La Boudeuse* nach einem Abenteuer an Land ist immer ein ganz besonderer Augenblick. Die Mannschaft und vor allem ihr Kapitän verbindet eine wirkliche Zuneigung zu ihr. Es wird ihr viel abverlangt und sie hat nie gestreikt. Von links nach rechts: Patrice Franceschi, Philippe Pothon, Christophe Kerneau.

nen Kessel. Völlig abgeschnitten von der Welt und nur über den Weg erreichbar, den wir genommen haben.

Nachdem wir Franceschi von unserer Entdeckung informiert haben, verbringen wir den restlichen Tag mit Vermessungsarbeiten. Franceschi erkundet unterdessen mit Kerneau und Pothon eine neue Flusswindung innerhalb des aktiven Höhlensystems auf der anderen Seite des Bergmassivs.

Als wir zum Lager zurückkommen, ist es schon lange dunkel. Wir sind müde von den Anstrengungen des langen Tages. Unser Kapitän ist zufrieden, aber, wie wir, auch ein wenig deprimiert. Übermorgen müssen wir den Rückweg antreten, genau in dem Augenblick, da der Sungai Bai seine Geheimnisse preiszugeben beginnt. Am Ende war unsere Beharrlichkeit, vor allem die seine, nicht vergebens. Wir haben neue Höhlen, neue Gänge entdeckt, und wir sind alle tief beeindruckt und fasziniert von dem Reichtum und der Komplexität dieses unterirdischen Flusssystems. Wir haben die Erforschung des Sungai Bai um einige Daten ergänzen können, doch er macht einem das Forschen nicht leicht. Es bleibt noch viel zu tun an außergewöhnlichen Entdeckungen. In den Bergen ringsum befinden sich zweifellos noch unbekannte Hallen, Kammern, Gänge und unterirdische Flussarme. Wir müssen wiederkommen, später, um hinter die vielen Geheimnisse zu kommen.

Im Licht der vom summenden Generator gespeisten Lampe ziehen wir Zwischenbilanz. Wir müssen bis zur Rückkehr nach Frankreich warten, um die gesammelten Daten zusammenfassen, auswerten und mit denen von früheren Expeditionen vergleichen zu können. Für eine endgültige Bilanz ist es noch zu früh.

Der Wald rings um unser Lager ist in Dunkelheit getaucht. Dicke Regentropfen beginnen zu fallen und trommeln sanft auf die Plastikplanen. Durch die Feuchtigkeit können Erde und Pflanzen ihren Duft verströmen. Wohlige Müdigkeit überfällt uns. Arne spricht kaum ein Wort, Maury hält Selbstgespräche. Pothon dreht noch ein paar Einstellungen. Ségolène räumt ihren Arztkoffer zusammen, erkundigt sich nach unser aller Befinden, und Kerneau trällert ein bretonisches Lied vor sich hin.

Wir haben viel Energie auf schwierigem Terrain verbraucht...

Oft lausche ich abends auf die Geräusche des Dschungels –

auf Regen, Wind und Rauschen des Wassers. In meiner Hängematte lasse ich meinen Gedanken freien Lauf. Heute Abend aber schmerzt mein Körper, mein Geist ist leer. Ich sinke in tiefen, bleiernen Schlaf.

Etwas abseits, unter den Bäumen, die Hängematte von Franceschi. Wie jeden Abend bleibt seine Lampe bis spät in die Nacht erleuchtet. Er schläft nicht.

Nachwort

Am nächsten Tag bleibt uns nichts weiteres mehr zu tun, als uns in der Doline abzuseilen und die Absicherungen aus den Gängen zu entfernen. Ein letzter beeindruckender Ausflug, bevor wir uns auf den Weg zum Schiff machen.

Ein letztes Mal steht uns auch der Fußmarsch bevor auf dem Weg, den wir inzwischen so gut kennen. Hier stoßen wir auf den Lastwagen, der uns nach Pengadan bringen soll. Verdreckt und struppig auf der Ladefläche zusammengepfercht, betrachten wir noch einmal diese geheimnisvollen Berge, die im blassen Licht des Nachmittags allmählich mit dem Himmel verschmelzen. Kommen wir eines Tages wieder?

Erneut schwierige Verhandlungen im Dorf.

Und dann der Sungai Bai, den wir bis zum Meer hinunterfahren. Er erscheint uns heute Morgen noch verschlossener. Alles ist grün und grau und still. Die Affen haben sich versteckt.

Maury macht uns immer mehr Sorgen. Er bewegt sich nur noch mit großer Mühe, magert zusehends ab und hat eine gelbliche Gesichtsfarbe bekommen. Bei meiner Rückkehr in Paris erfahre ich, dass er sofort nach Singapur gebracht worden ist: Leptospirose. Dank der schnellen und korrekten Diagnose von Ségolène wird er davonkommen.

Die *La Boudeuse* hält durch. Aber auch sie ist erschöpft. Sie wird im Süden der Insel, in Benjarmasin, zu einer zweimonatigen Überholung erwartet, bevor sie zu neuen Abenteuern aufbricht…

Anhang

Einige speläologische Termini

Aktive Höhlen: Wasserhöhlen, d. h. solche, die sich noch im Entstehungsprozess befinden

Biospeläologie: Untersuchung der Tier- und Pflanzenwelt in einer Höhle

Doline: Trichter- oder schachtförmige Eintiefung in Karstgebieten, die durch Einsturz unterirdischer Hohlräume entstanden ist

Erosion: Abtragung von Gestein durch fließendes Wasser

Gang: Höhlenstrecke, die überwiegend horizontal verläuft

Guano: Kotablagerung von Fledermäusen

Hydrologie: Erforschung des Verlaufs von unterirdischen Gewässern

Kalzit: Kristallisierendes Kalziumkarbonat

Karbidlampe: Eine mit Kalziumkarbid betriebene Lampe, die sehr helles Licht spendet

Karst: Landschaften in Kalkgebirgen, die durch die chemische Lösung von kohlensäurehaltigem Wasser geprägt sind

Karstquelle: Die Stelle, an der ein unterirdischer Wasserlauf wieder aus dem Berg austritt

Korrosion: Zersetzung eines Gesteins durch die Wirkung von Wasser

Reepschnur: 10 bis 20 m lange Führungsleine, die bei kritischen Schwimmstrecken benutzt wird
Schächte: Höhlenstrecken, die überwiegend vertikal verlaufen
Schluf: Höhlenstrecke, die man nur kriechend bewältigen kann
Schwinde: Stellen, an denen das Wasser in den Untergrund verschwindet
Sinter: Absatz von Kalziumkarbonat in verschiedenen Formen aus wässrigen Lösungen
Sinterbecken: Zeitweise oder ständig mit Wasser gefüllte Hohlformen der Höhlensohle
Sinterfahne: Flächenhaft entwickelte Leitformen des Deckensinters
Siphon: Teil eines Höhlengangs, der komplett mit Wasser gefüllt ist
Spit: Metalldübel, der mit einem Hammer in die Felswand geschlagen und als Verankerung benutzt wird
Stalagmit: Bodenzapfen, der durch aufschlagende Tropfen kalkhaltigen Wassers entsteht
Stalaktit: Deckenzapfen, an dem kalkhaltiges Wasser hinunterfließt und durch Kalkablagerungen nach unten wächst
Topofil: Fadenmessgerät zum Vermessen von Höhlen
Topographie: Sammlung der Daten, anhand derer eine Höhle als Plan und als Schnitt dargestellt wird
Tropfstein: Ausscheidung von Tropfwasser in Höhlen, meist Kalzit
Verankerung: Fixpunkt, an dem Sicherungsseile im Fels angebracht werden können, z. B. Spits
Wasserführung: Die Wassermenge, die in einer Sekunde durch einen Höhlengang fließt

**NATIONAL GEOGRAPHIC
ADVENTURE PRESS**

GO DOWN UNDER!

REISEN · MENSCHEN · ABENTEUER

Michèle Decoust
Träume auf roter Erde
Eine Begegnung mit Australien
ISBN 3-442-71141-X
Ab Mai 2002

Michèle Decoust kehrt nach Australien zurück, dem Ziel ihrer Sehnsucht und ihrer Träume. Diesmal dringt sie mit dem Jeep bis ins Gebiet der Aborigines vor. Erst hier lernt sie dieses Land wirklich zu verstehen ...

Roff Smith
Eiskaltes Bier und Krokodile
Mit dem Fahrrad durch Australien
ISBN 3-442-71180-0
Ab Juni 2002

Nach 15 Jahren in Australien stellt der Amerikaner Roff Smith fest, dass er das Land weder richtig kennt noch liebt. Eine Entscheidung steht an. Er kündigt, packt ein Rad und macht sich auf den Weg: Einmal rundherum. Doch das ist bekanntlich ein ganzer Kontinent ...

John B. Haviland/Roger Hart
Rückkehr zu den Ahnen
Ein Aborigine erzählt ...
ISBN 3-442-71171-1
Ab Juli 2002

Australien, ganz unten: Die Geschichte des letzten Überlebenden eines Aborigine-Clans, der von den Weißen ausgelöscht wurde. Aus Erinnerungen, Gesprächen, Mythen, Diskussionen entsteht das faszinierende Bild einer untergegangen Welt, ihrer Sprache, ihrer Kultur.

So spannend wie die Welt.   NATIONAL GEOGRAPHIC   GOLDMANN

**NATIONAL GEOGRAPHIC
ADVENTURE PRES**

Frisch aus dem Wok

Maria Coffey
Mond über Vietnam
Streifzüge mit Boot und Fahrrad
ISBN 3-442-71166-5

Vom Mekong-Delta im Süden bis zum Roten Fluss im Norden bereist Maria Coffey drei Monate lang vor allem die Küste Vietnams. Tradition und Moderne, Kriegstrauma und Alltag: die sensible Schilderung eines Landes im Umbruch.

Judy Schultz
Im Land des Himmelsdrachen
Impressionen aus China
ISBN 3-442-71170-3

Wohl wenige Länder haben sich in den letzten 20 Jahren so gewandelt wie China. Judy Schultz erfasst diese Zeitspanne in mehreren Reisen. Genau beobachtend und mit offenem Sinn, muss sie immer wieder feststellen: die Realität ist anders als ihre Vorstellungen.

Josie Dew
Tour de Nippon
Mit dem Fahrrad allein durch Japan
ISBN 3-442-71174-6

Josie Dew ist nicht unterzukriegen: Seit Jahren radelt die Engländerin durch die Welt und berichtet davon auf humorvolle Weise. Diesmal erkundet sie Japan – und ihre Schilderungen von Land und Leuten sind so spannend wie ihre Reiseerlebnisse.

So spannend wie die Welt.

REISEN · MENSCHEN · ABENTEUER

NATIONAL GEOGRAPHIC

GOLDMANN

**NATIONAL GEOGRAPHIC
ADVENTURE PRES**

Auf alten Pfaden

Karin Muller
Entlang der Inka-Straße
Eine Frau bereist ein ehemaliges Weltreich
ISBN 3-442-71164-9

Das Straßennetz der Inka, mit dessen Hilfe sie ihr Riesenreich kontrollierten, ist legendär – und wenig bekannt. Zu Fuß erkundet Karin Muller die alten Routen von Ecuador bis nach Chile. Ein Forschungs- und Reisebericht zugleich, packend und humorvoll geschrieben.

Eberhard Neubronner
Das Schwarze Tal
Unterwegs in den Bergen des Piemont
Mit einem Vorwort von Reinhold Messner
ISBN 3-442-71178-9

Nur eine Autostunde von Turin scheint die Welt eine andere zu sein: Aufgegebene Dörfer verlassene Täler in den piemontesischen Alpen. Unsentimental und doch poetisch schildert Neubronner die wildromantische Landschaft und die Menschen, die in ihr leben.

Jean Lescuyer
Pilgern ins Gelobte Land
Zu Fuß und ohne Geld von Frankreich nach Jerusalem
ISBN 3-442-71167-3

Eine Pilgerreise, die kaum zu überbieten ist: Zu Fuß von Lourdes nach Jerusalem, ohne Geld und mit viel Gottvertrauen.
Acht Monate Zweifel und Gefahren, aber auch beglückende Erfahrungen und berührende Begegnungen.

So spannend wie die Welt.

NATIONAL GEOGRAPHIC

GOLDMANN

REISEN · MENSCHEN · ABENTEUER

**NATIONAL GEOGRAPHIC
ADVENTURE PRES**

Wieder unterwegs

Dieter Kreutzkamp
Yukon River
Im Kajak allein zum Beringmeer
ISBN 3-442-71146-0

Yukon River – der Name weckt Erinnerungen an den Goldrausch und die Romane von Jack London. Über 3.000 Kilometer legt der Autor mit dem Kajak auf diesem reißenden Strom zurück und begegnet Lachsfängern, Flößern und Indianern.

Carmen Rohrbach
Im Reich der Königin von Saba
Auf Karawanenwegen im Jemen
ISBN 3-442-71179-7

Nach Erfahrungen auf allen Kontinenten beschließt die Abenteurerin Carmen Rohrbach, sich den Traum ihrer Kindheit zu erfüllen: Allein durch den geheimnisvollen Jemen. Mit viel Intuition und Hintergrundwissen schildert sie das Leben der Menschen, vor allem der Frauen.

Christian E. Hannig
Unter den Schwingen des Condor
Rad-Abenteuer zwischen Anden und Pazifik
ISBN 3-442-71133-9

Mit dem Fahrrad ins Abenteuer: Auf seiner Fahrt von Bolivien über die Anden bis nach Lima schließt der Autor Freundschaft mit Indios, gerät in einen Rebellenaufstand und begibt sich auf die geheimnisvollen Spuren der Inka.

So spannend wie die Welt. NATIONAL GEOGRAPHIC GOLDMANN

REISEN · MENSCHEN · ABENTEUER

NATIONAL GEOGRAPHIC
ADVENTURE PRESS

IRGENDWO IN AFRIKA

REISEN · MENSCHEN · ABENTEUER

Théodore Monod
Wüstenwanderungen
Spurensuche in der Sahara
ISBN 3-442-71140-1
Ab Mai 2002

Dass ausgerechnet ein Meereszoologe vom Wüstenfieber gepackt wird! Théodore Monod berichtet über seine Wanderungen durch die Sahara in den 20er und 30er Jahren – ein informatives und bleibend aktuelles Standardwerk.

Anthony Sattin
Im Schatten des Pharao
Altes Ägypten in neuer Zeit
ISBN 3-442-71181-9
Ab August 2002

Ausgestattet mit unveröffentlichten Aufzeichnungen aus den 20er Jahren, macht sich Anthony Sattin auf eine ungewöhnliche Suche: Er fahndet nach den Spuren, die 5.000 Jahre Geschichte im heutigen Ägypten hinterlassen haben – und all ihren Widersprüchen.

Felice Benuzzi
Gefangen vom Mount Kenia
Gefährliche Flucht in ein Bergsteigerabenteuer
ISBN 3-442-71168-1
Ab August 2002

Die verrückte Geschichte des italienischen Kriegsgefangenen Benuzzi, der mit zwei Gefährten aus einem britischen Lager flieht – nur um den Gipfel des Mount Kenia zu besteigen. Selbst wilde Tiere und die Unbilden der Natur können das Trio nicht stoppen.

So spannend wie die Welt.

**NATIONAL GEOGRAPHIC
ADVENTURE PRES**

Unter wilden Tieren

REISEN · MENSCHEN · ABENTEUER

Jack Becklund
Bärenjahre
Das Erlebnis einer ungewöhnlichen
Freundschaft
ISBN 3-442-71131-2

Das Ehepaar Becklund lebt abgelegen am
Elbow Creek in Minnesota. Eines Tages sucht
eine junge Bärin ihre Gesellschaft. Schon bald
folgen ihr weitere Artgenossen. Die anfängliche Scheu weicht wachsendem Vertrauen.

John Hare
Auf den Spuren der letzten wilden Kamele
Eine Expedition ins verbotene China
Mit einem Vorwort von Jane Goddall
ISBN 3-442-71200-9

Wüstenabenteuer, internationale Diplomatie
und eines der seltensten Tiere der Erde – eine
spannende Mixtur und ein mitreißender
Bericht über die letzten wild lebenden baktrischen Kamele in der mongolischen Wüste,
gewürzt mit einer Prise britischem Humor.

Peter Matthiessen
Tiger im Schnee
Ein Plädoyer für den Sibirischen Tiger
ISBN 3-442-71193-2
Ab Januar 2003

Werden Tigerspuren im Schnee schon bald
der Vergangenheit angehören? Der Autor lässt
den Leser teilhaben an einem gefahrvollen
und oft vergeblichen Kampf für den vom
Aussterben bedrohten Sibirischen Tiger
im fernen Osten Russlands.

So spannend wie die Welt. ▢ NATIONAL GEOGRAPHIC